园林植物造景实训教程

主　编　李向婷
副主编　李　静　梁　剑
　　　　余　斌　严　云

WUHAN UNIVERSITY PRESS
武汉大学出版社

图书在版编目(CIP)数据

园林植物造景实训教程/李向婷主编. —武汉：武汉大学出版社，2016.5
ISBN 978-7-307-17775-8

Ⅰ.园… Ⅱ.李… Ⅲ.园林植物—园林设计—高等学校—教材 Ⅳ.TU986.2

中国版本图书馆 CIP 数据核字(2016)第 080270 号

责任编辑：杨赛君　王亚明　　责任校对：谢丽娟　　装帧设计：吴极

出版发行：**武汉大学出版社**　（430072　武昌　珞珈山）
（电子邮件：whu_publish@163.com　网址：www.stmpress.cn）
印刷：虎彩印艺股份有限公司
开本：787×1092　1/16　印张：13.5　字数：314 千字
版次：2016 年 5 月第 1 版　　2016 年 5 月第 1 次印刷
ISBN 978-7-307-17775-8　　定价：35.00 元

前　言

植物造景就是运用乔木、灌木、藤本及草本植物等，通过艺术手法(包括把植物修剪成一定形状)，充分发挥植物的形体、线条、色彩等自然美来创作植物景观。随着人类物质文明和精神文明建设的不断提高，园林植物造景与设计不断发展，对园林植物造景类人才的需求量越来越大。因此，国内众多农林高校和职业院校的园艺和园林专业都开设了园林植物造景与设计的相关课程。

本书以国家职业标准初级和中级园林工程师和景观设计师要求掌握的知识和技能为基础，依托西昌学院“本科学历(学位)＋职业技能素养”人才培养模式创新实验区项目，结合技能型人才培养要求和岗位的需要来编写。

本书各模块内容均围绕园林植物造景的实训过程编写。通过本书学习，学生能提高审美情趣，激发专业兴趣，掌握园林植物的美学特性和植物造景设计的基本原理，熟悉园林植物造景的各种基本设计形式和常见类型的组合造景设计，能独立完成实际工作中的园林植物造景设计。本书可作为高等院校园林技术、园艺及相关专业的教材和参考书，还可以作为园林绿化系统技术人员技能培训用书。

本书由李向婷担任主编，李静、梁剑、余斌和严云担任副主编，蒋飞海、邱收担任参编。具体编写分工如下：模块一(李向婷)，模块二(李向婷、李静)，模块三(梁剑、李向婷)，模块四(李向婷、梁剑、李静)，模块五(李静、梁剑、李向婷、余斌)，模块六(余斌)，模块七(严云、余斌、蒋飞海)，附录一(李向婷、梁剑、李静)，附录二(余斌、李向婷)，邱收协助编写和修改本书部分内容。

本书在编写过程中参考了有关资料，在此谨向各位作者深表谢意。

由于编者水平有限，加之时间仓促，本书难免有不妥之处，敬请广大读者批评、指正。

编　者

2016 年 1 月

目　录

模块一　常用园林植物种类的认知

【知识目标】

1. 了解常用园林植物的分类方法；
2. 熟悉识别园林植物的基本方法和步骤；
3. 掌握园林植物种类快速识别与鉴定的技巧。

【知识重点】

植物学系统分类法，运用植物检索表来鉴定植物。

【知识难点】

园林植物种类快速识别与鉴定的技巧。

实训一　常用园林植物的分类

园林植物是指在园林建设中所需要的一切植物材料，能绿化、美化、净化环境，具有观赏价值、生态价值和经济价值，维护生态平衡的栽培植物。它包括木本植物和草本植物。从方便园林规划和种植设计的角度出发，园林植物常依其外部形态分为乔木、灌木、藤本、竹类、花卉和草地六类。随着科学技术的发展和社会的进步，园林植物的范畴在延伸和扩大。因此，园林植物不仅包括木本和草本的观花类、观果类、观叶类、观姿态类植物，还包括用于建立生态绿地的所有植物。园林植物资源是植物造景设计的基础。园林造景设计离不开园林植物，而植物造景设计的实训练习离不开对常用园林植物的认识。因此，首先要认识园林植物，熟练掌握园林植物的形态和生态学特性，才能更好地将园林植物应用于植物造景设计中。所以说，认识园林植物是一切植物造景设计的基础。

园林植物资源丰富多彩。全世界的植物约有 50 万种，其中高等级植物有 30 万种以上，隶属 300 多个科，大多数科中都有园林植物。而中国地大物博，仅种子植物就超过 25000 种，其中乔灌木种类有 8000 多种。在如此丰富的园林植物素材中，如何能快速找到合适的植物并加以应用，是每个学习植物造景设计的学生最基础的工作。所以，我们应对园林植物适当加以分类，并且能够掌握其分类方法、经济价值、观赏特性及生长习性等。这对正确选用和合理配置园林植物具有十分重要的意义。本实训内容为常用园林植物的种类认知，重点讲解如何在实际应用中掌握对园林植物的识别和分类。

对园林植物适当加以分类，认识区分并能够掌握其分类方法、经济价值、观赏特性及生长习性等，是最快速的认识植物、运用植物的方法之一。此处就常用园林植物的种类、认知介绍一些常用的方法。

一、按植物学系统分类

植物学系统分类方法是按形态特征所反映出的植物界的亲缘关系，由低级到高级划分出种(species)、属(genus)、科(family)、目(order)、纲(class)、门(phylum)等类群。

种是植物学分类的基本单位,是具有一定自然分布区域和一定生理、形态特征的生物类群。种和种间不仅在形态特征上有明显的差别,通常还存在生殖隔离现象,即异种间不能杂交或杂交后后代不具有正常的生殖能力,并由此保持物种的相对稳定性。

种又因为变异而细分为亚种、变种、变型和品种。

① 亚种(subspecies):同一种内的其他生活地理分布上界线明显,形态特征上有一定差异,生殖隔离不完善,如红粘毛杜鹃(亚种)、可喜杜鹃(亚种)、半圆叶杜鹃(原亚种)。

② 变种(varietas,var):变异显著,无一定分布区域。

③ 变型(forma):变异较小的类型。

④ 品种(cultivar,cv):在种(原种)的基础上,经过人工选择、培育而形成遗传性状比较稳定,种性大致相同,具有人类需要的性状的栽培植物群体。

二、按生物学特性分类

按生物学特性,常用园林植物可分为木本园林植物,草本园林植物,水生园林植物和多浆、多肉园林植物。

(一) 木本园林植物

1. 乔木

乔木有明显主干且直立,如白玉兰、广玉兰、榕树、悬铃木、樟树、大叶紫薇、松树、海南蒲桃、蒲桃、桉树、南洋杉等。

2. 灌木

灌木无明显主干,一般植株较矮小,分枝以接近地面的节上开始,呈丛生状,如牡丹、月季、腊梅、贴梗海棠、黄蝉、小蜡树等。

3. 藤本

藤本茎木质化,长而细软,不能直立,须缠绕或攀缘其他物体才能向上生长,如爬墙虎、凌霄、紫藤、珊瑚藤、忍冬、使君子、炮仗花等。

4. 匍匐植物

匍匐植物包括匍地柏、三裂蟛蜞菊等。

(二) 草本园林植物

1. 一年生

一年生草本园林植物在一年内完成其生命周期,即从播种、开花、结实到枯死均在一年内完成,多原产于热带或亚热带,不耐寒,一般在春季无霜冻后播种,于夏、秋开花结实后死亡,如百日草、鸡冠花、千日红、凤仙花、波斯菊、万寿菊等。

2. 二年生

二年生草本园林植物在两年内完成生命周期,当年只进行营养生长,到翌年春、夏才开花结实。其实际生活时间常不足一年,但跨越两个年头,故称为二年生植物。它具有一定耐寒力,但不耐高温,如金盏菊、石竹、紫罗兰、瓜叶菊、飞燕草、虞美人等。

3. 多年生

多年生草本园林植物生命周期超过两年,能多次开花结实,可根据地下形态的变化分为球根和宿根。

球根具有地下茎或根变态而形成的膨大部分，以度过寒冷的冬季或干旱炎热的夏季（呈休眠状态）。球根园林植物种类很多，其根据地下茎或根变态部分的差异可分为：① 不定根或侧根膨大，形成块根，如大丽花、花毛茛等；② 短缩的变态茎，形成球茎，如唐菖蒲、小苍兰、番红花、秋水仙等；③ 地下根状茎的顶端膨大，形成块茎，如花叶芋、马蹄莲、大岩桐等；④ 地下茎极度缩短并有肥大的鳞片状叶包裹，形成鳞茎，如水仙、郁金香、百合、风信子、石蒜等；⑤ 地下茎肥大，形成根茎，如美人蕉、鸢尾等。

宿根地下部分形态正常，不发生变态，存于土壤中，冬季可在露地越冬，地上部分冬季枯萎，第二年春天萌发新芽，如芍药、菊、香石竹、蜀葵、天竺葵、文竹等。

（三）水生园林植物

水生园林植物生长于沼泽地或不同水域中，如荷花、睡莲等。

（四）多浆、多肉园林植物

多浆、多肉园林植物具有旱生、喜热的生理特点，含水分多，茎或叶特别肥厚，呈肉质多浆的形态，如仙人掌、芦荟、落地生根、燕子掌、生石花等。

三、按观赏部位分类

按植物观赏部位，园林植物可分为观花类植物、观叶类植物、观茎类植物、观芽类植物、观果类植物和观姿态类植物。

（一）观花类

观花类植物包括木本观花植物和草本观花植物，一般以花朵大、花多、花艳或花香取胜，如玉兰、梅花、含笑、桃花、杜鹃、碧桃、榆叶梅、月季、红花羊蹄甲、紫藤、菊花、兰花、大丽花、一串红、唐菖蒲等。

（二）观叶类

观叶类植物以叶色或叶形为观赏对象，一般叶色光亮、色彩鲜艳，或者叶形奇特，观赏期长，观赏价值较高，如苏铁、铁树、枫香、发财树、棕竹、三叶槟榔、银杏、槭树、乌桕、海桐花、花叶芋、艳山姜等。

（三）观茎类

观茎类植物茎干形状或树皮色泽奇特，异于其他植物，且具有独特的观赏价值，如佛肚竹、紫薇、紫竹、扁藤、白皮松、白桦、红瑞木等。

（四）观芽类

观芽类植物的芽特别肥大、美丽，具有独特观赏价值，如银柳等。

（五）观果类

观果类植物果实色泽美丽，经久不落，或果形奇特、色形俱佳，如五色椒、金橘、洋蒲桃、佛手、火棘、石榴、樱桃、番茄、蛇瓜、观赏南瓜等。

（六）观姿态类

观姿态类植物一般树型、树姿具有很高观赏价值，整体树势挺拔，或枝条扭曲、盘绕似游龙，如伞盖，如雪松、银杏、龙柏、长叶竹柏、罗汉松、合欢、龙爪槐等。

四、按栽培方式分类

按栽培方式，园林植物可分为露地园林植物和温室园林植物。

（一）露地园林植物

露地园林植物是指在自然条件下能正常生长、发育，适应露天的园地，管理简单，不需要特殊的设备，在常规条件下便可栽培的园林植物。

（二）温室园林植物

温室园林植物是指必须在温室内栽培或需越冬养护的园林植物，常上盆栽植，以便搬移和管理。其用配制的培养土作盆土，光照、温度、湿度的调节，以及浇水和追肥全依赖于人工管理；要有温室，养护管理要求比较细致，否则会导致生长不良，甚至死亡。另外，"温室植物"的概念因地区气候的不同而异，如北京的温室植物到南方则常作为露地植物栽培。

五、按园林绿化用途分类

按园林绿化用途，园林植物可分为行道树、庭荫树、花灌木、绿篱植物、垂直绿化植物、花坛植物、地被植物及草坪、室内装饰植物和片林。

（一）行道树

行道树是指成行种植在道路两旁的植物，如樟树、榕树、白兰、海南蒲桃、麻楝、长叶竹柏、红花羊蹄甲、阴香、黄槐、腊肠树、台湾相思、大叶相思、桉树、南洋杉等。

（二）庭荫树

庭荫树一般孤植或丛植在庭院、广场或草坪内，供游人在树下休息之用，如榕树、樟树、阴香、水翁、红千层、洋蒲桃、木棉、水石榕等。

（三）花灌木

花灌木是以观花为目的而栽植的乔、灌木，如桂花、含笑、夜香、黄蝉、希茉莉、山茶花、米兰等。

（四）绿篱植物

将耐修剪的植物成行栽植，代替栏杆保护花坛，或起装饰作用，这类植物称为绿篱植物，如九里香、福建茶、小蜡树、六月雪、黄杨、驳骨草等。

（五）垂直绿化植物

栽植攀缘植物，以绿化墙面和藤架，如常春藤、爬墙虎等。

（六）花坛植物

采用观叶类、观花类的草本花卉及低矮灌木，栽植在花坛内，组成各种花纹和图案，如绿草、红草、天门冬、凤仙花、红苋、鸡冠花、变叶木、艳山姜、假连翘等。

（七）地被植物及草坪

用低矮的木本或草本植物种植在林下或裸地上，以覆盖地面，起防尘降温及美化作用，如结缕草、地毡草、狗牙根、冷水花等。

（八）室内装饰植物

将植物种植在室内观赏，如蕨类、常春藤、发财树、仙人掌类、水塔花、万年青、红宝石等。

（九）片林

用乔木类带状栽植作公园外围的隔离带称为片林，如松、柏、榕树林等。

实训二 园林植物的基本识别方法

识别植物时，种是基本分类单位，界、门、纲、目、科、属、种各单位由大到小形成了分类的阶层。地球上所有的植物都隶属于植物界之中，其下又分为若干个门，每个门下再分为若干个纲……依次类推直到种。在上述各单位间，根据需要可以建立亚单位，如亚门、亚纲、亚种等。本实训从识别园林植物的依据，识别园林植物的语言和工具，识别注意事项，识别园林植物的基本方法及园林植物的识别注意事项等方面做具体讲解，供课后实践练习。

（一）园林植物识别的依据

（1）传统分类学以植物的形态特征为依据。

（2）现代分类学在形态特征的基础上综合细胞学、植物化学、分子生物学、遗传学等多学科的研究资料进行分类。

（二）识别园林植物的语言和工具

（1）形态术语是认识植物的主要语言。

（2）工具书和检索表是认识植物的助手和指南。

（3）植物标本是识别植物的范本。

（4）植物的栖息地是认识植物的现场。

（三）识别植物的基本方法

运用植物检索表来鉴定植物，是提高识别科、属、种能力最有效的方法。因此，在平时的学习和野外实习中，每一位学生应能掌握并熟练运用。在以后的实际工作中，通常会碰到自己不认识的种类，在没有老师指导的情况下，就需要自己根据掌握的基础知识，加上实践经验的积累，运用植物分类检索表进行检索，因为植物分类检索表是鉴别植物种类的钥匙。

观察和识别植物时，首先要学会使用科学的形态术语来观察和描述植物。一般主要观察植物的六大器官，即根、茎、叶、花、果实和种子。比如，我们要看所要观察的植株是具有直根系还是须根系，是乔木、灌木还是草本，是直立的还是缠绕或攀缘的，茎干是圆形的还是方形的或者是三棱形的，茎干上面是否有刺，叶子是对生、互生还是轮生，叶是具有平行脉还是网状脉，是单叶还是复叶，叶子边缘有没有锯齿，花是什么颜色的，有几个花瓣，雄蕊几个，属于哪个类型，子房的位置如何，是否形成花序，是什么类型的花序，果实的形状是什么样的，属于哪个类型，等等。有时还要对花做认真、细致地解剖观察，把子房的位置、心皮和胚珠的数目等都弄清楚，否则就无法得出正确的结论。在解剖观察的基础上，需要查阅植物检索表，核对植物志、植物图册等上的插图，从而确定植物的名称。

识别植物时，首先可以看根系。一株植物所有根的总称为根系。如图 1-1 所示，由一条明显的主根和各级侧根组成的根系称为直根系；主根不发达，由茎基部节上生出许多不定根而组成的外观呈须状的根系称为须根系。

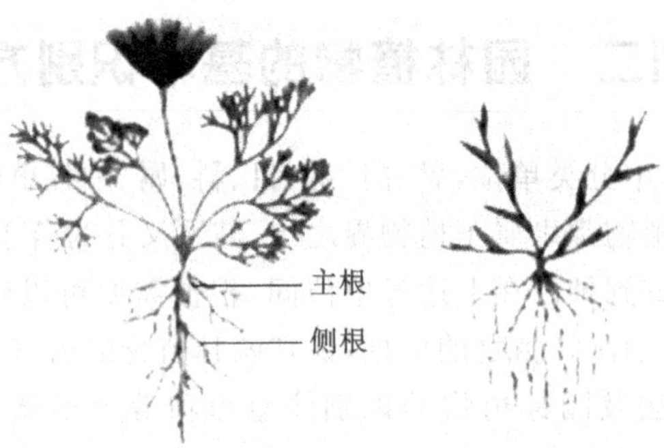

图 1-1　根系的类型

乔木有明显主干且分枝远离地面，高度一般在 5 m 以上。灌木没有明显主干，在近地面处即发生分枝，高度一般在 6 m 以下。藤本植物自身不能直立，需通过缠绕或借助卷须等特殊器官攀缘在他物上，有木质藤本（如山葡萄）和草质藤本（如牵牛）两类。草本植物的地上茎木质部不发达，通常较柔软，外表常呈绿色，并且一般不能加粗生长。

其次，看植物的叶片。完全叶具有叶片、叶柄和托叶三部分。不完全叶只有叶片，缺乏叶柄或托叶，或两者都没有。通过对比植物的叶片、叶柄、托叶、叶基、叶缘、叶尖、叶脉等也可以鉴别园林植物的类型。禾本科植物具有叶、叶片、叶舌、叶耳、叶鞘。叶片有对生、互生、轮生、基生，有平行脉、网状脉，有单叶、复叶，有锯齿、浅裂、深裂、全裂或全缘，有羽状复叶、掌状复叶、三出复叶等不同特征，如图 1-2 所示。

最后，就是看园林植物的花。完全花具备花萼、花冠、雄蕊、雌蕊四部分，不完全花缺少花萼、花冠、雄蕊、雌蕊任何一部分。既要看植物的花，又要看花的花柄、花托、萼片、花瓣、雄蕊、花药、花丝、雄蕊、柱头、花柱。十字形花冠的花瓣有 4 个，排成十字形，如香花芥。蝶形花冠的 5 个花瓣排列成蝶形，其中最上一片、最大的称为旗瓣，侧面两片称为翼瓣，最里两片称为龙骨瓣，如胡枝子。蔷薇形花冠的 5 个花瓣排列成辐射状，如龙牙草。唇形花冠的花瓣基部联合，上部上下裂开形成两唇，如糙苏。管状花冠的 5 个花瓣合生成一管状或筒状，如蓟。舌状花冠的花冠筒短，上部向一边张开，展平成舌状，如蒲公英。二强雄蕊有雄蕊 4 枚，2 长 2 短，如藿香。四强雄蕊有雄蕊 6 枚，4 长 2 短，如香花芥。二体雄蕊中的豆科植物的雄蕊 9 枚合生，1 枚分离，如歪头菜。单体雄蕊的雄蕊有多枚，花丝合生成 1 雄蕊管，如冬葵。聚药雄蕊中的菊科植物 5 个雄蕊的花丝分离而花药聚合在一起。除了花冠和雄蕊，花的花序对园林植物的鉴别也有非常重要的作用。花的花序

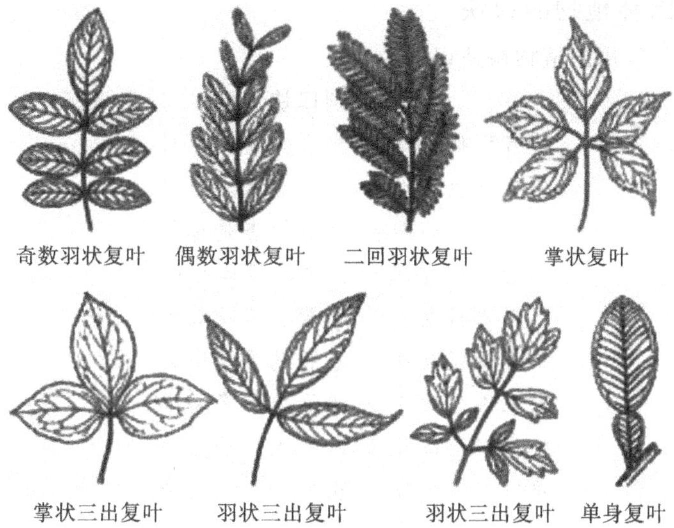

图 1-2　叶片类型

（图 1-3）有总状花序，如糖芥；穗状花序，如车前；柔荑花序，如垂柳；头状花序，如蒲公英；轮伞花序，如藿香；复伞形花序，如柴胡等。

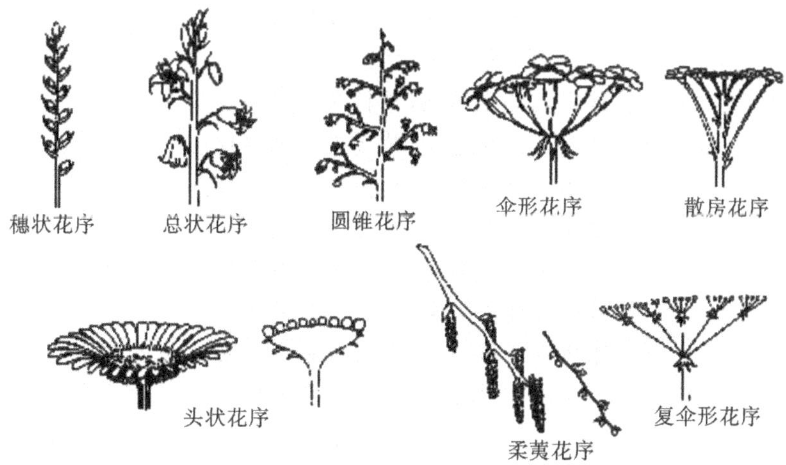

图 1-3　花序类型

雌蕊的类别有：① 单心皮雌蕊，由一个心皮组成的雌蕊，如豆科；② 离生心皮雌蕊，每个心皮组成一个雌蕊，许多分离的雌蕊集生于一朵花的花托上，如草乌、毛茛等；③ 合生心皮雌蕊，由两个或两个以上心皮合生为一个雌蕊，心皮合生时常常在花柱和柱头部分没有合生，因此可以通过花柱或柱头的数目来判断合生心皮雌蕊的心皮数目。子房位置在花期根据子房与花托愈合与否来判断；在果期通常根据宿存花萼在果实上的位置来判断，如是子房上位，子房半下位，还是子房下位。常见果实有核果、浆果、梨果、荚果、角果、蒴果、瘦果、颖果、翅果、坚果、双悬果、蓇葖果等。园林植物的种类也可以根据果实的不同来鉴别。

(四) 识别园林植物的口诀

下面介绍一些常用的植物快速识别的口诀。

植物识别口诀

枝有环痕雌雄多，聚合蓇葖木兰科。
单叶聚生星形果，八角香味八角科。
雄蕊多轮药瓣裂，体具樟香是樟科。
材身网纹雄蕊4，山龙眼科单花被。
天料木科点线明，侧膜胎座花萼存。
单互无托具锯齿，茶科蒴果轴宿存。
龙脑香科雄蕊多，单互羽脉多坚果。
桃金娘科边脉清，单叶无托油点明。
单对无托黄胶液，山竹子科单性杂。
掌状叶脉星状毛，雄蕊多数椴树科。
红叶迟落药孔裂，瓣顶撕裂杜英科。
星毛柄大纤维多，单性雄蕊梧桐科。
单体雄蕊药一室，两重花萼锦葵科。
乳汁腺体花单性，花盘常在大戟科。
蔷薇科，花样多，十字花科蔬菜多。
体具乳汁花单性，桑科聚花隐头果。
叶具油点有香气，花盘上房芸香科。
木本复互脂核果，橄榄气味橄榄科。
木本复互蒴浆核，花丝合生是楝科。
木本复互丝分离，无患子科多水果。
叶对无托双翅果，子房三2槭树科。
木本互生有树脂，漆树科里全核果。
叶对无托雄蕊2，合瓣上房木樨科。
叶对有托花整齐，合瓣下房茜草科。
单叶无托冠2唇，蒴果有萼玄参科。
紫葳科，复对多，合瓣上房花左右。
马鞭草科雄蕊4，叶对无托枝四方。
单对无托叶全缘，夹竹桃科具乳汁。

对于园林植物的归属，在这里介绍一些常见科属的识别口诀，帮助学生在实训中识别、练习。

园林植物特征歌

苏 铁 科

常绿木本棕榈状，树干直立不分枝。
叶片螺旋生干顶，羽状深裂柄宿存。

雌雄异株花单性，大小孢子叶不同。
种子无被核果状，种皮三层多胚乳。

银 杏 科

单属单种古孑遗，落叶乔木茎直立。
枝分长短叶扇形，长枝互生短簇生。
叶脉平行端二歧，雌雄异株分公母。
雄花具梗葇荑状，雌花长梗端二叉。

松 科

高大乔木稀草本，常有树脂枝轮生。
线形叶扁互或簇，也有2、3、5成束。
雌雄同株花单性，裸子代表花球形。
雄蕊螺旋相互生，雌花珠鳞两胚珠。
球果成熟常开裂，种子具翅胚乳多。

杉 科

乔木常有树脂生，皮富纤维长条脱。
螺旋生叶似对生，雌雄同株花单性。
雄花顶生或腋生，螺旋交叉花药多。
雌花仅在枝顶长，苞鳞珠鳞紧密合。
单年球果熟时裂，拥有孑遗好木材。

柏 科

乔木灌木叶常绿，鳞片针刺叶两型。
雄球花小雄蕊多，苞鳞珠鳞有结合。
球果种子数不定，子叶2枚或更多。
常伴清香易成活，木材枝叶用处多。

罗汉松科

常绿高大为木本，叶形多变常互生。
雄花穗状生腋顶，雌花具苞独自生。
胚珠倒生1、2枚，种子包于套被中。
肉质种托有无柄，子叶2枚胚乳丰。
成熟种子挂枝头，恰似念经罗汉僧。

三尖杉科

乔木灌木叶常绿，芽鳞宿存枝基部。

叶片螺旋披针形，中脉隆起2孔带。
单性花多异株生，雄花叶腋花序成。
雌花长梗多基生，双胚直立苞片中。
肉质珠被将种包，子叶出土有两枚。

三白草科

多年草本叶互生，茎节叶柄成鞘状。
托叶膜质叶全缘，苞片明显误作花。
花小两性无花被，花序穗状或总状。
雄蕊离生3～8，果实不裂为蒴果。

杨柳科

落叶木本树皮苦，单叶互生花单性。
雌雄异株葇荑状，苞片膜质无花被。
雄花雄蕊2至多，雌花2皮合1室。
早春飞絮状如雪，种子基部生长毛。

胡桃科

落叶木本叶互生，羽状复叶无托叶。
雌雄同株花不同，雄花下垂葇荑状。
雌花单一或数朵，组成花序种类多。
坚果具翅或包被，皆由苞片发育来。

桦木科

落叶木本叶互生，托叶早落花单性。
雌雄同株花不同，雄花下垂葇荑状。
雌花花序圆柱状，聚伞花序集聚成。
坚果具翅或无翅，种子1枚无胚乳。

壳斗科

木本落叶或常绿，叶脉羽状叶革质。
花序直立呈穗状，雄花花序偶葇荑。
雌雄同株无花瓣，苞片发达包雌花。
坚果生在总苞内，因而得名称壳斗。

榆科

落叶木本叶互生，叶不对称有锯齿。
叶脉羽状或3出，托叶早落花小型。

雌雄同株不同花，子房上位 2 心皮。
翅果核果小坚果，通常有翅如铜钱。

桑　　科

植物通常含乳汁，托叶早落花小型。
单性同株或异株，花序密集总类多。
葇荑头状圆锥状，隐头花序无花果。
果实发育连花序，桑葚复果最常见。

荨　麻　科

草本通常具螯毛，茎具纤维供纺织。
单叶对生或互生，常常左右不对称。
绿色小花为单性，雌雄同株或异株。
叶脉通常为三出，果实瘦果或核果。

蓼　　科

草本植物节膨大，单叶互生为全缘。
叶柄基部常扩大，托叶膜质呈鞘状。
整齐两性花簇生，聚集各式花序型。
花被片 5 花瓣状，子房上位仅 1 室。
三棱双凸小坚果，包于宿存花被中。

藜　　科

草本稀为小灌木，单叶互生偶对生。
花小两性无托叶，单性菠菜不同株。
花被通常为绿色，果期出现附属物。
子房上位 1 胚珠，果实通常为胞果。

苋　　科

草本直立或伏卧，单叶互生或对生。
花小两性稀单性，色彩多样供栽培。
花序密集聚伞状，再集穗状或圆锥。
苞片花被干膜质，雄蕊与被成对生。
子房上位仅 1 室，胞果包于花被中。

紫 茉 莉 科

单叶对生或互生，辐射花冠呈两性。
单生簇生或聚伞，宿存苞片花萼状。

单层花被为合生，檐部裂片3～5。
子房上位仅1室，1颗胚珠在其中。
瘦果表面具棱槽，包于宿存花被中。

商陆科

单叶互生并全缘，花序顶生或腋生。
苞片不再最显著，花器发育不完全。
萼片离生4～5，雄蕊与萼为互生。
心皮1枚至多数，子房上位为浆果。

马齿苋科

草本通常为肉质，单叶互生或对生。
托叶膜质或缺如，两性花冠多整齐。
萼片2枚或为5，花瓣4、5稀多数。
雄蕊通常4～8，子房1室胚珠多。
蒴果接近干膜质，盖裂瓣裂稀不裂。

石竹科

草本通常节膨大，单叶对生基部合。
托叶膜质或缺如，辐射花冠组分全。
花萼4、5基成筒，花瓣同数常具爪。
雄蕊同数或2倍，胎座特立居中央。

睡莲科

水生草本出淤泥，茎叶出水或漂浮。
多有肥厚地下茎，单叶互生具长柄。
叶片盾形或心形，单生长梗花两性。
辐射对称3基数，花被鲜艳香非常。
雄蕊多数围子房，果实生于花托上。

连香树科

落叶乔木叶具柄，长枝对生短单生。
单性异株无花被，雄蕊15～20枚。
雌花长梗房上位，心皮下具1苞片。
内皮木质蓇葖果，种子一端生有翅。
本科植物仅1属，多为国家保护级。

毛 茛 科

多数草本无托叶，单叶分裂或复叶。
基生互生稀对生，花被原始偶有距。
5 数花被雄蕊多，分离雌蕊多心皮。
子房上位胚珠多，聚合蓇葖或瘦果。

小 檗 科

灌木草本叶互生，单叶羽叶至三回。
整齐完全花两性，各式花序或单生。
花被通常 4～6，离生覆瓦 2、3 轮。
部分花瓣有蜜腺，雄蕊同瓣而对生。
心皮 1 室房上位，浆果蒴果蓇葖果。

木 兰 科

木本植物叶互生，枝上托叶留环痕。
花被一般不分化，柱状花托雌雄多。
花被分离 3 基数，螺旋排列原始性。
子房上位心皮离，果实常为聚合果。

腊 梅 科

木本单叶具短柄，对生全缘无托叶。
单生辐射花两性，蜡质花朵味芳香。
花被多数为同形，数轮排列覆瓦状。
生于壶形花托外，雄蕊 5～30 枚。
子房上位仅 1 室，瘦果包于花托内。

罂 粟 科

多数草本有乳汁，单叶互生无托叶。
萼片 2 枚早脱落，花瓣 4 枚雄蕊多。
部分种类两侧对，花瓣往往还有距。
侧膜胎座两心皮，合生子房成蒴果。

十 字 花 科

蔬菜多由本科生，单叶基生或茎生。
总状花序花两性，十字花冠 4 基数。
雄蕊四强共六枚，2 皮 1 室膜隔离。
子房上位为角果，侧膜胎座长短果。

景　天　科

景天茎叶为肉质，单叶无柄无托叶。
花序顶生聚伞状，稀为总状或单花。
辐射对称花两性，萼片4、5花瓣同。
雄蕊同数或2倍，心皮离生基部合。
蓇果或者蒴荚果，种子细小胚乳少。

海　桐　科

木本皮有树脂道，全缘单叶为互生。
辐射对称花两性，排成花序种类齐。
萼片5枚花瓣5，雄蕊5枚相互生。
子房上位成蒴果，2、3、5裂同心皮。

金缕梅科

木本常具星状毛，单叶互生有托叶。
雌雄同株或杂性，小花头状或总状。
萼筒子房稍合生，缘部截形或几裂。
花瓣同数花萼裂，雄蕊4、5或更多。
子房下位分2室，中轴胎座柱2枚。

杜　仲　科

落叶乔木含胶汁，枝内生长片状髓。
单叶互生有叶柄，雌雄异株无花被。
生于幼枝苞叶内，与叶同发或先开。
雄花簇生具花梗，雄蕊离生4～10。
子房扁平2心皮，化作具翅小坚果。

悬铃木科

落叶乔木有星毛，树皮苍白大片脱。
冬芽包于叶柄下，直到早春随风落。
长柄互生叶掌裂，雄雌花序不同枝。
聚合坚果为球形，枝头摇曳如悬铃。
一美二英三法国，数球种类即分明。

蔷　薇　科

多具托叶叶互生，蔷薇花冠有萼筒。
花萼5枚基联合，花瓣5数或重瓣。

花萼凹凸心皮数，四个亚科借此分。
心皮1枚为桃李，心皮离生绣线梅。
心皮合生苹果梨，花托凹陷为蔷薇。

豆　科

植物多为羽状叶，三处羽状或多回。
花瓣5数为蝶形，不为蝶形别亚科。
雄蕊10枚9＋1，子房上位单雌蕊。
边缘胎座成荚果，凭借花冠分三科。
辐射对称含羞草，真假蝶形辨云实。

禾本科

此科常有禾与竹，农工绿化功勋著。
秆空有节基分枝，单叶互生成两列。
叶鞘舌耳有或缺，脉纵平行好分别。
两性花小装小穗，颖包稃片裹浆片。
雄蕊常3药丁字，子房上位一珠室。
颖果常作粮食用，稻麦黍粟见四处。

莎草科

草本常有根状茎，地上无节三棱形。
叶有三列茎实心，或仅叶鞘闭合生。
各种花序或小穗，毛鳞常见花被退。
雄蕊常3雌蕊复，子房上位1珠室。
坚果三棱凸球形，荸荠香附作药行。

棕榈科

木本茎直主干明，叶基宿存常抱茎。
鞘片纤维用处广，棕垫棕绳与棕箱。
叶似圆扁簇生顶，掌状分裂皱褶长。
花序常为圆锥状，花小整齐性难分。
6片花被6雄蕊，两轮排列单雌蕊。
子房上位多3室，浆果核果长圆状。

天南星科

草本常有球根茎，体含乳汁气生根。
茎基常有膜质鞘，叶形叶脉样式多。
肉穗花序佛焰苞，宿存早落色彩耀。

花小味臭性难分，雄蕊稀1、2、4、8。
雌蕊1枚心室多，浆果密集穗轴生。

鸭趾草科

多汁草本直或攀，柄基膜质鞘抱茎。
互生单叶并行脉，辐射对称花两性。
花被2轮外宿存，6枚雄蕊或2退。
两个药室并或叉，1个雌蕊房上位。
中轴胎座或蒴果，种子有棱胚盖圆。

雨久花科

多年草本水边生，根状茎粗或横走。
地上茎短叶鞘包，辐射对称花两性。
6片花被覆瓦状，6枚雄蕊缺或退。
雌蕊1枚房上位，3室中轴1侧膜。
果实有分蒴和胞，常见凤眼鸭舌草。

百合科

多年草本稀木本，基生单叶基互生。
辐射对称花两性，6枚花被两轮生。
同数雄蕊与花对，子房大多安上位。
3室子房中轴座，心皮3数雌蕊复。
茎大花美蒴果浆，葱蒜百合郁金香。

石蒜科

鳞茎根茎多年生，线形带状叶基生。
伞形花序合两性，常有总苞成膜状。
花被6枚如花瓣，雄蕊6枚两轮转。
3个心皮如百合，子房却在下位安。
美丽清香用处广，水仙石蒜君子兰。

薯蓣科

攀缘缠绕多年生，块茎肉质常似根。
叶常互生稀为对，基部心形掌脉明。
叶柄关节常扭转，雌雄异株花单性。
花被6片列两轮，雄蕊6枚或3退。
子房下位有3室，蒴果3瓣有3翅。

鸢　尾　科

多年草本茎多样，长叶基生套折状。
两性对称两轮生，花被皆为花瓣相。
雄蕊 3 枚基处生，柱头 3 裂似花瓣。
子房下位 3 心皮，胎座 3 室中轴长。
蒴果背裂易种植，药用观赏皆为上。

芭　蕉　科

大型草本树模样，鞘状叶柄茎包上。
互生大叶羽脉长，花序穗状圆锥状。
两性单性皆存在，6 被 2 轮不整齐。
雄蕊 6 枚或缺 1，下位子房 3 室生。
丝状柱头常 3 个，长形浆果为水果。

姜　　科

多年草本清香气，根茎球茎单生茎。
单叶有鞘叶舌在，椭叶线形羽状脉。
花序总状或单生，两性花来左右称。
花被 6 枚两轮生，雄蕊 1 育 2 退去。
子房下位有 3 室，中轴胎座蒴果成。

美人蕉科

粗大芽本多年生，根茎块状叶大型。
羽状叶脉中脉起，鞘状抱茎无叶舌。
两性花艳不整齐，两轮花被共 6 枚。
6 枚雄蕊如花瓣，也生两轮有重瓣。
子房下位有 3 室，蒴果具疣种细微。

(五) 注意事项

1. 俗名和学名

俗名是指没有严格科学界定的植物名称，可因地域、语言等不同而异。因此，同物异名、同名异物的现象不可避免，如番茄的俗名有西红柿、洋柿子等，而中国各地被俗称为白头翁的植物有十几种。学名是指严格按照国际命名法规确定的以拉丁文表示的科学名称。每一种植物只能有一个世界通用的学名，一个学名只能代表一种植物。

2. 学名的表示方法——“双名法”

(1) 一个学名必须由两个拉丁词或拉丁化形式的词构成。

(2) 学名的第一个词为该种所在属的属名，第一个字母须大写；第二个词为种加词(种名)，均为小写字母。

(3) 完整的学名还应包括定名人的姓氏，排在种加词后，一般用缩写，第一个字母大写，但在某些场合定名人的姓氏可以省略。

例如，苹果的学名为 *Malus*（属名） *pumila*（种加词） Mill.（定名人的姓氏缩写，可以省略），油松的学名为 *Pinus*（属名） *tabulaeformis*（种加词） Carr.（定名人的姓氏缩写，可以省略）。

实训三 植物种类识别与鉴定的技巧

一、植物种类识别的方法和技巧

在野外实习中，要学会运用已学过的分类原理和方法去提高识别植物科、属、种的能力。如何才能提高这种鉴别能力呢？最有效的方法是到实践中把学过的分类理论与实际结合起来，而植物分类学的野外实习正是最有效的实践活动。

虽然在实训二中我们学习了常用园林植物的分类和利用分类检索表鉴定植物种类的方法（这是最基本也是最可靠的方法），但花费时间较多，且在实际工作中特别是实习中经常会碰到标本不完整的情况，如有花无果或有果无花，甚至花果全无的营养体标本，这时单靠检索表就难以鉴定。要解决这些问题，除多参加实践活动外，掌握一些便捷的方法和技巧也是很好的途径之一。这些方法和技巧归纳起来有以下三点。

（一）抓住主要分类依据，采用层层缩小的方法提高识别能力

为了便于掌握这种方法，在此仅举二例加以具体说明，希望能起到举一反三的作用。

当我们在野外采到一种不认识的植物时，首先要观察它的全部特征，根据观察的特征，运用已学过的各个类群的主要分类依据，采用层层缩小的方法，去鉴别这种植物到底应属于哪一科、哪一属的植物。

如果观察到这种植物具有真正的花（形成果实），那就可以肯定其属于被子植物；如果这种植物具有羽状或网状叶脉，花的基数又是4～5数，为直根系，那它不可能是单子叶植物，而是一种双子叶植物。

其次，可观察这种植物的营养体和花、果的特征。如果我们观察到这种植物是一种具有卷须的草质藤本植物，而且卷须是侧生于叶柄基部或具有叶腋、单性花、子房下位、侧膜胎座、瓠果等特征，就可确定它是属于葫芦科的植物。最后根据花药卷曲，雄蕊3[A(2)+1]，花瓣成流苏状，便可知道它是属于葫芦科的栝楼属（*Trichosanthes*）中的植物。

要是看到的是一种具有卷须的木质或草质藤本植物，卷须与叶对生，两性花，雄蕊对着花瓣，浆果等特征的植物的话，那么这种植物就不是葫芦科的植物，而是葡萄科的植物。在四川省常可见葫芦科的绞股蓝属（*Gynostemma*）与葡萄科的乌蔹莓属（*Cayratia*），两属植物外形上非常相似，均为多年生草质藤本，具有卷须，鸟趾状复叶，肉质浆果，稍不注意就会认错。

（二）使用倒查检索表的方法提高识别能力

运用植物分类检索表来鉴定植物是提高识别科、属、种能力最有效的方法。因此，在平时的学习和野外实习中，每一位学生应能熟练运用植物分类检索表。在以后的实际工

作中若碰到自己不认识的种类，在没有老师指导的情况下，就需要自己根据掌握的基础知识，加上实践经验的积累，运用植物分类检索表进行检索。

检索表是要从前往后查的，需要有足够的耐心和认真，否则常常查到最后都不知道查对了没有，且这样查很费功夫，在紧张的实习阶段往往没有充裕的时间做这项工作。可是实习阶段要是不练习使用检索表，自学能力就难以得到提高，为此提供一种对初学者来说省时省力的学习方法——倒查书本和检索表。其具体方法是：先通过索引找到描述该植物形态特征及其插图的页码，仔细阅读书本中该植物的特征描述，从中逐步纠正对植物学名词术语不确切的理解（这点非常重要，只有理解确切了，才能正确地使用检索表）；然后阅读该植物所在属和科的检索表，从中掌握两个方面的知识，即一是这类植物有哪些共同特征，二是各种植物之间的鉴别要点是什么。

例如，山茶科柃属多种植物有相似的外形，通过倒查检索表得知它们的共同特征是灌木，单叶互生，革质，花小，单性异株，腋生。它们之间的鉴别要点通常不在于花部，而在于茎是否有棱，茎和芽是否有毛。这样就为进一步认识该属植物抓住了鉴别要点。

又如，毛茛属多种植物之间的鉴别要点在于基生叶的形态、毛的有无及聚合果的形态，花的结构则是它们共有的特征。有了这方面的知识，在野外实习中就应该把注意力集中到这类植物的鉴别要点上。唯有牢牢抓住鉴别要点，才能节省鉴别的时间，提高野外鉴别的能力。

需要说明的是，倒查书本和检索表是为了尽快掌握某一类群植物的鉴别要点和共同特征，而通常查检索表是为了查出植物的名称，二者的应用环境和目的是不同的。

（三）利用鉴别性特征提高识别植物种类的能力

园林植物识别实训开展时间通常较短，要在如此短的时间内认识几百种植物会有一定困难。植物生长有很强的季节性，在植物学野外实习过程中，通常会碰到要识别有花无果、有果无花，甚至无花无果的植株（标本）；另外，在中草药的原植物鉴定时，也常会碰到不完整的中草药标本或药材碎片（如叶类药材等），会遇到较大困难，甚至感到束手无策，无从下手。因此，掌握植物的鉴别性特征，利用鉴别性特征提高识别能力是较为有效的一种方法。

二、常用园林植物鉴别的特征

为了更好地帮助学生鉴定和鉴别园林植物，根据实践经验和参考的有关文献资料，结合现有园林植物资源情况，可以把某些容易鉴别的突出特征在被子植物各科中可能出现的科名列出一份清单。利用这份清单，根据某些特征对一些常用的园林植物进行鉴定，首先判断其可能属于哪一科（或属），然后根据有关资料进一步证实，最后鉴定其属、种。

（一）具块根的类群

具块根的类群有蓼科（何首乌）、毛茛科（乌头属、天葵、单叶铁线莲）、防己科（千金藤属）、樟科（乌药）、豆科（土栾儿、野葛）、葡萄科（白蔹）、萝藦科（牛皮消）、旋花科（甘薯）、玄参科（玄参属、地黄属）、葫芦科（栝楼属）、禾本科（淡竹叶）、百部科（百部）、百合科（天门冬属、萱草属、山麦冬属、沿阶草属)。

(二) 具块茎或球茎的类群

具块茎或球茎的类群有罂粟科(紫堇属)、茅膏菜科(光萼茅膏菜)、茄科(马铃薯)、葫芦科(雪胆属)、莎草科(荸荠属)、天南星科、百合科(部分)、薯蓣科、姜科、兰科。

(三) 具鳞茎的科

具鳞茎的科有酢浆草科、百合科(部分)、石蒜科。

(四) 茎方形的科(仅包括草本植物)

茎方形的科(仅包括草本植物)有苋科(牛膝属)、大戟科(山靛属)、金丝桃科(黄海棠、地耳草)、野牡丹科(多数种)、报春花科(少数种)、马鞭草科(部分)、唇形科、玄参科(部分)、茜草科(部分)、爵床科。

(五) 茎上有刺的类群

茎上有刺的类群包括枝刺、皮刺、叶刺或托叶刺或叶柄刺,具体如下。

(1) 枝刺:包括榆科(刺榆属)、桑科(柘属)、蔷薇科(火棘属、山楂属、木瓜属、梨属)、豆科(皂荚属)、芸香科(枸橘属、金橘属、柑橘属)、鼠李科(雀梅藤属、鼠李属)、大风子科(柞木属)、仙人掌科、胡颓子科(胡颓子属)、柿科(柿属部分种)、茄科(枸杞属)。

(2) 皮刺:包括桑科(葎草属)、蓼科(蓼属中的杠板归、刺蓼等)、蔷薇科(悬钩子属、蔷薇属)、豆科(含羞草属、云实属)、芸香科(花椒属)、葡萄科(刺葡萄)、五加科(五加属、刺楸属、楤木属)、茜草科(茜草属)、百合科(菝葜属)。

(3) 叶刺或托叶刺或叶柄刺:包括小檗科、苋科(苋属刺苋)、豆科(刺槐属)、鼠李科(枣属)、茜草科(虎刺属)、清风藤科(清风藤)。

(六) 节及其附近膨大成关节状的类群(仅包括草本具对生叶的科)

节及其附近膨大成关节状的类群(仅包括草本具对生叶的科)有金粟兰科、苋科(牛膝属)、爵床科、透骨草科。

(七) 具卷须的类群

具卷须的类群有葫芦科(卷须侧生于叶柄基部)、葡萄科(卷须与叶对生)、豆科(野豌豆属、香豌豆属、豌豆属)、百合科(菝葜属)。

(八) 具叶柄下芽的类群

具叶柄下芽的类群有豆科(刺槐属、香槐属)、悬铃木科。

(九) 有白色或黄色乳汁的类群

有白色或黄色乳汁的类群包括桑科(桑属、榕属、柘属、构属)、罂粟科(血水草属、荷青花属、博落回属)、漆树科(漆树属)、大戟科(油桐属、乌桕属、大戟属)、夹竹桃科、萝藦科、旋花科(甘薯属)、桔梗科、菊科(舌状花亚科)。

(十) 叶或茎有腺体的类群

叶或茎有腺体的类群包括杨柳科(响叶杨)、蔷薇科(李属)、豆科(部分)、苦木科(臭椿属)、大戟科(油桐属、乌桕属)、凤仙花科、萝藦科、紫葳科、忍冬科(荚迷属、接骨草属)。此处的腺体是指具有一定的位置(常位于叶柄、叶柄顶端、叶轴上或叶片近基部的边缘,稀在叶缘锯齿上)、一定的形状(疣状、脐状、盾状、粒状及腺毛状)的腺体,而且数量极少。

(十一) 叶具油点或腺点的类群

油点是一种埋藏在组织中的、油质的、球形或条形的囊状体,对光视之为半透明;腺点是指外生的、黄色、红色或黑色的油状或胶状物质,其中有的是无柄的腺毛。油点和腺点在叶上无一定的位置,而通常数量多。叶具油点或腺点的类群包括胡桃科、芸香科、苦木科、藤黄科、桃金娘科、紫金牛科、报春花科、马鞭草科(部分)、唇形科(部分)、玄参科(部分)、忍冬科(部分)。

(十二) 叶具钟乳体的科

钟乳体是一种埋藏在组织中的碳酸钙结晶体,通常呈点状或短线状。叶具钟乳体的科包括桑科、荨麻科、爵床科。

(十三) 叶盾状着生的类群

叶盾状着生的类群包括蓼科(杠板归)、睡莲科、防己科(千金藤属、轮环藤属、蝙蝠葛属)、小檗科(八角莲属)、蔷薇科(盾叶莓)、大戟科(蓖麻、毛桐)。

(十四) 互生、羽状复叶(包括羽状三出复叶)的类群

(1) 木本:包括胡桃科、木通科(猫儿屎属)、小檗科(十大功劳属、南天竹属)、钟萼木科、蔷薇科(花楸属、悬钩子属、蔷薇属)、豆科、芸香科(花椒属、枸橘属)、苦木科(苦木属、臭椿属)、楝科(楝属、香椿属)、大戟科(重阳木属)、漆树科(黄连木属、盐肤木属、漆树属)、省沽油科(瘿椒树属)、无患子科(无患子属、栾树属)、清风藤科(泡花树属)、五加科(楤木属)。

(2) 草本:包括毛茛科(牡丹属、毛茛属、唐松草属、银莲花属)、小檗科(红毛七属、淫羊藿属)、十字花科(泡果荠属、碎米荠属)、虎耳草科(落新妇属)、蔷薇科(假升麻属、水杨梅属、委陵菜属、草莓属、龙牙草属、地榆属)、豆科、芸香科(松风草属)、茄科(茄属马铃薯)。

(十五) 互生、掌状复叶(包括掌状三出复叶)的类群

(1) 木本:包括木通科(木通属、鹰爪枫属、野木瓜属、大血藤属)、葡萄科(蛇葡萄属、爬山虎属)、五加科(鹅掌藤属、五加属)。

(2) 草本:包括毛茛科(天葵属)、白花菜科(白花菜属)、蔷薇科(委陵菜属、蛇莓属)、豆科(车轴草属)、酢浆草科(酢浆草属)、葡萄科(乌蔹莓属)、葫芦科(雪胆属、绞股蓝属)。

(十六) 具对生复叶的类群(仅包括双子叶植物)

(1) 掌状复叶:包括七叶树科(七叶树属)、马鞭草科(牡荆属)。

(2) 羽状复叶:包括毛茛科(铁线莲属)、芸香科(黄柏属、吴茱萸属)、省沽油科(省沽油属、野鸦椿属)、槭树科(槭树属部分种)、木樨科(白蜡树属、连翘属)、紫葳科(凌霄花属)、唇形科(丹参属部分种)。

(十七) 具轮生叶的类群(仅包括双子叶植物)

具轮生叶的类群(仅包括双子叶植物)有景天科(八宝属、景天属部分种)、金鱼藻科(金鱼藻属)、小二仙草科(狐尾藻属)、五加科(人参属)、夹竹桃科(夹竹桃属)、玄参科(石龙尾属)、苦苣苔科(吊石苣苔属)、茜草科(茜草属、拉拉藤属)、桔梗科(桔梗、轮叶沙参)。

(十八) 具特殊花冠类型的类群

花冠的形状往往成为不同类别植物所特有的特征。例如,蔷薇形花冠属于蔷薇科植物,十字形花冠属于十字花科植物,蝶形花冠属于豆科蝶形花亚科植物,假蝶形花冠属于豆科云实亚科植物,唇形花冠属于唇形科、玄参科植物,管状花冠、舌状花冠属于菊科植物,漏斗形花冠属于旋花科植物和部分茄科植物,钟形花冠属于桔梗科植物。

(十九) 具副花冠的类群

副花冠是有些植物在花冠和雄蕊之间的瓣状附属物。具副花冠的类群有萝藦科、石蒜科(水仙属)。

(二十) 具副萼的类群

有的植物在花萼之外还有一轮萼状物(苞片),称为副萼。具副萼的类群有蔷薇科(水杨梅属、委陵菜属、蛇莓属、草莓属)、锦葵科(蜀葵属、棉属、木槿属)。

(二十一) 花有距的类群

花萼或花冠基部向外延长成管状或囊状突起,称为距(spur)。花有距的类群包括毛茛科(乌头属、翠雀属、飞燕草属)、罂粟科(紫堇属)、牻牛儿苗科(天竺葵属)、凤仙花科(凤仙花属)、堇菜科(堇菜属)、兰科(大部分属)。

(二十二) 具有典型雄蕊类型的类群

(1) 单体雄蕊,属于锦葵科植物。

(2) 二体雄蕊,(9)+1 型或(5)+(5)型,属于蝶形花亚科植物;(3)+(3)型,属于罂粟科紫堇属植物。

(3) 多体雄蕊,属于藤黄科、楝科植物。

(4) 二强雄蕊,属于唇形科、玄参科植物。

(5) 四强雄蕊,属于十字花科植物。

(6) 聚药雄蕊,属于菊科植物。

(二十三) 具特征性果实的类群

具特征性果实的类群有连萼瘦果,属于菊科植物;颖果,属于禾本科植物;双悬果,属于伞形科植物;荚果,属于豆科植物;角果,属于十字花科植物;柑果,属于芸香科柑橘属植物;瓠果,属于葫芦科植物;梨果,属于蔷薇科梨亚科植物;桑葚果,属于桑科桑属植物;隐头果,属于桑科榕属植物。

(二十四) 叶(苞片)上开花(花序)、结果的类群

叶(苞片)上开花(花序)、结果的类群包括椴树科(椴树属)、山茱萸科(青荚叶属)、百部科(百部)。

技能提升一　西昌市泸山景区及湿地公园园林植物识别

一、技能提升项目

在西昌市泸山景区及湿地公园进行园林植物识别。

二、技能提升目的

(1) 通过技能提升，将理论与实践相结合，巩固和提高课堂所学的知识。

(2) 通过野外提升，进一步培养学生实际学习的能力。

(3) 学会植物学识别的方法。

(4) 掌握用科学的方法观察和研究植物的基本特征，能够系统地归纳和概括出各科各种植物的主要特征。

(5) 初步掌握植物的采集、压制、标本制作、种类鉴定等工作的基本操作方法，为以后的学习和工作打下基础。

三、技能提升要求

(1) 通过技能提升，复习和巩固课堂所学的植物学理论知识。

(2) 通过技能提升，培养学生科学的学习态度、吃苦耐劳的精神、严明的组织纪律和团结协作精神。

(3) 通过技能提升，学会常见园林植物学识别的方法，初步掌握植物的采集、压制、标本制作、种类鉴定等工作的基本操作方法。

四、技能提升内容

(1) 植物识别。

(2) 采集植物。

① 采集工具。

整枝剪、掘根铲、放大镜、海拔仪、野外记载本、标签、标本夹、吸水纸、绳子、采集袋等，有条件的还可带上望远镜、照相机等。

② 采集方法。

各种植物的采集方法基本上是一致的，但由于各种类型的植物分类特征不同，采集时应注意标本的完整性和代表性。木本植物选取含有花或果、形态完整、无病虫害、含有顶芽的侧枝作为标本；草本植物选取含有花或果的整个植株连根掘起的植物作为标本。

每采一份标本应及时挂上标签，编上采集号，在野外记载本上详细记录采集地点、日期、海拔、生长特征、植株颜色及气味等。

(3) 标本制作。

对所采标本要及时压制。打开标本夹，在一块标本夹上铺若干层吸水纸，取一份标本整齐、有序地平放在上面，对过长的草本、藤本、蕨类植物标本可以曲成几曲，做成标本放好后在其上铺一层吸水纸，放一份标本，再铺一层吸水纸，直至把标本压完，最后将另一块标本夹压在上面，两块标本夹用绳子捆紧。

为了使压制的标本迅速干燥，尽可能地保持原有色泽，应及时更换吸水纸。打开标本夹，用干燥的吸水纸换下潮湿的吸水纸，开始时每天换两次，3 d 后每天换一次，一般一周后标本已被处理干燥。换下来的吸水纸在太阳下晒干，或在烘箱中烘干，可继续使用。头几次换吸水纸时，要注意对标本整形，使标本保持舒畅。

标本压干后，要装订在台纸上，台纸的纸质要求厚实、坚挺，上面光洁，为白色，规格一般为 28 cm×38 cm。一张台纸装订一份标本，用针线或狭纸条固定，接头打在台纸背面，在台纸的左上角贴上野外记载卡，左下角留出一定空间加盖入库流水号及标本室章，右下角留作粘贴定名签。装订好的标本通过消毒、鉴定后，一份完整的标本就制作完成了。

五、技能提升成果

完成西昌市泸山景区及湿地公园园林植物识别野外实习报告一份。

六、评分标准

园林植物识别评分表见表 1-1。

表 1-1　园林植物识别评分表

序号	项目	内容	分数/分	等级标准/分				得分/分
				优	良	及格	不及格	
1	实习报告	纸质实习报告，文字翔实，内容清楚	15	12～15	8～11	4～7	0～3	
2	现场图片记录	结合场地环境特点及现场植物识别进行照相搜集和记录，图片清晰，记录完整	12	10～12	7～9	4～6	0～3	
3	现场植物采集	对园林植物进行野外采集标本，工具齐全，方法得当	12	10～12	7～9	4～6	0～3	
4	植物标本制作	对所采集的园林植物标本及时压制，标本制作完整	16	13～16	9～12	5～8	0～4	
5	野外记录本	在野外记载本上详细记录采集地点、日期、海拔、生长特征、植株颜色及气味等	12	8～12	5～7	3～4	0～2	
6	课后查阅、检索	野外实习回来后，对不认识植物的课后查阅、检索，对照进行植物识别(不认识植物的识别处理方式)	8	7～8	5～6	3～4	0～2	
7	备注说明	对此次野外园林植物识别实习进行分析、说明，能够较完整地表达、完善实习成果	10	8～10	5～7	3～4	0～2	

续表

序号	项目	内容	分数/分	等级标准/分				得分/分
				优	良	及格	不及格	
8	方案汇报	汇报者思路清晰，语言流畅，能准确表达实习报告，制作的 PPT 文件美观、大方，答辩准确、合理	15	11～15	7～10	4～6	0～3	
总分								

技能提升二 西昌市航天大道园林植物树种调查

一、技能提升项目

在西昌市航天大道进行园林植物树种调查。

二、技能提升目的

(1) 通过技能提升，将理论与实践相结合，巩固和提高课堂所学的知识。

(2) 通过课堂学习和课外调查，进一步培养实际学习的能力。

(3) 掌握植物种类调查的方法。

(4) 掌握用科学的方法调查园林植物树种，能够系统地归纳和概括知识，并对现行园林植物配置进行分析和总结。

三、技能提升要求

(1) 通过技能提升，复习和巩固课堂所学的植物学理论知识。

(2) 通过技能提升，培养学生科学的学习态度、吃苦耐劳的精神、严明的组织纪律和团结协作精神。

(3) 通过技能提升，初步掌握园林植物树种调查等工作的基本操作方法，为以后的学习和工作打下基础。

四、技能提升内容

(一) 准备工作

准备工作包括建立组织、制订调研计划、收集相关资料、做好调研的物资准备等。

(二) 调查方法

(1) 全面调查。

(2) 抽样调查：典型与随机抽样。

(三) 外业工作

外业工作调查项目如下。

① 种类：全面调查，不能遗漏；

② 生长情况：生长量、树高、胸径、冠幅、年龄等；

③ 生态习性：耐寒性、耐阴性、耐湿性、耐旱性、耐瘠性、耐盐碱性、耐酸碱性及抗风、抗病虫、抗污染等；

④ 功能配置调查：园景树、行道树、庭荫树、隐蔽树、环保树、绿篱树、基础栽植、垂直绿化、盆栽树等；

⑤ 古树、名木调查：应详细观察和记录植物特征。

（四）内业资料整理

整理出各种专项表格，包括城市园林树种调查名录总表，古大树、名木调查表，城市园林树种分类统计表，常见园林树种统计表，主要树种分布与应用统计表，各类园林绿地树种应用统计表，树种生长势分析统计表等。

五、技能提升成果

完成西昌市航天大道园林植物树种调查报告一份。

六、评分标准

园林植物树种调查报告评分表见表 1-2。

表 1-2　园林植物树种调查报告评分表

序号	项目	内容	分数/分	等级标准/分				得分/分
				优	良	及格	不及格	
1	报告材料	纸质报告一份，以及整理出各种专项表格，文字翔实，图表清楚、得当	15	12～15	8～11	4～7	0～3	
2	调查项目设计	能结合场地环境特点及目的要求进行调查项目设计，主题明确，设计合理	12	10～12	7～9	4～6	0～3	
3	调查方法	调查方法选用科学、合理，符合规范	12	10～12	7～9	4～6	0～3	
4	各种表格整理	包括城市园林树种调查名录总表、常见园林树种统计表、主要树种分布与应用统计表树种生长势分析统计表等	16	13～16	9～12	5～8	0～4	
5	分析总结	调查整理后的分析恰当、准确，从文字上或者图上看能一目了然	12	8～12	5～7	3～4	0～2	
6	建议方案的可实施性	在保证功能的前提下，方案新颖，可实施性强（临时用地的处理方式）	8	7～8	5～6	3～4	0～2	
7	设计说明	对设计图和设计意向的分析、说明能够较好地表达设计构思	10	8～10	5～7	3～4	0～2	

续表

序号	项目	内容	分数/分	等级标准/分				得分/分
				优	良	及格	不及格	
8	方案汇报	汇报者思路清晰，语言流畅，能准确表达设计文件，制作的 PPT 文件美观、大方，答辩准确、合理	15	11～15	7～10	4～6	0～3	
总分								

模块二 园林植物生态习性在造景中的应用

【知识目标】

1. 了解空气、土壤对植物生长的作用及造景的基本方法；
2. 熟悉温度、光照对植物景观的影响及造景技巧；
3. 掌握水分对植物景观的形成及造景的基本技巧。

【知识重点】

水生植物造景，耐阴植物造景，湿生植物造景。

【知识难点】

岩生植物造景，热带植物群落配置，寒带植物群落配置。

园林植物是植物造景的基础。园林景观设计离不开植物，而植物造景离不开对常用园林植物的认识。除了要了解园林植物的种类外，植物的生态习性也非常重要。植物生长离不开环境，所以植物造景与设计必须与环境相适应。本模块重点介绍园林植物的生态习性，使学生了解生态习性在实际造景中运用的方法。

植物生长环境中的温度、水分、光照、土壤、空气等因子对植物的生长发育产生重要的生态作用，因此研究环境中各因子与植物的关系是植物造景的理论基础。某种植物长期生长在某种环境里，受到该环境条件的特定影响，通过新陈代谢而生长发育，因此在植物的生长过程中就形成了对某些生态因子的特定需要，这就是其生态习性，如仙人掌耐旱而不耐寒。有相似生态习性和生态适应性的植物则属于同一个植物生态类型。例如，水中生长的植物称为水生植物，耐干旱的植物称为旱生植物，需在强阳光下生长的植物称为阳性植物，在盐碱土上生长的植物称为盐生植物等。

不同环境下生长着不同的植物种类。棕榈科中绝大部分种类都要求生长在温度较高的热带和亚热带南部地区的气候条件下，如椰子、伊拉克蜜枣、油棕、皇后葵、槟榔、鱼尾葵、散尾葵、糖棕、假槟榔等。落叶松、云杉、冷杉等则要求生长在寒冷的北方或高海拔处；桃、梅、马尾松、木棉等要求生长在阳光充足之处；铁杉、金粟兰、阴绣球、虎刺、紫金牛、六月雪等喜欢荫蔽的生长环境；杜鹃、山茶、栀子花、白兰、芒萁等喜欢生长在酸性土中，在盐碱土上则生长碱蓬等；砂枣、砂棘、柠条、梭梭树、光棍树、龙血树、胡杨等在干旱的荒漠上顽强地生长着；而莲、睡莲、菱草、姜菜等则生长在湖泊、池塘中。

因此，植物造景与设计实训时要掌握生态因子对造景的影响和作用，且必须与环境相适应。下面侧重讲解了温度、水分、光照、空气、土壤这几个因子对植物的影响及植物造景方法，供学生练习。

实训一　温度对植物的影响及造景方法

温度是植物极其重要的生态影响因子之一。地球表面温度变化很大，空间上，温度随海拔升高、纬度（北半球）北移而降低，随海拔降低、纬度南移而升高；时间上，一年有四季的变化，一天有昼夜的变化，温度随之变化。

为了满足植物的生态要求，使植物能正常生长，一方面要因地制宜，使植物的生态习性和栽植地点的生态条件基本统一；另一方面要为植物正常生长创造适合的生态条件，只有这样才能使植物成活和正常生长。

一、温度对植物的影响

（一）温度三基点

每种植物的生长都有最低温度、最适温度、最高温度，称为温度三基点。热带植物如橡胶、槟榔等要求日平均温度在 18 ℃才能开始生长；亚热带植物如柑橘、香樟、油桐、竹等要求温度在 15 ℃左右才开始生长；暖温带植物如桃、紫叶李、槐等要求温度在 10 ℃，甚至不到 10 ℃就开始生长；温带树种如紫杉、白桦、云杉等要求温度在 15 ℃左右才开始生长。一般植物在 0～35 ℃的温度范围内，随温度上升，其生长加速；随温度降低，其生长减缓。一般来说，热带干旱地区植物能忍受的最高极限温度为 50～60 ℃，如原产北方高山的某些杜鹃花科小灌木。而如长白山自然保护区白头山顶的牛皮杜鹃、苞叶杜鹃、毛毡杜鹃，则能在雪地里开花。

（二）温度的影响

原产冷凉气候条件下的植物，每年必须经过一段休眠期，并要在温度低于 5～8 ℃才能打破，不然休眠芽不会轻易萌发。为了打破休眠期，桃需 400 h 以上低于 7 ℃的温度，越橘要 800 h，苹果则需要更长时间。

低温会使植物遭受寒害和冻害，在低纬度地区，某些植物即使在温度不低于 0 ℃时也能受害，称为寒害；高纬度地区的冬季或早春，当气温降到 0 ℃以下时，会导致一些植物受害，称为冻害。冻害的严重程度视极端低温的度数、低温持续时间的天数、降温及升温的速度而异，也因植物抗性大小而异。

二、温度与植物造景的训练

1. 提倡应用乡土树种造景，避免温度骤变灾害

如 1975—1976 年冬春，全国各地很多植物普遍受到冻害，且昆明更为突出，主要因为那次寒潮的特点是冬寒早而突然，4 d 内共降温 22.6 ℃，使植物没有准备，春寒晚而多起伏，寒潮期间低温期长，昼夜温差大而绝对最低温度在 0 ℃下的日数多。那次受害最严重的是从澳大利亚引入作为行道树种的银桦和蓝桉，而原产当地的乡土树种却安然无恙。因此，植物造景时应大力提倡应用乡土树种，控制南树北移或北树南移，最好经栽种试验后再应用。例如，椰子在海南岛南部生长旺盛，硕果累累，移到广州北部则果实变小，产量

显著降低，不仅不易结果实，甚至还有冻害。又如凤凰木原产热带非洲，在当地生长十分旺盛，花期长而先于叶放，引至海南岛南部后，花期明显缩短，有花叶同放现象，引至广州后大多变成先叶后花，花的数量明显减少，甚至只有叶片不开花，大大影响了景观效果。高温会影响植物的质量，如一些果实的果形变小，成熟不一，着色不艳。

2. 通过调节温度而控制花期，满足造景需求

在园林造景实践中，常通过调节温度而控制花期，满足造景需要。如桂花属于亚热带植物，在北京桶栽时通常于9月开花。为了满足国庆用花需要，通过调节温度，推迟到“十二”盛开，因桂花花芽在北京常于6—8月初形成，当高温的盛夏转入秋天之后，花芽就开始活动膨大，夜间最低温度在17 ℃以下时就要开放。但是通过提高温度，就可控制花芽的活动和膨大，具体办法是在10月上旬见到第一个花芽鳞片开裂活动时就将桂花移入玻璃温室，利用白天室内吸收的阳光热和晚上紧闭门窗，自然能将温度提高5～7 ℃，从而将夜间温度控制在17 ℃以上，这样花蕾生长受抑，显得比室外小；到国庆节前两周搬出室外，由于室外气温低，花蕾迅速长大，经过两周的生长，正好于国庆节开放。

3. 合理植物配置，营造温度与各气候带的植物相适宜的景观设计

在植物造景中，选择适应地区温度的植物造景，就能形成典型气候带景观。

像黑龙江、内蒙古北部等属于寒温带，海拔为300～1000 m，年均温度为－2.2～5.5 ℃，最冷月均温度为－38～－28 ℃，极端低温为－53 ℃，最热月均温度为16～20 ℃，活动积温为1100～1700 ℃，年降雨量为300～500 mm，主要乔木有兴安落叶松、西伯利亚冷杉云杉、樟子松、堰松、白桦、山杨、蒙古栎等。林内结构简单，中间灌木层少，为乔木和草木的配置模式。这样就可以指导寒温带地区的植物景观设计。

常用的温度与各气候带植物景观营造方式有以下几种。

1. 热带植物群落配置实例

(1) 凤凰木＋白兰——黄槐＋紫花羊蹄甲——夜合＋茶梅＋展毛野牡丹＋金铃花＋凤凰杜鹃＋九里香——韭兰＋黄花石蒜＋紫三七，层间藤本为华南忍冬。

(2) 木棉＋木莲——大花紫薇＋红花羊蹄甲＋鱼尾葵——含笑＋鹰爪花＋桃金娘＋野牡丹＋金丝桃＋锦绣杜鹃＋八仙花——葱兰＋蜘蛛兰，层间藤本为白花油麻藤。

(3) 重阳木(秋枫)＋深山含笑——鱼木＋阳桃——映山红＋黄蝉＋狭叶水栀子＋白英丹＋红纸扇＋金脉爵床——红豆蔻＋砂仁＋大叶油草，层间藤本为使君子＋龟背竹。

(4) 红花菜豆树＋假苹婆——海红豆＋台湾相思＋紫薇——大花软枝黄蝉＋鸡蛋花＋帧桐＋五色梅＋玉叶金花＋夜香树——长春花＋郁金＋莪木＋高良姜，层间藤本为炮仗花＋硬枝老鸭嘴。

(5) 乐昌含笑＋长芒杜英——山茶花＋东兴油茶＋黄槿——萝芙木＋宫粉龙船花＋白叶金花＋黄花祖香树＋虾衣花——朱顶红＋鹤望兰＋金鸟赫蕉＋地毯草，层间藤本为西番莲＋龟背竹。

(6) 高山蒲葵＋蒲葵——刺轴棕＋穗花轴棕——地毯草，层间藤本为省藤属。

(7) 鱼尾葵＋短穗鱼尾葵＋董棕——矮琼棕＋琼棕＋单穗鱼尾葵——地毯草。

(8) 老人葵＋皇后葵——散尾葵＋软叶刺葵——细棕竹＋龙棕。

2. 适应北方寒带地区的植物群落

适应北方寒带地区的植物群落如侧柏(或桧柏、云杉等)+毛泡桐(或银杏、构树、臭椿、毛白杨等)——金银木(或天目琼花、矮紫杉、珍珠梅等)——丰花月季+平枝栒子——冷季型草坪。

3. 适应温带地区的人工植物群落

适应温带地区的人工植物群落如油松(或圆柏、云杉、雪松等)+臭椿(或国槐、白玉兰、绦柳、白蜡、栾树等)——大叶黄杨+碧桃+金银木(或紫丁香、紫薇、接骨木等)——矮紫杉+丰花月季(或连翘、玫瑰等)——鸢尾或麦冬,或者华山松(或白皮松、云杉、粗榧、洒金柏等)+银杏(栾树、黄栌、杜仲、核桃等)——早园竹+金银木(珍珠梅、平枝栒子、枸骨、黄刺玫等)——萱草+冷季型草坪。

4. 亚热带植物群落

亚热带植物群落如香樟(榔榆+乌柏+栾树+枫香)——棕榈+石楠(或枸骨+海桐+南酸枣+女贞+溲疏+小紫藤+南天竹+蚊母)——二月兰(白花三叶草+吉祥草+狗牙根),或者银杏(英桐+枫树)——石楠+胡颓子(腊梅)——麦冬,或者雪松+广玉兰——紫薇+紫荆+黄馨——鸢尾+红花酢浆草+其他地被,或者马尾松(小叶栎+枫香)——化香+香蝉+白栎+槠栎+草、蕨类,或者青岗栎+麻栎+栓皮栎——石楠+槠栎+草本。

实训二　水分对植物的影响及造景方法

在植物造景的生态影响因子中,水非常重要。水分是植物体的重要组成部分,一般植物都含有60%~80%,甚至90%以上的水分。植物对营养物质的吸收和运输,以及光合、呼吸、蒸腾等生理作用,都必须在水分的参与下才能进行。水是植物生存的物质条件,也是影响植物形态结构、生长发育、繁殖及种子传播等的重要生态因子。

水可以直接影响植物的健康生长,并依附环境形成了多种特殊的植物景观,如水生植物景观、湿生植物景观等。本实训重点从利用空气湿度造景、水生植物造景、湿生植物造景、旱生植物造景等方面进行练习。

1. 利用空气湿度造景

空气湿度对植物生长起很大作用。在云雾缭绕、高海拔的山上,有着千姿百态、万紫千红的观赏植物,它们生长在岩壁上、石缝中、瘠薄的土壤母质上,或附生于其他植物上。这类植物没有坚实的土壤基础,它们的生长与较高的空气湿度条件息息相关。在高温高湿的热带雨林中,高大的乔木上常附生有大型的蕨类,如鸟巢藤、书带蕨、星蕨等,植物体呈悬挂、下垂姿态,犹如空中花园,而且这些蕨类都发展出自己特有的贮水组织。海南岛尖峰岭上,由于树干、树杈及地面长满苔藓,地生兰、气生兰到处生长;天目山、黄山的云雾草必须在高海拔处且具有足够的空气湿度时才能附生在树上;花朵艳丽的兰和吸水性很强的苔藓,一起生长在高海拔的岩壁上;黄山鳌鱼背的土壤母质上空长着绣线菊等耐瘠薄的观赏植物,但主要还是依靠较高的空气湿度维持生长。对这些自然的植物景观加以模拟,创造出相对空气湿度不低于80%的环境,就可以在展览温室中进行人工的植物景观创造。例如,一段朽木上就可以附生很多花朵艳丽的气生兰、花与叶部美丽的凤梨科植物及各种厥类植物。

2. 水生植物造景

不同的植物种类，由于长期生活在不同水分条件的环境中，便形成了对水分需求关系不同的生态习性和适应性。根据植物对水分的关系，植物可分为水生、湿生(沼生)、中生、旱生等生态类型，它们在外部形态、内部组织结构、抗旱、抗涝能力及植物景观上都是不同的。园林中有不同类型的水面，如河、湖、塘、溪、潭、池等，不同水面的水深及面积、形状不一，必须选择相适应的植物来美化。

生活在水中的水生植物，有的沉水，有的浮水，有的部分器官挺出水面，使水面上景观不同。由于植物体所有水下部分都能吸收养料，根往往就退化了。例如，槐叶萍属是完全没有根的；满江红属、浮萍属、水鳖属、雨久花属和大漂属等植物的根形成后，不久便停止生长，不分枝，并脱去根毛；浮萍、杉叶藻、白睡莲等都没有根毛。水生植物枝叶形状多种多样，如金鱼藻属(*Ceratophyllum*)植物沉水的叶常为丝状、线状，杏菜、萍蓬等水的叶常很宽，呈盾状口形或卵圆状心形。

在南方水生植物造景设计中，水面植物主要以荷花、睡莲、萍蓬、菖蒲、鸢尾、芦苇、水藻、千屈菜等为主；而浮水和沉水植物则以水藻类为主，如金鱼藻、狸藻、狐尾藻、欧菱、水马齿、水藓。

3. 湿生植物造景

在自然界中，湿生植物的根常没于浅水中或湿透了的土壤中，常见于港湾或热带潮湿、荫蔽的森林里。这是一类抗旱能力最小的陆生植物，不适应空气湿度有很大的变动。这类植物绝大多数是草本植物，属于木本植物的很少。在植物造景中可用的有落羽松、池杉、墨西哥落羽松、水松、水椰(*Nypa steck*)、红树(*Rhigophora*)、白柳(*Salix alba*)、垂柳、旱柳、黑杨、枫杨、二花紫树(*Nyssabiflora*)、箬棕属(*Sabal*)、沼生海枣(*Phoenix paludoa*)、乌桕、白蜡、山里红、赤杨、梨、楝、三角枫、丝棉木、棱柳、夹竹桃、榕属、水翁、千屈菜、黄花鸳尾、驴蹄草等。

在北方，常植垂柳与水边，或配以碧桃樱花，或栽几丛月季、蔷薇、迎春、连翘，春花秋叶，韵味无穷，还有旱柳、栾树、枫杨、棣棠、迎春，以及一些枝干变化多端的松柏类树木；南方水边植物的种类更丰富，如水杉、蒲桃、榕树类、羊蹄甲类、木麻黄、椰子、落羽杉、乌桕等。

4. 旱生植物造景

在黄土高原、荒漠、沙漠等干旱的热带生长着很多抗旱植物，如海南岛荒漠及沙滩上的光棍树、木麻黄、龙血树、仙人掌等。一些多浆的肉质植物，在叶和茎中贮存着大量水分。西非猴面包树的树干最粗可 40 人合抱，可储水 40 t；南美洲中部的瓶子树的树干直径粗达 5 m，也能存储大量水分；北美沙漠中的仙人掌高可达 15～25 m，可储水 2 t 以上。

沙漠干旱地区的樟子松，由于土壤沙化风蚀，根露出地面约 2 m，却不被风吹倒，因其水平根的分布长达 17～18 m。而巴基斯坦的卡拉奇，自 1984 年来连续 4 年没下雨，1988 年仅下了 25 mm 的雨，非常干旱，但是原产于巴西的三角花和古巴的大王椰子及夹竹桃等生长仍然正常。

因此，这些龙血树、仙人掌、樟子松等经常被应用于旱生植物景观设计中。我国一些树木如小青杨、小叶杨、小叶锦鸡儿、柳叶绣线菊、白柳、旱柳、构树、黄檀、榆、朴、胡颓子、山里红、皂荚、柏木、侧柏、桧柏、臭椿、杜梨、槐、黄连木、君迁子、白栎、栓皮栎、石栎、苦槠、合欢、紫藤、紫穗槐等都很抗旱，是旱生植物造景的良好树种。

此外，在日常景观设计中，其他耐干旱植物如雪松、黑松、加拿大杨、垂柳、旱柳、栓皮栎、苦槠、榔榆、构树、小檗、枫香、桃、枇杷、石楠、火棘、合欢、胡枝子、葛藤、紫穗槐、紫藤、臭椿、楝树、乌桕、黄连木、盐肤木、木芙蓉、君迁子、夹竹桃、栀子花等植物，也经常被应用于旱生植物造景中。

实训三　光照对植物的影响及造景方法

在自然界的植物群落组成中，可以看到乔木层、灌木层、地被层。各层植物所处的光照条件都不相同，这是长期适应自然环境的结果，从而形成了植物对光不同的生态习性。

植物是依靠叶绿素吸收太阳光能，并利用光能进行物质生产，把二氧化碳和水加工成糖和淀粉，释放出氧气供植物生长发育，这就是光合作用，也是植物与光最本质的联系。光照强度、光质及日照时间都影响着植物的生长和发育。

植物对光照强度的要求，通常通过光补偿点和光饱和点来表示。光补偿点又称为收支平衡点，就是光合作用所产生的碳水化合物与呼吸作用所消耗的碳水化合物达到动态平衡时的光照强度。在这种情况下，植物不会积累干物质，即光照强度降低到一定限度时，植物的净光合作用等于零。能测试出每种植物的光补偿点，就可以了解其生长发育的需光度，从而预测植物的生长发育状况及观赏效果。在补偿点以上，随着光照强度的增加，光合强度逐渐提高，这时光合强度就超过呼吸强度，植物开始在体内积累干物质。但是达到一定值后，即使再增加光照强度，光合强度也不再增加，这种现象称为光饱和现象，这时的光照强度就称为光饱和点。

根据植物对光照强度的要求，传统上将植物分成阳性植物、阴性植物和居于这二者之间的耐阴植物。

(1) 阳性植物：要求较强的光照，不耐阴，一般需光度为全日照70%以上的光照强度，在自然植物群落中上层常为乔木，如木棉、桉树、木麻黄、椰子、芒果、杨、柳、桦、槐、油松及许多一二年生植物。

(2) 阴性植物：在较弱的光照条件下比在强光下生长良好，一般需光度为全日照5%～20%的光照强度，不能忍受过强的光照，尤其是一些树种的幼苗，需在一定的荫蔽条件下才能生长良好。其在自然植物群落中常处于中、下层，或生长在潮湿背阴处，在群落结构中常为相对稳定的主体，如红豆杉、三尖杉、粗榧、香榧、铁杉、可可、咖啡、肉桂、萝芙木、珠兰、茶、紫金牛、中华常春藤、地锦、三七、草果、人参、黄连、细辛、宽叶麦冬及吉祥草等。

(3) 耐阴植物：一般需光度在阳性和阴性植物之间，对光的适应幅度较大，在全日照下生长良好，也能忍受适当的荫蔽。大多数植物属于此类，如罗汉松、竹柏、山楂、椴树、栾树、君迁子、桔梗、白及、棣棠、珍珠梅、虎刺及蝴蝶花等。

例如，在昆明，树种对光照强度要求由强到弱的顺序如下：针叶树，云南松→侧柏→桧柏→油杉→华山松→肖楠→冷衫；阔叶树，蓝桉→滇杨→黄连木→麻栎→旱冬瓜→合欢→无患子→红果树→青冈→香樟。必须指出的是，植物的耐阴性是相对的，其喜光程度与纬度、气候、年龄、土壤等条件有密切关系。在低纬度的湿润、温热气候条件下，同一种植物要比在高纬度、较冷的气候条件下耐阴。如红椽木子在桂北（北纬 25°）为阴性树种，到了闽北（北纬 27°）成为较喜光树种。在山区，随着海拔高度的增加，植物喜光程度也相应增加。

实训四　空气对植物的影响及造景方法

在各种生态因子中，空气既是园林植物生长和发育必不可少的因子之一，又对植物景观的形成起着至关重要的作用。空气中二氧化碳和氧都是植物光合作用的主要原料和物质条件。这两种气体的浓度直接影响植物的健康生长与开花状况。强劲的大风常在高山、海边、草原上遇到。沿海城市树木常受台风危害，冠大荫浓的榕树可被连根拔起，只有椰子树和木麻黄最为抗风，所以沿海城市往往形成独特的椰林景观。随着工业的发展，工厂排放的有毒气体常使得植物受到侵害，但有些植物因为具有一些特殊习性，能吸收空气中的一些污染物质，净化空气。下面从风和大气污染两方面介绍空气对植物的影响及植物造景的方法。

一、风对植物的影响及植物景观的塑造

一方面，风是空气流动形成的，具有帮助植物授粉和传播种子的有利的生态作用。兰科和杜鹃花科的种子细小，质量不超过 0.002 mg；杨柳科、菊科、萝摩科、铁线莲属、柳叶菜属植物有的种子带毛；榆属、白蜡属、枫杨、松属某些植物的种子或果实带翅；铁木属(*Ostrya*)的种子带气囊，这些植物的种子都借助风来传播。此外，银杏、松、云杉等的花粉也都靠风传播。所以，风在某种程度上决定了自然植物景观的形成。

另一方面，风对植物有害的生态作用表现在台风，焚风，海潮风，冬、春的旱风，高山强劲的大风等。沿海城市树木常受台风危害，如厦门台风过后，冠大荫浓的榕树可被连根拔起，大叶桉主干折断，凤凰木小枝纷纷被吹断。有的树由于大枝分层轮生，风可穿过，只折断小枝，只有椰子树和木麻黄最为抗风。在西南地区，有的地方还有焚风危害。四川渡口、金沙江的深谷，云南河口等地有极其干热的焚风，焚风一过植物纷纷落叶，有的甚至死亡。海潮风常把海中的盐分带到植物体上，如植物抗不住高浓度的盐分就会死亡。青岛海边红楠、山茶、黑松、大叶黄杨、大叶胡颓子、旱柳的抗性就很强。北京早春的干风是植物枝梢干枯的主要原因。由于土壤温度还没升高，根部没恢复吸收机能，在干旱的春风下，枝梢失水而枯萎。

由于大风经常性地吹袭，使直立乔木迎风面的芽和枝条干枯、侵蚀、折断，只保留背风面的树冠，如一面大旗，故形成旗形树冠的景观，在高山风景点上，犹如在迎送游客。有些吹不死的迎风面枝条，常被吹弯曲到背风面生长，有时主干常年被风吹成沿风向平行生长，形成扁化现象。为了适应多风、大风的高山生态环境，很多植物生长得低矮、贴地，株形变成与风摩擦力最小的流线型，成为垫状植物。很多迎客松、高山草甸景观就是风对植物景观塑造影响的最直接的实例。

二、大气污染与植物景观

现在的大气污染不仅严重影响人和动物的身体，还对植物产生巨大的影响，很多大气污染都破坏了原有的植物景观。

随着工业的发展，工厂排放的有毒气体无论在种类上还是在数量上都愈来愈多，对人们健康和植物生长都带来了严重的影响。美国在1970年一年内向大气排放的有害气体和粉尘就达2亿6千4百万吨，平均每人1 t。如我国上海等城市，虽无详细的统计资料，但因工厂集中、设备陈旧，还要加强运转、生产，废水、废气、废渣排放量同样相当高。尤其是油漆厂、染化厂等有机化工厂中一些苯酚、醚化合物的排放物，对植物和人体健康的影响巨大。

(一) 植物受害症状

(1) 二氧化硫(SO_2)进入叶片气孔后，遇水变成亚硫酸，进一步形成亚硫酸盐。当二氧化硫浓度高过植物自行解毒能力(转成毒性较小的硫酸盐的能力)时，积累起来的亚硫酸盐可使海绵细胞和栅栏细胞产生质壁分离，然后收缩或崩溃，叶绿素分解。在叶脉间，或叶脉与叶缘之间出现点状或块状伤斑，产生失绿漂白或褪色变黄的条斑。但叶脉一般保持绿色不受伤害。受害严重时，叶片萎蔫下垂或卷缩，经日晒失水而干枯或脱落。

(2) 氟化氢(HF)进入叶片后，常在叶片先端和边缘积累，到足够浓度时，使叶肉各细胞产生质壁分离而死亡。故氟化氢所引起的伤斑多半集中在叶片先端和边缘，成环带状分布，然后逐渐向内发展，严重时叶片枯焦、脱落。

(3) 氯气对叶肉细胞有很强的杀伤力，能很快破坏叶绿素，产生褪色伤斑，严重时全叶漂白、脱落。其伤斑与健康组织之间没明显界限。

(4) 光化学烟雾使叶片下表皮细胞及叶肉中海绵细胞发生质壁分离，并破坏叶绿素，从而使叶片背面变成银白色、棕色、古铜色或玻璃状，叶片正面会出现一道横贯全叶的坏死带，受害严重时会使整片叶变色，很少产生点、块状伤斑。

综上所述，植物受害结果是由于有毒气体破坏了叶片组织，降低了光合作用，直接影响了植物的生长发育。其表现为生长量降低，早落叶，延迟开花结果或不开花结果，果实变小，产量降低，树体早衰等，严重影响原有的植物景观效果。

(二) 抗大气污染的园林植物与景观塑造

近年来，我国园林、植物、防疫各方面科技人员及有关重工、化工、轻工等单位都极为重视城市环境防污工作，并通过横向联合、共同研究来探讨解决办法，取得了很多成绩。其测定的方法由感性认识到利用精确的数据分析，科学性愈来愈强，资料愈来愈多。下面列举各大行政区及一些主要城市的抗污树种，这些树种成为工矿区、厂房周围园林绿化中植物造景的宝贵财产。

沈阳市园林科学研究院对抗污树种选择试验研究报道内容如下。

抗以二氧化硫为主的复合气体的树种：花曲柳、桑、旱柳、银柳、山桃、黄菠萝、赤杨、紫丁香、刺槐、臭椿、茶条槭、忍冬、椋柳、叶底珠、枸杞、水蜡、柳叶绣线菊、银杏、刺榆、夹竹桃、东北赤杨等。

抗以氯气为主的复合气体的树种：花曲柳、桑、旱柳、银柳、山桃、皂角、忍冬、水蜡、榆、黄菠萝、卫矛、紫丁香、茶条槭、刺槐、刺榆、木槿、枣、紫穗槐、复叶槭、夹竹桃、小叶朴、加拿大杨、椋柳、银杏、臭椿、叶底珠、连翘等。

北京市环境保护科学研究院在《北京东南郊植物净化大气研究》一文中报道内容如下。

抗二氧化硫强的植物：桧柏、侧柏、白皮松、云杉、香柏、臭椿、槐、刺槐、加拿大杨、毛白杨、马氏杨、柳属、柿、君迁子、核桃、山桃、褐梨、小叶白蜡、白蜡、北京丁香、火炬树、紫薇、银杏、栾、悬铃木、华北卫矛、桃叶卫矛、胡颓子、桂香柳、板栗、太平花、蔷薇、珍珠梅、山楂、枸子、欧洲绣球、紫穗槐、木槿、雪柳、黄栌、朝鲜忍冬、金银木、连翘、大叶黄杨、小叶黄杨、地锦、五叶地锦、木香、金银花、菖蒲、鸢尾、玉簪、金鱼草、蜀葵、野牛草、草莓、晚香玉、鸡冠花、酢浆草等。

抗氯气强的植物：桧柏、侧柏、白皮松、皂荚、刺槐、银杏、毛白杨、加拿大杨、接骨木、臭椿、山桃、枣、欧洲绣球、合欢、椋柳、木槿、大叶黄杨、小叶黄杨、紫藤、虎耳草、早熟禾、鸢尾等。

抗氟化氢强的植物：白皮松、桧柏、侧柏、银杏、构树、胡颓子、悬铃木、槐、臭椿、龙爪柳、垂柳、泡桐、紫薇、紫穗槐、连翘、朝鲜忍冬、金银花、丁香、大叶黄杨、欧洲绣球、小叶女贞、海州常山、接骨木、地锦、五叶地锦、菖蒲、鸢尾、金鱼草、万寿菊、野牛草、紫茉莉、半支莲、蜀葵等。

抗汞污染的植物：刺槐、槐、毛白杨、垂柳、桂香柳、文冠果、小叶女贞、连翘、丁香、紫藤、木槿、欧洲绣球、榆叶梅、山楂、接骨木、金银花、大叶黄杨、小叶黄杨、海州常山、美国凌霄、常春藤、地锦、五叶地锦、含羞草等。

甘肃省林业科学研究院、兰州市园林局、兰州大学生物系、甘肃省环境保护监测中心站等单位合作，对兰州市大气污染对园林植物危害进行调查报道，并对植物的抗性由强至弱进行了排列，具体如下。

抗氟化氢的植物：刺槐、槐、旱柳、臭椿、河北杨、构树、侧柏、青杨、龙爪柳、核桃、箭杆杨、五角枫、白蜡、小叶杨、加拿大杨、油松、枣、桃、葡萄、丁香、连翘、玫瑰、榆叶梅、波斯菊、菊芋、金盏菊、大理花、牵牛花、黄花、唐菖蒲等。

抗以二氧化硫为主的复合有毒气体的植物：臭椿、槐、刺槐、龙爪槐、白蜡、沙枣、冬果梨、核桃、旱柳、连翘、紫丁香、榆叶梅、榆、龙爪柳、箭杆杨、复叶槭等。

抗以硫化氢为主的复合有毒气体的植物：臭椿、栾树、银白杨、刺槐、泡洞、新疆核桃、桑、榆、桧柏、连翘、小叶白蜡、皂荚、龙爪柳、五角枫、梨、苹果、悬铃木、青杨、毛樱桃、加拿大杨等。

上海园林管理局对100余家工厂调查后报道内容如下。

抗以二氧化硫为主的有毒气体的植物，抗性强的有大叶黄杨、夹竹桃、女贞、臭桐、石榴、白蜡、泡桐、大关杨、白杨、椿、紫薇、桑、构树、无花果、木槿、紫茉八仙花、美人蕉、蜀葵、蓖麻、茉莉、凤仙花、菊花、一串红、牵牛、金盏菊、石竹、西洋白菜花、紫背三七、青蒿、扫帚草；抗性较强的有温州蜜柑、广玉兰、香樟、棕榈、海桐、蚊母、珊瑚树、龙柏、罗汉松、梧桐、石榴、白蜡、泡桐、大关杨、白杨、八仙花、美人蕉、蜀葵、蓖麻。

抗以氯气为主的有毒气体植物，抗性强的有樱花、丝棉木、臭椿、小叶女贞、接骨木、木槿、乌柏、龙柏；抗性较强的有海桐、大叶黄场、小叶黄杨、女贞、棕榈、丝兰、香樟、枇杷、石榴、构树、泡桐、刺槐、葡萄、天竺葵。

抗以氟化氢为主的有毒气体植物，抗性强的有夹竹桃、龙柏、罗汉松、小叶女贞、桑、构树、无花果、丁香、木芙蓉、黄连木、竹叶椒、葱兰；抗性较强的有大叶黄杨、珊瑚树、蚊母、海桐、杜仲、胡颓子、石榴、柿、枣。

江苏植物研究所通过研究推荐了十种抗污树种，即构树、朴、梧桐、臭椿、龙柏、大叶黄杨、蚊母、女贞、海桐、凤尾兰。

桂林市对工厂气体污染区树木调查报道内容如下。

抗二氧化硫树种：酸柚、柑橘、橙、构树、无花果、臭椿、斜叶榕、天仙果、竹叶榕、珍珠莲、掌叶榕、大叶黄杨、夹竹桃、山茶、胡颓子、海桐、枸骨、珊瑚树等。

抗氯气的树种：细叶榕、石山榕、棕榈、蒲葵、构树、无花果、柘、龙柏、斜叶榕、天仙果、竹叶榕、石山棕榈、珍珠莲、掌叶榕、大叶黄杨、夹竹桃、山茶、胡颓子、海桐、枸骨、珊瑚树等。

抗氟化氢的树种：细叶榕、棕榈、广玉兰、蒲葵、大叶桉、柑橘、橙、构树、无花果、竹柏、大叶黄杨、夹竹桃、山茶、胡颓子、海桐等。

实训五　土壤对植物的影响及造景方法

植物生长离不开土壤，土壤是植物生长的基础。土壤对植物最明显的作用之一就是提供植物根系生长的场所。没有土壤，植物就不能直立，更谈不上生长、发育。根系在土壤中生长，土壤提供植物所需要的水分、养分。

一、基岩与植物景观

不同的岩石风化后形成不同性质的土壤，不同性质的土壤上有不同的植被，形成不同的植物景观。岩石风化物对土壤性状的影响主要表现在物理、化学性质，如土壤厚度、质地、结构、水分、空气、湿度、养分及酸碱度等上。例如，石灰岩主要由碳酸钙组成，属于钙质岩类风化物。风化过程中，碳酸钙被酸性水溶解，随水大量流失，土壤中缺乏磷和钾，多具石灰质，呈中性或碱性反应。这类土壤黏实，易干，不适合针叶树生长，适合喜钙、耐旱植物生长，上层乔木则以落叶树为多数。如杭州龙井寺附近及烟霞洞处多为石灰岩，乔木树种有珊瑚朴、大叶榉、榔榆、杭州榆、黄连木，灌木中有石灰岩指示植物——南天竹和白瑞香，植物景观常以秋景为佳，到了秋天，树木的叶片会变色，绚丽夺目，十分漂亮。砂岩属于硅质岩类风化物，其组成中含大量石英，坚硬，难以风化，多构成陡峭的山脊、山坡。在湿润条件下，其形成酸性土，砂质、营养元素贫乏。流纹岩也难以风化，在干旱条件下多为石砾或沙砾质，在温暖、湿润条件下呈酸性或强酸性，形成红色黏土或砂质黏土。

杭州云栖及黄龙洞处分别为砂岩和流纹岩，植被组成中以常绿树种较多，如青冈栎、米槠、苦槠、浙江楠、紫楠、绵槠、香樟等，也适合马尾松、毛竹生长，植物景观郁郁葱葱。

二、土壤不同酸碱度的植物

据我国土壤酸碱性情况，可把土壤碱度分成五级：pH 值小于 5 的为强酸性，pH 值为

5～6.5 的为酸性，pH 值为 6.5～7.5 的为中性，pH 值为 7.5～8.5 的为碱性，pH 值大于 8.5 的为强碱性。酸性土壤植物在碱性土或钙质土上不能生长或生长不良。它们分布在高温、多雨地区，土壤中盐质如钾、钠、钙、镁被淋溶，而铝的浓度增加，土壤呈酸性。另外，在高海拔地区，由于气候冷凉、潮湿，在针叶树为主的森林区的土壤中形成富里酸，含灰分较少，因此土壤也呈酸性。这类植物如柑橘类、茶、山茶、白兰、含笑、珠兰、芙蓉、檵木、枸骨、八仙花、肉桂、高山杜鹃等。土壤中含有碳酸钠、碳酸氢钠时，pH 值可达 8.5 以上，称为碱性土。如土壤中所含盐类为氯化钠、硫酸钠，呈中性。能在盐碱土上生长的植物称为盐碱植物，如新疆杨、合欢、文冠果、黄栌木槿、柽柳、油橄榄、木麻黄等。土壤中含有游离碳酸钙的称为钙质土，有些植物在钙质土上生长良好，这类植物称为"钙质土植物"（喜钙植物），如南天竹、柏木、青檀、臭椿等。

技能提升一　西昌市湿地公园二期湿生植物造景分析

一、技能提升项目

西昌市湿地公园二期湿生植物应用调查及造景分析。

二、技能提升目的

（1）通过技能提升，将理论与实践相结合，巩固和提高课堂所学的知识。

（2）通过课堂学习和课外调查，进一步培养学生实际学习的能力。

（3）熟悉湿生植物种类调查的方法。

（4）懂得用科学的方法调查湿生植物，能够系统地归纳和概括知识，并对现行湿生植物配置进行分析和总结。

三、技能提升要求

（1）通过技能提升，复习和巩固课堂所学的植物学理论知识。

（2）通过技能提升，培养学生科学的学习态度、吃苦耐劳的精神、严明的组织纪律和团结协作精神。

（3）通过技能提升，初步掌握湿生植物种类调查、造景分析等工作的基本操作方法，为以后的学习和工作打下基础。

四、技能提升内容

（一）准备工作

准备工作包括建立组织，制订调研计划，收集相关资料，做好调研的物资准备等。

（二）调查方法

（1）全面调查。

（2）抽样调查：典型与随机抽样。

(三) 外业工作

外业工作调查项目如下。

① 种类:全面调查,不能遗漏;

② 生长情况:生长量、树高、胸径、冠幅、年龄等;

③ 植物生态习性分析:湿生程度、生长条件、生长状态等;

④ 功能配置调查:湿生植物所发挥的园林用途,如园景植物、行道树下地被、绿篱、草坪、基础栽植、垂直绿化、盆栽树等;

⑤ 古树名木调查:应详细调查古树名木。

(四) 内业资料整理

整理各种专项表格,包括湿生植物调查名录总表、常见湿生植物统计表、主要湿生植物分布与应用统计表、植物生长势分析统计表等,并对现状进行分析和总结,提出建议意见或者方案。

五、技能提升成果

完成西昌市湿地公园二期湿生植物应用调查及造景分析报告一份(含建议意见或者改造方案)。

六、评分标准

湿生植物应用分析评分表见表 2-1。

表 2-1　　湿生植物应用分析评分表

序号	项目	内容	分数/分	等级标准/分				得分/分
				优	良	及格	不及格	
1	报告材料	纸质报告一份,以及整理的各种专项表格,文字翔实,图表清楚、得当	15	12～15	8～11	4～7	0～3	
2	调查项目设计	能结合湿地公园二期不同场地环境特点及目的要求进行调查项目设计,主题明确,设计合理	12	10～12	7～9	4～6	0～3	
3	调查方法	调查方法选用科学、合理,符合规范	12	10～12	7～9	4～6	0～3	
4	各种表格整理	湿生植物调查名录总表、常见湿生植物统计表、主要湿生植物分布与应用统计表、植物生长势分析统计表等	16	13～16	9～12	5～8	0～4	
5	分析总结	调查整理后的分析恰当、准确,从文字上或者图上看能一目了然	12	8～12	5～7	3～4	0～2	
6	建议方案的可实施性	在保证功能的前提下,方案新颖,可实施性强(包括临时用地的处理方式)	8	7～8	5～6	3～4	0～2	
7	设计说明	对设计图和设计意向的分析、说明能够较好地表达设计构思	10	8～10	5～7	3～4	0～2	

续表

序号	项目	内容	分数/分	等级标准/分				得分/分
				优	良	及格	不及格	
8	方案汇报	汇报者思路清晰，语言流畅，能准确表达设计文件，制作的 PPT 文件美观、大方，答辩准确、合理	15	11～15	7～10	4～6	0～3	
总分								

技能提升二　西昌市月亮湾景区耐阴植物应用分析

一、技能提升项目

西昌市月亮湾景区耐阴植物应用调查及分析。

二、技能提升目的

(1) 通过技能提升，将理论与实践相结合，巩固和提高课堂所学的知识。

(2) 通过课堂学习和课外调查，进一步培养学生实际学习的能力。

(3) 掌握耐阴植物种类调查的方法。

(4) 懂得用科学的方法调查耐阴植物，能够系统地归纳和概括知识，并对现行耐阴植物配置进行分析和总结。

三、技能提升要求

(1) 通过技能提升，复习和巩固课堂所学的植物学理论知识。

(2) 通过技能提升，培养学生科学的学习态度、吃苦耐劳的精神、严明的组织纪律和团结协作精神。

(3) 通过技能提升，初步掌握耐阴植物种类调查、应用分析等工作的基本操作方法，为以后的学习和工作打下基础。

四、技能提升内容

(一) 准备工作

准备工作包括建立组织，制订调研计划，收集相关资料，做好调研的物资准备等。

(二) 调查方法

(1) 全面调查。

(2) 抽样调查：典型与随机抽样。

(三) 外业工作

外业工作调查项目如下。

① 种类：全面调查，不能遗漏；

② 生长情况：生长量、树高、胸径、冠幅、年龄等；

③ 植物生态习性分析：荫蔽程度、生长条件、生长状态等；

④ 功能配置调查：林荫下耐阴植物所发挥的园林用途，如园景植物、行道树下地被、绿篱、草坪、基础栽植、垂直绿化、盆栽树等；

⑤ 古树名木调查：应详细调查古树名木。

（四）内业资料整理

整理各种专项表格，包括耐阴植物调查名录总表、常见耐阴植物统计表、主要耐阴植物分布与应用统计表、树种生长势分析统计表等，并对现状进行分析和总结，提出建议意见或者方案。

五、技能提升成果

西昌市月亮湾景区林下耐阴植物应用分析报告一份（含建议意见或者改造方案）。

六、评分标准

耐阴植物应用分析评分表见表2-2。

表2-2　**耐阴植物应用分析评分表**

序号	项目	内容	分数/分	等级标准/分				得分/分
				优	良	及格	不及格	
1	报告材料	纸质报告一份，以及整理的各种专项表格，文字翔实，图表清楚、得当	15	12～15	8～11	4～7	0～3	
2	调查项目设计	能结合月亮湾林下不同场地环境特点及目的要求进行调查项目设计，主题明确，设计合理	12	10～12	7～9	4～6	0～3	
3	调查方法	调查方法选用科学、合理，符合规范	12	10～12	7～9	4～6	0～3	
4	各种表格整理	耐阴植物调查名录总表、常见耐阴植物统计表、主要耐阴植物分布与应用统计表、树种生长势分析统计表等	16	13～16	9～12	5～8	0～4	
5	分析总结	调查整理后的分析恰当、准确，从文字上或者图上看能一目了然	12	8～12	5～7	3～4	0～2	
6	建议方案的可实施性	在保证功能的前提下，方案新颖，可实施性强（包括临时用地的处理方式）	8	7～8	5～6	3～4	0～2	
7	设计说明	对设计图和设计意向的分析、说明能够较好地表达设计构思	10	8～10	5～7	3～4	0～2	
8	方案汇报	汇报者思路清晰，语言流畅，能准确表达设计文件，制作的PPT文件美观、大方，答辩准确、合理	15	11～15	7～10	4～6	0～3	
总分								

模块三　园林植物的美学特性

【知识目标】

1. 了解园林植物的形态特性及造景方法；
2. 熟悉常用园林植物的色彩及造景技巧；
3. 掌握常用园林植物的意境及常见的意境营造方法。

【知识重点】

彩色叶植物、秋色叶植物的种类及造景运用。

【知识难点】

植物色彩四季设计法，园林植物造景设计意境的营造。

实训一　园林植物的形态特性

园林植物姿态各异，构成了园林植物造景中各种各样的植物景观。因此，掌握各种常见园林植物的形态特性，并通过练习将其应用于植物造景的实践训练中，是本实训要达到的目标。

以树冠、枝干、根蔓形体显著取胜的园林植物中，常见的木本乔灌木的树形有柱形、塔形、圆锥形、伞形、圆球形、半圆形、卵形、倒卵形、匍匐形等，特殊的有垂枝形、曲枝形、拱枝形、棕榈形、芭蕉形等。不同姿态的树种给人以不同的感觉，或高耸入云，或波涛起伏，或平和悠然，或苍虬飞舞。再与不同地形、建筑、溪石相配置，则景色万千。

对于树木来说，形成柱形、塔形、圆锥形、伞形、圆球形等不同姿态的原因主要与植物本身的分枝习性及年龄有关。本实训主要介绍以下几种分枝方式。

(1) 单轴式分枝：顶芽发达，主干明显而粗壮，侧枝仍属于主干。如主干延续生长大于侧枝生长，则形成柱形、塔形的树冠，如箭杆杨、新疆杨、钻天杨、台湾桧、意大利丝柏、柱状欧洲紫杉等；如果侧枝的延长生长与主干的高生长接近，则形成圆锥形的树冠，如雪松、冷杉、云杉等。

(2) 假二杈分枝：枝端顶芽自然枯死或被抑制，造成了侧枝的优势，主干不明显，形成网状的分枝形式。如果高生长稍强于侧向的横生长，则树冠成椭圆形，相接近时成圆形，如丁香、馒头柳、千头椿、晃伞枫、冻绿等；若侧向的横向生长强于高生长，则树冠成扁圆形，如板栗、青皮槭等。

(3) 合轴式分枝：枝端无顶芽，由最高位的侧芽代替顶芽做延续的高生长，主干仍较明显，但多弯曲。由于代替主干的侧枝开张角度的不同，故较直立的接近于单轴式的树冠，较开展的接近于假二杈式的树冠。因此，合轴式的树种树冠形状变化较大，多数成伞形或不规则树形，如悬铃木、柳、柿等。分枝习性中枝条的角度和长短会影响树形。大多数树种的发枝角度以直立和斜出者为多，但有些树种分枝平展，如曲枝柏；有的枝条纤长柔软而下垂，如垂柳；有的枝条贴地平展生长，如匍地柏等。

下面具体讲解一些树木的树形，供学生学习。

1. 按冠形分

(1) 圆柱形：冠形竖直、狭长，呈筒状、纺锤状，整齐，占据空间小，引导视线垂直向上，垂直景观明显。

(2) 圆锥形：斜线为主，能引导人的视线向上，造成高耸的感觉，大量使用时显得比实际高度还要高，绿化山地使用时能增加山势，与山体协调。

(3) 球形：包括半球形、卵形、倒卵形、椭圆形，以曲线为主，柔滑圆曲，有温和感，多用于联系贯穿树木布置，把各种树木互相顺接，常作为过渡树种来布局造景。

(4) 伞形：形象比较安定、亲切，有水平的韵律感，枝干水平向上，姿态舒展、潇洒，枝条、叶有强烈的水平向上感，应用于开阔处，造景效果较好。

(5) 垂枝形：枝条下垂，随风起舞，婀娜多姿，常植于湖边、堤岸，与水波相协调。树冠枝条弯曲而下垂，有引导视线向下的感觉，在纪念性园林中用以烘托纪念气氛，如柏林苏军纪念碑处的垂枝白桦、雨花台烈士殉难场种植的垂丝海棠。

(6) 特殊形：造型奇特，树形新、奇、古、怪，常与置石、假山结合在一起，如棕榈、苏铁、椰子及一些古松、古柏。

2. 按干形分

(1) 直干形：树干挺拔直立，有单干、双干和多干。

(2) 斜干形：因受环境限制，树干向一侧倾斜，具有动势。

(3) 曲干形：树干自然弯曲，适于孤植和作为壁山的配景。

(4) 矮干形：冠大干低，树木从上到下枝条密集（丰满），适于缓坡、土丘造景。

(5) 悬崖形：树干倾斜向下，与假山结合，可增加山石的古朴气氛。

(6) 蔓生形：枝干虬曲蜿蜒，多与棚架、墙面、山石结合。

(7) 匍匐形：枝干低矮匍地，沿近乎水平方向伸展，常作为树丛、建筑等的前景。

除了树形，很多植物的叶片独具特色，在设计中主要掌握以下要点。

(1) 巨叶：有巨大叶片的如桄榔树，长达 12 m，宽 4 m，直上云霄，非常壮观。其他如董棕、鱼尾葵、巴西棕、高山蒲葵、油棕等都具有巨叶。浮在水面巨大的王莲叶犹如一大圆盘，可承载幼童，吸引众多游客。

(2) 奇叶：有奇特叶片的如山杨、羊蹄甲、马褂木、蜂腰洒金榕。

乔灌木枝干也具有重要的观赏特性，可以成为冬园的主要观赏树种，如酒瓶椰子树干如酒瓶，佛肚竹、佛肚树犹如佛肚。

果形奇特的有秤锤树、腊肠树、神秘果等，巨大的果实如木菠萝、番木瓜等。

实训二　园林植物的色彩特性

园林色彩主要来自于园林植物，植物的绿色是园林色彩的基色。植物是具有生命的活体，不同的植物具有不同的色彩，而且会随着其生长阶段和季节的变化而改变它们的色彩，是城市景观创造动态色彩的最佳选择。但植物配色要尽量避免一季一花、一季萧瑟、偏枯偏荣的现象，注意分层排列或自由混栽不同花期的植物，或以木本、草本花卉配置，弥补各自不足，以达到“四季有花，三季有果，季季可赏”的景观色彩层次效果。

一、园林植物色彩认知

园林彩色类植物常常指的是叶色与干枝色特殊或显著取胜的园林植物，包括如下几种。

(1) 常色植物：树叶的色彩特殊(非绿色)，且不随季节改变，如变叶木、洒金榕、洒金柏、紫叶小檗、紫叶李等。

(2) 季色植物：树叶在某一季节(春、秋)中能显现出特殊的色彩，如地锦、红枫、银杏、黄栌等。

(3) 干枝色植物：干枝色彩特殊的树木，如台湾相思、梧桐、白皮松、红瑞木、白桦、棣棠等。白桦、白桉、粉枝柳、悬钩子等枝干发白。红瑞木、沙棶、青藏悬钩子、紫竹等枝干红紫。海棠、竹、梧桐、青榨槭及树龄不大的青杨、河北杨、毛白杨枝干呈绿色或灰绿色。山桃、华中樱、稠李的枝干呈仿铜色。金枝国槐、金枝梾木、黄金间碧玉竹、金镶玉竹、金竹的秆呈黄色。干皮斑驳呈杂色的有白皮松、榔榆、斑皮抽水树、豺皮樟、天目木姜子、悬铃木、天目紫茎、木瓜等。

彩叶树种更多，如紫叶李、红叶桃、紫叶小檗、红桑、红背桂、金叶桧、菲白竹、新疆杨、银白杨等。其中，秋色叶景观是园林中最重要的季相性景观，以红、橙、黄等暖色为主，带给人们热烈、温暖的感觉。但因为大多数秋色叶树种都为落叶树种，其景观持续时间相对较短。一般而言，秋色叶树种造景宜表现群体景观，突出整体色彩美。因此，在公园和风景区内，秋色叶树种宜大面积成林配置，如永安公园中种植的一片银杏树，雄伟壮丽，叶形雅致，特别是入秋后，叶色金黄，蔚为壮观。

垂柳发叶时叶色由红绿逐渐变为淡绿，夏、秋季时为浓绿；春季银杏和乌桕的叶子为绿色，到了秋季，银杏为黄色，乌桕为红色；鸡爪槭叶子在春季先红后绿，到秋季又变成红色。

除了植物的枝干和叶片外，果实的色彩如同花卉一样丰富多彩，有金黄色、红色、黑色等。永安公园中就应用了红色的海棠、黄色的银杏等。在进行园林设计时，可通过果实颜色的合理搭配营造出成熟丰收、秋色满园的意境。例如，在公园中种植橙子，一到秋末冬初，树上结满果实，一片丰收景象。在做果实色彩对比时，一般小庭院可通过各种颜色的组合，使院内果实色彩对比明显，创造出“小中见大”的景观；在开阔空间中，则可大面积群植，以形成明快、壮观的秋景。很多果实色彩鲜艳，如紫色的紫珠、葡萄等，红色的天目琼花、欧洲荚蒾、平枝栒子、南天竹等，蓝色的十大功劳等，白色的珠兰、红瑞木等。

二、园林植物景观中的色彩设计方法

(一) 园林植物造景中色彩应用的基本原则

色彩应用的基本原则从根本上讲是寻求关系平衡的统一和对比的矛盾共同体。在园林植物景观设计中，它主要包括两个基本方面，即同一色相的变化与统一和不同色相的对比与调和。

1. 同一色相的变化与统一

同一色相是色相环上色相距离15°左右的色相。这种色相在视觉上色彩差别很小，因此可以营造整体统一、单纯、雅致、平静的色彩氛围，但有时容易造成单调、呆板的效果。

正因为如此，同类色相的对比能在其他色相的对比当中起到缓冲对比的作用，在设计中宜用于大面积的背景处理或需要单一、简洁色彩的景观中。比如在道路景观设计中，绿色这一色相常作为道路绿化带设计的主要基调，一方面可以缓解视觉疲劳，有利于司机安全驾驶；另一方面，绿色给人生机盎然、充满希望的感觉。可在应用中使用具有色相变化的绿色植物，草本植物中，如萱草的叶子是黄绿色，天鹅绒则绿中带黄；木本植物中，落叶阔叶树中悬铃木为黄绿色，钻天杨则为深暗绿色，常绿阔叶树为有光泽的暗绿色。在搭配上，统一色相的应用可以突出景观在重复出现中的统一，其叶色不同绿色调的细微变化在应用上各有作用，在构图上具有多层次的视觉效果。

协调色一般以红、黄、蓝或橙、绿、紫的二次色进行配合，均可获得良好的协调效果。如在花坛、绿地中常用橙黄的金盏菊和紫色的羽衣甘蓝配置，远看色彩热烈、鲜艳，近看色彩和谐、统一，取得了较好的观赏效果和视觉冲击力。在栽植荷花的水面，夏季雨过天晴，绿色荷叶上雨水欲滴之时，粉红色荷花相继怒放，犹如一幅天然水墨画，给人一种自然、可爱的含蓄色彩美。在道路分车带的植物配置中，以疏林草地为主，以白色的护栏为背景种植高大乔木银杏。夏季树木虽然没有花朵，但草坪深浅的绿色很清新宜人、和谐可爱；而秋季银杏叶变黄，黄叶落在绿色的草坪上，黄绿色彩的交相辉映既壮观又协调，给人一种赏心悦目的感觉。

低矮的小檗和高度相近的芍药搭配，淡绿色的小檗和暗绿色的芍药形成协调的色调，夏季可欣赏芍药美丽的花色，秋季可欣赏小檗的红叶、红果；另外，绣线菊、报春花和雏菊的搭配，欣赏的花期可从春季到夏季，长达3个月，非常适合作林缘的饰边群体。

2. 不同色相的对比与调和

如上所述，同一色相变化细微，大片反复使用容易造成单调感，因此不同色相的对比与调和会让景观的色彩更丰富、活跃。这也是园林景观色彩效果营造中最常用的一种配色手段。在道路景观设计中，应用两种或多种植物色彩进行对比与调和，使人产生愉悦、舒适的色彩感觉。如在停车场、广场等道路景观设计中，绿化带采用色叶对比强烈的花卉与树种将它们区别开来，以引人瞩目。此外，再运用明度、纯度等差别，可营造出各种各样的调和状态，搭配成既统一又有变化的优美园林景观。

景观设计中利用花色的艺术组合搭配，可产生不同的环境效果。进行植物花色的设计时，用相同数量对比花卉的组合比单色花卉的色彩效果要强烈得多。

常见的几种对比色配置方法有：

① 将花期相同的黄与紫、青与橙的花卉配合在一起，如紫丁香与花菱草；② 在绿色草地和浅绿色受光落叶树前栽植大红色的花木或花卉，能形成鲜明的对比，如栽植大红色的碧桃；③ 大红色花卉与暗绿色树木配置时，加上大量白花衬托，使其对比突出。在秋季，五角枫、黄栌的红叶与白桦的黄叶及云杉的浓绿可以产生强烈的对比；在寒冷的冬季，在白雪衬托下，红瑞木、金枝梾木、鸡树条荚蒾的红、黄色枝条及红色果实格外鲜艳夺目。

对比色配置时对比效果明显，具有现代、活泼、明朗的视觉效果，但应注意在明暗、质感、结构等方面加强联系。

(二)植物色彩四季设计方法

美国人卡洛尔·杰克逊创立的“色彩四季理论”是以瑞士色彩学家约翰内斯·伊顿的“主观色彩特征”为基础的，在欧美影响甚广。人肉眼可见的颜色有750万～1000万种，色彩四季理论把这些常用色按基调进行冷暖划分，形成了四组色彩群。由于每组色彩群的颜色刚好与四季的色彩特征相吻合，故将这四组色彩群分别命名为“春”“秋”“夏”“冬”。其中，“春”“秋”为暖色系，以红色系为主；而“夏”“冬”为冷色系，以青色系为主。

色彩四季理论主张用最佳色彩来显示人与自然界的和谐之美，在园林色彩中色彩四季理论的应用很常见。比如在炎热的夏季，要多运用冷色调植物，给人以舒适、安定感；在春、秋、冬季，则尽量用暖色调植物，给人以温暖、热烈的感受。

以下重点介绍一些四季植物色彩设计常用的搭配，供学生在课后实践练习。

1. 春季园林植物色彩造景技巧

在春季花的植物景观设计中，可配以淡黄、黄绿、嫩绿、粉色等辅助色彩，应用碧桃、迎春、玉兰、樱花、榆叶梅、连翘、丁香类、绣线菊类、黄刺梅、腊梅、锦带花、牡丹、海棠等，点缀缤纷的春季。可应用的木本花卉如玉兰(花期为3—4月)、榆叶梅(花期为3—4月)、贴梗海棠(花期为3—4月)、太平花(花期为5—6月)、黄刺玫(花期为4—5月)、金雀儿(花期为5—6月)、珍珠梅(花期为6—8月)、栾树(花期为6—7月)等。同时，可运用草本花卉，如鸢尾(高0.5 m)、玉簪及二月兰等，补充木本花卉的不足。这样一来，将观赏期从初春一直延伸到夏季。应用前景色时可点缀黄、红等小体量的多样化色彩花卉，如三色堇、金盏菊、报春花等，充分表现出春天繁花似锦的景观特征。

在春季植物色彩的应用中，植物叶色主要为绿色，通常以绿色为主调，背景树以乔木和灌木为主，常绿树种和落叶树种相结合。虽然春季的叶色大部分为绿色，但其纯度和明暗度不同，可采用单色协调的手法配置。如草坪、针叶树、阔叶树混在一起，虽无花朵，但仍显得清新宜人。

另外，还有一些叶色比较独特的植物可运用到春季植物景观的设计中。如西昌市海河绿道两岸种植了大量的垂柳，春风吹来，嫩绿色的枝条翩翩起舞，十分好看。而一些黄色系的春色叶树种因为色彩亮度较高，宜植于色彩较暗的深绿色背景前，以形成恰当的明暗对比。

2. 夏季园林植物色彩造景技巧

在夏季植物叶色的配置上，最好使用一系列有色相变化的绿色植物，使景观构图上有层次丰富的视觉效果。同为绿色植物，其叶片的绿在色度上有深浅不同，在色调上也有明暗、偏色之异。而这种色度和色调还会随四季气候的变化而变化。如垂柳初发叶为黄绿，逐渐变为淡绿，夏秋则为浓绿，色调就相对偏冷。所以设计夏季景观时，应充分利用叶片色彩的不同，如嫩绿、浅绿、黄绿、灰绿、深绿、墨绿等，既给人们带来阵阵浓郁的树荫，又展现出不同的个性。

另外，将两种对比色配置在一起，其色彩的反差更能突出主题。深色调植物极易有移向观赏者的趋势，在一个视线末端，深色会缩短观赏者与被观赏景物之间的距离。夏天炎热、气温较高，在叶色的应用时宜采用大面积的冷色系列植物，如永安公园大量种植蓝色系的勿忘我、香雪球、桔梗等。

在夏季植物造景中，花卉色彩的应用多以冷色表现清凉、安静的视觉效果，且夏季开花的植物有荷花、合欢、紫薇、木槿、栾树、珍珠梅等。

3. 秋季园林植物色彩造景技巧

秋季的园林造景可以充分考虑植物的累累硕果和亮丽的秋叶效果，不仅增添了色彩美，还增添了丰收的喜悦。而秋季造景设计中，色叶景观尤为重要，是园林中最重要的季相性景观。

秋色叶景观的设计以红、橙、黄等暖色为主，营造出热烈、温暖的情调。如栾树、香樟、三角枫等，随着季节的变化，叶色由浅而深，有时在发叶和换叶时呈现红色；又如悬铃木、加拿大杨、麻栎等，在落叶时变成金黄色，其独特的观赏性还能丰富道路绿化的色彩，改善视觉效果。

但因为大多数秋色叶树种都为落叶树种，其景观持续时间相对较短。一般而言，秋色叶树种造景时宜表现群体景观，突出整体色彩美。因此，在公园和风景区内秋色叶树种宜大面积成林种植，如成都公园中种植的一片银杏树，雄伟壮丽，叶形雅致，特别是入秋后，叶色金黄，蔚为壮观。

秋季观果类植物有苹果属、山楂、山茱萸、花楸属、枸子属、柿属、南天竹、冬青、石楠等，其红色或黄色的果实装扮出迷人的秋景。群落中如火如荼的秋叶更增添了秋色的魅力，如叶片红色或紫红色的有漆树、黄连木、盐肤木、火炬树、花楸、乌桕、元宝树、枫香、黄栌、柿、鸡爪槭、山楂、石楠、地锦、五叶地锦、三角枫等；叶片黄色或黄、褐色的有银杏、洋白蜡、无患子、鹅掌楸、栾树、麻栎、栓皮栎、五角枫、水杉、金钱松、白桦等。

4. 冬季园林植物色彩造景技巧

在冬季，植物的枝干可以成为观赏的焦点，如干皮为红色或红褐色的红瑞木、金枝梾木、杉木、马尾松、山桃等，干皮为白色或灰白色的白桦、垂柳桦、银白杨、毛白杨、新疆杨等，干皮为绿色的竹、梧桐等，干皮为斑驳的黄金嵌碧玉竹、碧玉嵌黄金竹、斑竹、悬铃木、木瓜等。此外，还有其他观干类、观花类、观果类的园林植物，如枝干遒劲的刺槐，凛寒而开的梅花，以及初冬的金银木果、火棘果等。

冬季景观主要由常绿乔木组成，叶色多偏绿灰色，颜色较深。冬季颜色相对单调，增添青翠高耸的绿色树木会起到舒缓心中沉闷感的作用。此时，可选择一些常绿树种，如松、柏等，这些植物所蕴藏的生命力正是人们在冬季需要的精神慰藉。因此，其在群落配植时要适量增添这些树种和常绿树，如圆柏、白皮松、女贞等，以保证冬季的景观效果。但园林中大面积的深绿色会给人沉闷、压抑的感觉，在设计景观时利用彩叶针叶树进行调节，可改善这一状况。如西昌市湿地公园在大片的深绿色草地中种植的五角枫，入冬以后叶子变成红色，显得热情奔放，十分美丽。常绿树在四季都会呈现出生命的绿色，让世界永远充满生机，如雪松、龙柏、红豆杉、白皮松等。在冬季，它们是园林植物色彩造景的主角。

实训三　园林植物的意境美

我国历史悠久，文化灿烂，以下主要介绍中华诗词和园林植物的关系。

在我国，很多古代诗词及民间习俗中都留下了赋予植物人格化的优美篇章。从欣赏植物景观形态美到欣赏意境美是欣赏水平的升华，不但含意深远，而且达到了天人合一的境界。

传统的松、竹、梅配植形式称为“岁寒三友”。因为人们将这三种植物视作具有共同的品格。松苍劲古雅，不畏霜雪风寒的恶劣环境，能在严寒中挺立于高山之巅，具有坚贞不屈、高风亮节的品格。因此，其在园林中常用于烈士陵园，纪念革命先烈。如上海龙华公园入口处红岩上配植了黑松，松针细长而密，在大风中发出犹如波涛汹涌的声响。故园景中有万壑松风、松涛别院、松风亭等。竹是我国文人最喜爱的植物。“未曾出土先有节，纵使凌云仍虚心。”“群居不乱独立自峙，振风发屋不为之倾，大旱干物不为之瘁，坚可以配松柏，劲可以凌霜雪，密可以泊晴烟，疏可以漏宵月，婵娟可玩，劲挺不回。”因此，竹被视作最有气节的君子，难怪苏东坡“宁可食无肉，不可居无竹”。园林景点中“竹径通幽”最为常用。松竹绕屋最受古代文人喜爱。梅是广大中国人民喜爱的植物。杨维帧赞其“万花敢向雪中出，一树独先天下春”。毛泽东诗词中有“俏也不争春，只把春来报”。陆游词中有“无意苦争春，一任群芳妒”，赞赏梅花不畏惧的品格及虚心奉献的精神。陆游词中的“零落成泥碾作尘，只有香如故”，表达其自尊自爱、高洁清雅的情操。陈毅诗中的“隆冬到来时，百花迹已绝。红梅不屈服，树树立风雪”，象征其坚贞不屈的品格。成片的梅花林具有香雪海的景观，以梅命名的景点极多，有梅花山、梅岭、梅岗、梅坞、香雪云蔚亭等。北宋林逋诗中的“疏影横斜水清浅，暗香浮动月黄昏”是最雅致的配植方式之一。

此外，梅、兰、竹、菊“四君子”中，兰被认为最雅，清香而色不艳。陈毅诗曰：“幽兰在山谷，本自无人识。不为馨香重，求者遍山隅。”兰被认为有绿叶幽茂，柔条独秀，无矫揉之态，无媚俗之意，香最纯正，幽香清远，馥郁袭衣，堪称清香淡雅。菊花耐寒霜，晚秋独吐幽芳。我国有数千品种菊花，目前除用于盆栽欣赏外，已发展成大立菊、悬崖菊、切花菊、地被菊，应用广泛。陆游诗曰“菊花如端人，独立凌冰霜……高情守幽贞，大节凛介刚”，可谓“幽贞高雅”。陶渊明诗曰：“芳菊开林耀，青松冠岩列。怀此贞秀姿，卓为霜下杰。”陈毅诗曰：“秋菊能傲霜，风霜重重恶。本性能耐寒，风霜其奈何。”这些诗句均赞赏菊花不畏风霜恶劣环境的君子品格。

荷花被视作“出淤泥而不染，濯清涟而不妖”。桂花在李清照心目中更为高雅，“暗淡轻黄体性柔，情疏迹远只香留，何须浅碧轻红花，自是花中第一流。梅定妒，菊应羞，画栏开处冠中秋。骚人可煞无情思，何事当年不见收”。连高雅绝冠的梅花也为之生妒，隐逸高姿的菊花也为它含羞，可见桂花有多高贵。此外，桃花在民间象征幸福、交好运；翠柳依依，表示惜别及报春；桑和稗表示家乡等。皇家园林中常用玉兰、海棠、迎春、牡丹、芍药、桂花象征“玉堂春富贵”。凡此种种，不胜枚举，为我国植物景观留下宝贵的文化遗产，独具特色。

技能提升一　西昌市湿地公园二期秋色叶植物造景分析

一、技能提升项目

西昌市湿地公园二期秋色叶植物应用调查及造景分析。

二、技能提升目的

(1) 通过技能提升，将理论与实践相结合，巩固和提高课堂所学的知识。

(2) 通过课堂学习和课外调查，进一步培养学生实际学习的能力。

(3) 掌握秋色叶植物种类调查的方法。

(4) 掌握用科学的方法调查秋色叶植物，能够系统地归纳和概括知识，并对现行湿地公园秋色叶植物配置进行分析和总结。

三、技能提升要求

(1) 通过技能提升复习和巩固课堂所学的植物学理论知识。

(2) 通过技能提升培养学生科学的学习态度、吃苦耐劳的精神、严明的组织纪律和团结协作精神。

(3) 通过技能提升，初步掌握秋色叶植物种类调查、造景分析等工作的基本操作方法，为以后的学习和工作打下基础。

四、技能提升内容

(一) 准备工作

准备工作包括建立组织，制订调研计划，收集相关资料，做好调研的物资准备等。

(二) 调查方法

(1) 全面调查。

(2) 抽样调查：典型与随机抽样。

(三) 外业工作

外业工作调查项目如下。

① 种类：全面调查，不能遗漏；

② 生长情况：生长量、树高、胸径、冠幅、年龄等；

③ 植物生态习性分析：生长条件，生长状态等；

④ 功能配置调查：秋色叶植物所承担的园林用途，如园林植物、行道树下地被、绿篱、草坪、基础栽植、垂直绿化、盆栽树等；

⑤ 古树名木调查：应详细调查古树名木。

(四) 内业资料整理

整理各种专项表格，包括秋色叶植物调查名录总表、常见秋色叶植物统计表、主要秋色叶植物分布与应用统计表、植物生长势分析统计表等，并对现状进行分析和总结，提出建议意见或者方案。

五、技能提升成果

西昌市湿地公园二期秋色叶植物应用调查及造景分析报告一份(含建议意见或者改造方案)。

六、评分标准

秋色叶植物应用分析评分表见表 3-1。

表 3-1 秋色叶植物应用分析评分表

序号	项目	内容	分数/分	等级标准/分				得分/分
				优	良	及格	不及格	
1	报告材料	纸质报告一份，以及整理的各种专项表格，文字翔实，图表清楚、得当	15	12～15	8～11	4～7	0～3	
2	调查项目设计	能结合湿地公园二期不同场地环境特点及目的要求进行调查项目设计，主题明确，设计合理	12	10～12	7～9	4～6	0～3	
3	调查方法	调查方法科学合理，符合规范	12	10～12	7～9	4～6	0～3	
4	各种表格整理	秋色叶植物调查名录总表、常见秋色叶植物统计表、主要秋色叶植物分布与应用统计表、植物生长势分析统计表等	16	13～16	9～12	5～8	0～4	
5	分析总结	调查整理后的分析恰当、准确，从文字上或者图上看能一目了然	12	8～12	5～7	3～4	0～2	
6	建议方案的可实施性	在保证功能的前提下，方案新颖，可实施性强(包括临时用地的处理方式)	8	7～8	5～6	3～4	0～2	
7	设计说明	对设计图和设计意向的分析、说明能够较好地表达设计构思	10	8～10	5～7	3～4	0～2	
8	方案汇报	汇报者思路清晰，语言流畅，能准确表达设计文件，制作的 PPT 文件美观、大方，答辩准确、合理	15	11～15	7～10	4～6	0～3	
总分								

技能提升二 西昌市观海路彩色叶植物造景调查分析

一、技能提升项目

西昌市观海路彩色叶植物应用调查及造景分析。

二、技能提升目的

(1) 通过技能提升,将理论与实践相结合,巩固和提高课堂所学的知识。

(2) 通过课堂学习和课外调查,进一步培养学生实际学习的能力。

(3) 掌握彩色叶植物种类调查的方法。

(4) 掌握用科学的方法调查观彩色叶植物,能够系统地归纳和概括知识,并对现行观彩色叶植物配置进行分析和总结。

三、技能提升要求

(1) 通过技能提升复习和巩固课堂所学的植物学理论知识。

(2) 通过技能提升培养学生科学的学习态度、吃苦耐劳的精神、严明的组织纪律和团结协作精神。

(3) 通过技能提升,初步掌握观彩色叶植物种类调查、造景分析等工作的基本操作方法,为以后的学习和工作打下基础。

四、技能提升内容

(一) 准备工作

准备工作包括建立组织,制订调研计划,收集相关资料,做好调研的物资准备等。

(二) 调查方法

(1) 全面调查。

(2) 抽样调查:典型与随机抽样。

(三) 外业工作

外业工作调查项目如下。

① 种类:全面调查,不能遗漏;

② 生长情况:生长量、树高、胸径、冠幅、年龄等;

③ 植物生态习性分析:生长条件,生长状态等;

④ 功能配置调查:彩色叶植物所承担的园林用途,如园景植物、行道树下地被、绿篱、草坪、基础栽植、垂直绿化、盆栽树等;

⑤ 古树名木调查:应详细调查古树名木。

(四) 内业资料整理

整理各种专项表格,包括彩色叶植物调查名录总表、常见彩色叶植物统计表、主要彩色叶植物分布与应用统计表、植物生长势分析统计表等，并对现状进行分析和总结，提出建议意见或者方案。

五、技能提升成果

西昌市观海路彩色叶植物应用调查及造景分析报告一份（含建议意见或者改造方案）。

六、评分标准

彩色叶植物应用分析评分表见表3-2。

表3-2　**彩色叶植物应用分析评分表**

序号	项目	内容	分数/分	等级标准/分				得分/分
				优	良	及格	不及格	
1	报告材料	纸质报告一份，以及整理的各种专项表格，文字翔实，图表清楚、得当	15	12～15	8～11	4～7	0～3	
2	调查项目设计	能结合观海路二期不同场地环境特点及目的要求进行调查项目设计，主题明确，设计合理	12	10～12	7～9	4～6	0～3	
3	调查方法	调查方法选用科学合理，符合规范	12	10～12	7～9	4～6	0～3	
4	各种表格整理	彩色叶植物调查名录总表、常见彩色叶植物统计表、主要彩色叶植物分布与应用统计表、植物生长势分析统计表等	16	13～16	9～12	5～8	0～4	
5	分析总结	调查整理后的分析恰当、准确，从文字上或者图上看能一目了然	12	8～12	5～7	3～4	0～2	
6	建议方案的可实施性	在保证功能的前提下，方案新颖，可实施性强（包括临时用地的处理方式）	8	7～8	5～6	3～4	0～2	
7	设计说明	对设计图和设计意向的分析、说明能够较好地表达设计构思	10	8～10	5～7	3～4	0～2	
8	方案汇报	汇报者思路清晰，语言流畅，能准确表达设计文件，制作的PPT文件美观、大方，答辩准确、合理	15	11～15	7～10	4～6	0～3	
总分								

模块四　园林植物造景设计的基本步骤和方法

【知识目标】

1. 了解园林植物造景设计的基本流程；
2. 熟悉园林植物造景设计的基本方法和步骤；
3. 掌握园林植物造景设计方案的表达。

【知识重点】

园林植物造景设计的基本方法、程序和步骤。

【知识难点】

园林植物造景设计的平面表达和立面表达。

实训一　园林植物造景设计的步骤和基本程序

园林植物造景设计一般包括承接任务、现场勘察、分析评价、确定主题、初步构思、选择植物、详细设计等基本步骤。本模块从实训角度，对园林植物造景设计的具体流程和普遍程序进行讲解，供学生进行实训练习。

园林植物造景设计既是一门艺术，又是一门实践性极强的技术。相对于其他行业设计，园林植物造景设计无论是从艺术的角度还是从技术的角度来看，都是一个发展比较滞后的领域。从艺术角度来说，它缺乏系统完整的设计理论指导；从技术角度来说，它缺乏明确的设计标准和结果评判标准。再加上园林植物造景设计特有的生态问题和时空变化等特性，它们无疑都将增加园林植物造景设计工作的难度，同时会增加园林植物造景设计工作的随意性和不确定性。

园林植物造景设计中存在一些基本的设计流程乃至设计程序，它们可以减少园林植物造景设计工作的随意性和不确定性，增加设计结果的可判定性，同时会一定程度地增加设计工作的系统性、有序性，提高工作效率，提高系统质量保障能力。

园林植物造景设计最终要解决下面几个问题：

① 选什么样的植物？

② 选多大的植物？

③ 选多少植物？

④ 如何搭配植物并布置到地面上？

⑤ 要构成什么样的植物景观？

①～④涉及以植物个体为元素来选择与布局的问题，⑤则涉及以植物配置后的群体为元素来选择与布局的问题。园林植物造景设计的基本流程就是如何有序地、规范地解

决上述问题的过程。从结果来说，是按照上面从①～⑤的顺序进行；但从设计的实施过程来说，却是倒着来的，即先解决⑤的问题，然后解决①～④的问题。因此，在实际工作中，植物景观配置在设计阶段的基本流程大致包括以下三个环节：

① 植物景观类型的选择与布局；

② 各种植物景观类型中植物个体的选择与布局；

③ 园林植物造景结果评审，即质量保证过程。

需要说明的是，这三个环节的顺序并非一成不变的，在设计过程中三个环节会互有穿插，有时还互为前提。

一、植物景观类型的选择与布局

简单地说，植物景观类型就是植物群体配置在一起显现出来的外在表现类型，如密林、线状的行道林、孤立的大树、灌木丛林、绿篱、地被、草坪、花境等。

植物景观类型的选择与布局设计就是把诸如密林、线状的行道林、孤立树、灌木丛林、绿篱、地被、草坪等植物景观类型而不是植物个体作为设计元素进行空间配置，设计师需要从整体上考虑什么地方该布置什么样的植物景观类型。

首先，植物景观类型的选择与布局源于整体景观结构的布局，即结构性景观布局。结构性景观布局主要确定设计区域的总体景观框架，主要基于顾客的总体景观意向和整体美学原则的需要来构筑景观框架。结构性景观布局在某种程度上等同于景观框架区划。

其次，植物景观类型的选择与布局源于功能的需要，即功能性景观布局。功能的需要，比如说某个地方需要遮阴，某个地方需要用密林阻挡外部视线或隔离噪声，林荫道路，广场的遮阴等，是景观类型选择与布局中需考虑的基本方面。

最后，植物景观类型的选择与布局源于景观美化设计上的需要，比如说整体上布局安排景观线、景观点，某个视角需要软化，某些地方需要增加色彩或层次的变化等。有时，它也源于其他特殊的或景观布局过渡需要。

作为设计元素，植物景观类型同样具有如颜色、大小、质地、形状、空间尺度等要素特征，植物景观类型的选择与布局是基于植物景观类型的这些要素特征而不是构成植物景观类型的植物个体的要素特征，并遵循植物配置理论的设计原则与创作手法来设计创作的。植物景观类型是由多种植物组成的，其要素特征虽然与植物个体的要素特征高度相关，但绝不等同于某种植物个体要素特征或多种植物个体要素特征的简单叠加。它有时会表现出与植物个体要素特征完全不同的要素特征。需要注意的是，植物景观类型的要素特征不仅与植物景观类型内部的植物构成有关，还与内部植物个体的结构排列方式有很大关系。另外，同一植物景观类型可以有完全不同的植物结构组合。

植物景观类型的选择与布局是总体植物景观方案设计的重要组成部分，较多地带有美学创作的因素。相对来说，它是一项习惯性、发挥性多于程序性的工作。该项工作完成后一般会产生如下图表资料：

① 植物景观类型规划布局图(包括一些节点立面图)；

② 植物景观类型统计表；

③ 植物景观类型构成分析表。

植物配置好比文章写作，植物景观类型的选择与布局问题类似文章写作中的文章构思和文章纲要草拟阶段。文章写作时，首先考虑的是写什么样的内容，采取什么风格，段落结构如何编排布局，中心主题如何展开表达等问题，而不是首先考虑用什么字、词或语句等问题。同样，植物景观配置设计首先考虑的是植物景观类型的选择与布局，而不是植物个体的选择与布局。

二、植物个体的选择与布局

整体植物景观类型的选择与布局完成后，就要开始进行各个植物景观类型的构成设计，即解决植物个体的选择与布局问题。植物个体的选择与布局主要解决以下几个问题：

① 植物品种的选择；

② 植物初植大小的确定；

③ 植物数量的确定；

④ 植物个体在结构中的位置等。

植物个体的选择与布局更多的是一个技术性问题，除了在结构中的定位过程需要较多地关注美学设计知识外，更多的是解决生态技术问题。因此，解决植物个体的选择与布局问题往往是一种程序化的工作。

1. 植物品种选择

植物品种选择的一般程序如下：

(1) 根据植物景观类型布局图、植物景观类型统计表和植物景观类型构成分析表等资料，综合分析各景观类型的结构，确定植物类型及要求，制订植物类型及要求工作表。

(2) 分析确定配置场地的气候耐寒区和主要环境限制因子。

(3) 根据场地的气候耐寒区、主要环境限制因子、植物类型及要求工作表与植物库数据配对搜索，确定粗选的植物品种。

(4) 根据景观功能和美学的要求，进一步筛选植物品种。

(5) 确定各植物类型的主要品种。

植物类型的主要品种是用于保持统一性的品种，是一种植物景观类型的主体构架品种。一般来说，主要品种数量要少(比如为 20%)，相似程度高，但植株数量多(比如为 80%)。主要植物品种的耐寒级别一定要比场地的气候耐寒区级别高一个级别，同时能够对场地主要限制因子有足够的耐性。

植物类型的主要品种分为各景观类型的主要品种和设计区域的主要品种，设计区域的主要品种是指在设计区域内占主导地位(面积或空间)景观类型的主要品种。

(6) 确定各植物类型的次要品种。

次要品种是用于增加变化性的品种，品种数量要多(比如为 80%)，但植株数量要少(比如为 20%)。如特别需要，植物类型的次要品种的耐寒级别可以不高于场地的气候耐寒区级别。有条件或成本不高的情况下，可以选择一些对场地主要限制因子耐性不足的植物。植物类型的主、次要品种的比率按各景观类型分别计算分配。

(7) 确定植物品种的数量。

原则上提倡多种植物群落，但并非植物品种越多越好，且杜绝拼凑。

对一般的小区来说，15～20 个乔木品种，15～20 个灌木品种，15～20 个宿根或禾草花卉品种已能满足生态方面的要求。当然，若国家有特别规定的，按相关规定办理。

2. 植物初植大小的确定

在国内，对植物初植大小没有具体的标准规定，更多的是根据客户喜好和设计者的习惯来确定。有经验的设计者可以巧妙地利用一些美学的、生态的手法来综合确定植物初值大小。

以乔木为例，国外比较通行的乔木层尺寸一般为径阶在 6～8 cm 的完整植株。考虑国内的习惯，建议乔木层尺寸径阶以 10～12 cm 的完整植株较为适宜，一般不要超过 14～15 cm。为了满足及时效果的需要，可以采用一些技巧性的方法，如增加大灌木的数量(高度为 100～250 cm)，增加覆盖对比等。在树体比例尺度的处理方面，尽量缩短最大规格和最小规格植物的差距。

3. 植物数量的确定

准确地说，植物数量确定的问题是一个与栽植间距、高度相关的问题。一般说来，植物栽植间距由植株成熟度确定。在实际操作过程中，可以根据植物生长速度的快慢适当调整栽植间距，但绝不能随意加大栽植密度。在任何情况下，采用加大栽植密度来获取及时效果的方法都是最愚蠢的方法。

4. 植物个体在植物景观类型结构中的位置

根据各景观类型的构成和各构成植物本身的特性，将它们布置在适宜的位置。在这个过程中，会较多涉及基于植物个体的美学设计问题。从植物个体到构建植物景观类型的群体组合，这是一项十分烦琐的工作。这个阶段如果能够借用一些景观类型构成模块，可以大大提高工作效率。

模块可以通过模拟自然、调查分析以前的设计或设计建模等方法获得。模块在入库使用前必须是经过美学或生态检验论证过的。模块如同工业产品中经过系统检验且有质量保障的部件或半成品。

三、园林植物造景结果审评

由于交织着生态、美学乃至经济和其他等多种因素，园林植物造景工作是十分复杂和烦琐的，在设计过程中出现遗漏和纰漏是难免的。因此，一件设计作品全部完成或阶段性完成后，进行系统的审评、复检是很有必要的，它是设计质量保证体系的重要组成部分。

一般来说，园林植物造景结果审评主要包括两大方面，即美学原则审评和生态原则审评。审评程序主要由审评内容、审评方法和结果评定标准三个方面组成。例如，平衡原则的审评程序大致如下。

(1) 审评内容。

设计是否符合平衡原则。

(2) 审评方法。

① 找出设计区域或分区的中心点。

② 以中心点为交点绘出两条正交轴线。

③ 比较两条轴线两侧配置的植物景观类型、植物个体类型、规格大小、分布和数量等。

(3) 结果评定标准。

两条轴线两侧的植物景观类型、植物个体类型、规格大小、分布和数量基本一致。

需要说明的是，园林植物造景结果审评既可作为设计者自检之用，也可作为甲方和第三方对设计结果评审之用；同时，不但需要在整个设计全部结束后进行园林植物造景结果审评，而且需要在植物景观类型的选择与布局工作完成后进行阶段性审评。

阶段性审评内容如下。

① 项目任务书阶段。

a. 项目论证：业主、专家和设计人员共同参与。

b. 可行性研究报告。

c. 编制项目任务书。

② 场地调查阶段。

a. 平面与地形。

b. 土壤调查。

c. 水文调查。

d. 气象资料收集。

e. 场地现有植物调查。

f. 土地使用历史。

g. 建筑与公共设施调查。

h. 景观资源调查。

③ 初步方案阶段。

a. 立意：明确设计的主题。

b. 方案表现：平面图、竖向图、效果图与设计说明。

c. 方案论证。

④ 植物规划阶段。

⑤ 详细设计阶段。

a. 植物景观设计方案：平面图、竖向图、效果图。

b. 方案论证。

⑥ 施工图阶段。

a. CAD 图。

b. 审核。

实训二 园林植物造景设计的基本方法

各类园林植物景观的配置方法如下。

1. 孤植

(1) 造景特性。

孤植是指单株乔木孤立种植的配置方式，此树称为孤植树。有时在特定条件下，也可以是 2～3 株乔木紧密栽植，形成一个整体，但必须是同一树种，株距一般不超过 1.5 m，远看和单株栽植效果相同。孤植树下不得配置灌木。孤植树作为局部空间的主景，可供人观赏；还可起蔽荫作用，供人休息、眺望。

(2) 树种选择。

孤植时宜选择树冠开张，体形雄浑，生长健壮，寿命较长，不含毒素，没有污染，具有一定的观赏价值的树种，如雪松、黄山松、金钱松、香樟、榕树、鹅掌楸、鸡爪槭、垂柳、樱花、梅花、桂花、银杏、合欢、枫香、重阳木、七叶树等，但在具体选择上应充分考虑当地的绿地条件和具体要求。

(3) 种植位置。

总的来讲，孤植树种植的位置要求比较开阔，一方面，为了保证树冠有足够的生长空间，反映植物个体充分生长发育的景观；另一方面，作为局部构图主景的孤植树，应安排合适的观赏视距和观赏点，使人们有足够的活动场地和适宜的观赏位置。

孤植树种植的具体位置通常有以下几种情况：① 配置在开阔大草坪或林中草地的自然重心处；② 配置在开朗的江、河、湖畔；③ 配置在可以透视辽阔远景的高地、山冈上；④ 配置在自然式园林中的园路或水系的转弯处、假山蹬道口及园林的局部入口处；⑤ 布置在公园铺装广场的边缘。

(4) 配置要求。

在配置孤植树时，必须充分考虑孤植树与周围环境的关系，要求其体形与周围环境相协调，其色彩与周围环境有一定差异。

2. 对植

(1) 造景特性。

对植是指两株树按照一定的轴线关系对称或均衡种植的配置方式，主要用于强调公园、建筑、道路、广场的入口，用作进口栽植和诱导栽植。在园林构图中，其始终作为配景，起陪衬和烘托主局的作用，如利用树木分枝状态或适当加以培育，形成相依或交冠的景框，构成框景。

(2) 配置形式。

对植有对称式和非对称式两种配置形式。

① 对称式对植，即采用同一树种、同一规格的树木依主体景物的中轴线做对称布置，两树的连线与轴线垂直并被轴线等分，一般选择冠形规整的树种。此形式多运用于规则式种植环境之中。

② 非对称式对植，即采用种类相同，但大小、姿态不同的树木，以主体景物中轴线为支点取得均衡关系，沿中轴线两侧做非对称布置。其中，稍大的树木离轴线垂直距离较稍小的树木近些，且彼此之间要有呼应，以取得动势集中和左右均衡的效果。此形式多运用于自然式种植环境之中。

在非对称式对植中，沿中轴线左右配置的树木可以采用株数不同，树种相同的树木，如左侧是 1 株大树，右侧为同种的 2 株小树；也可以两侧为相似而不相同的两个树种；还可以两侧为外形相似的两片树丛。

3. 列植

(1) 造景特性。

列植是指树木按一定的株行距成行成列地栽植的配置方式。列植形成的景观比较整齐、单纯,有气势。列植与道路配合,可构成夹景。列植多运用于规则式种植环境中,如道路、建筑、矩形广场、水池等附近。列植具有施工、管理方便的优点。

(2) 树种选择。

列植宜选择树冠体形比较整齐的树种,如树冠为圆形、卵圆形、椭圆形、圆锥形等。

(3) 栽植间距。

栽植间距取决于树木成年冠幅、苗木规格和园林主要用途,如景观效果、活动功能等。一般乔本采用 3.8 m 间距,灌木间距为 1～3 m。

(4) 栽植形式。

栽植形式有等行等距和等行不等距两种基本形式。

4. 丛植

丛植通常是指由两株到十几株树木组合种植的配置方式。丛植所形成的种植类型是树丛。树丛的组合主要表现的是树木的群体美,但也要在统一构图中考虑表现单株的个体美,所以选择作为组成树丛的单株树木的要求与孤植树相似,即必须挑选在蔽荫、姿态、色彩、芳香等方面有特殊观赏价值的树木。

树丛配置的要领:① 满足植物生态要求,构成相对稳定的植物群落;② 平面布置要疏密有致,立面构图要参差错落;③ 树丛各植株个体之间在形态、色彩上要协调一致,同时要有差异,以体现变化统一的原则;④ 树丛四周要相对开阔,留有适宜的观赏视距。

5. 群植

(1) 造景特性。

群植通常是指由 20～30 株树木混合成群种植的配置方式。群植所形成的种植类型称为树群。它主要表现植物的群体美,并以此构成园林局部空间的主景。

(2) 布设位置。

树群通常布置在有足够观赏视距的开阔场地上。作为主景的树群,其主要立面的前方至少在树群高度的 4 倍、林群宽度的 1.5 倍距离内,要留出空地,以便游人观赏。树群栽植地标高最好能高出外围地段,形成向四面倾斜的地形,以利于排水和突出主景。

(3) 立面结构。

混交树群多采用郁闭式分层结构,从高到低最多可分为乔木层、亚乔木层、大灌木层、小灌木层及草本层 5 个层次。

(4) 平面布局。

群植时通常将高大常绿的乔木布置在中间作为背景,亚乔木在其周围,大灌木、小灌木在外缘。

(5) 生态要求。

树群在树种选择和组合配置时,除了像孤植树、树丛那样考虑其与周围环境的生态关系外,还应注意树群内部植物之间的生态关系。

6. 林植

园林中以大量树木进行栽植的配置方式称为林植。密林林木郁闭度为0.7～1.0，林地道路广场密度为5%～10%。林木郁闭度为0.4～0.6，道路广场密度在5%以下。由于疏林里林木密度较稀疏，常把疏林与草地结合营造，故称为疏林草地。

① 树种选择。以落叶乔木居多，落叶树内应搭配适当的常绿树种。林下草地应选择耐践踏的草种，以便于游人活动。

② 配置方式。林植时宜采用自然式配置。

7. 篱植

(1) 主要类型。

根据绿篱高度，篱植类型分为：① 绿墙，高度在一般人的视线高度(160 cm)以上，可阻挡人们的视线；② 高绿篱，高度为120～160 cm，人的视线可通过但不能跨越；③ 中绿篱，高度为50～120 cm，是最常用的绿篱类型，时常所说的绿篱即指这种；④ 矮绿篱，高度在50 cm以下，人可轻易跨越。

根据功能要求和观赏特性，篱植类型分为：① 常绿篱，由常绿树组成，是园林中最常用的绿篱，常用树种有侧柏、大叶黄杨、海桐、女贞、雀舌黄杨等；② 落叶篱，由落叶树组成，一般不用落叶树作绿篱，但在常绿树不多或生长过慢的地区也可采用落叶篱形式，常用树种有榆树、雪柳、水蜡树、胡颓子等；③ 彩叶篱，由红叶或斑叶等色叶观赏树种组成，常用树种有金边珊瑚、大叶黄杨、金边女贞等；④ 花篱，由观花树种组成，常用树种有栀子花、茉莉、六月雪、凌霄、迎春、珍珠梅、锦带花等；⑤ 果篱，由观果树种组成，常用树种有紫珠、枸骨、火棘、金银木等；⑥ 刺篱，由带刺的树种组成，常用树种有枸骨、胡颓子、山皂荚、黄刺梅等；⑦ 蔓篱，由攀缘植物组成，需事先设置供攀附的竹篱、木栅等，常用植物有地锦、常春藤、爬山虎、凌霄、紫藤、南蛇藤、蔷薇等；⑧ 编篱，为加强绿篱防范作用，有时把绿篱植物枝条编结起来，构成网状或格栅形式，称为编篱，常用树种有木槿、雪柳、紫穗槐等。

(2) 种植密度。

绿篱的种植密度一般应根据使用目的、树种、苗木规格和种植地带的宽度来确定。

① 矮绿篱通常为单行直线或几何曲线栽植，株距一般为15～30 cm，宽度为30～50 cm，高度为10～50 cm。

② 中绿篱成单行或双行直线或几何曲线栽植，株距一般为30～50 cm，单行栽植宽度为40～80 cm，双行栽植行距为25～50 cm，宽度为50～100 cm，高度为50～120 cm。双行栽植点的位置成三角形交叉排列。

矮绿篱及中绿篱一般选用2～3年生快长树苗，如女贞、小蜡等，在栽植时离地面5 cm处剪去，促其分枝，然后每年修剪4～5次，逐年长成计划高度。

③ 高绿篱的株距为50～75 cm，单行式宽度为50～80 cm，双行式行距为40～80 cm，宽度为80～100 cm，高度为120～160 cm，双行式呈三角形交叉排列。

④ 绿墙多双行栽植，株距为1～1.5 m，行距为50～100 cm，宽度为1.5～2.0 m，高度为1.6 m以上，呈三角形交叉排列。

高绿篱和绿墙最好应用较大的、预先按绿篱要求修剪的苗木。这样，设计意图能较快体现。

8. 花坛

(1) 造景特性。

花坛是指在具有一定几何形轮廓植床内种植各种不同色彩的观赏植物，以构成华丽色彩或精美图案的一种花卉种植类型。花坛主要通过色彩或图案来表现植物的群体美，而不是表现植株的个体美。花坛具有装饰特性，在园林造景中常作为主景或配景。

(2) 植物选择。

① 花丛花坛主要表现色彩美，多选择一二年生草本花卉或球根花坛，如金盏菊、一串红、郁金香、金鱼草、鸡冠花等，一般不用木本植物。

② 模纹花坛以表现图案美为主，多选择植株低矮、枝叶细密、萌发性强、耐修剪的观叶类植物，如瓜子黄杨、金叶女贞等；也可选择花期较长、花期一致、花小而密、花叶皆美的观花类植物，如四季海棠、石莲花等。

(3) 平面布置。

① 花坛平面外形轮廓总体上应与广场、草坪等周围环境的平面构成相协调，但在局部处理上要有所变化，使艺术构图在统一中有变化，在变化中有统一。

② 作为主景的花坛要有丰富的景观效果，可以是华丽的图案花坛或花丛花坛，但不宜为草坪花坛；作为配景的花坛，如雕塑基座或喷水池周围的花坛，其纹样应简洁，色彩宜素雅，以衬托主景为原则，不可喧宾夺主。

③ 花坛面积与环境应保持适度的比例关系，以 1/5～1/3 为宜。一般作为观赏用的草坪花坛面积比例可稍大一些，华丽的花坛面积比例比简洁的花坛可稍小些；在行人集散量或交通量较大的广场上，花坛面积与环境比例可以更小一些。

(4) 个体设计。

① 对于花坛内部图案纹样，花丛花坛宜简洁，模纹花坛可丰富；纹样线条宽度不能太细，宽度应在 10 m 以上。

② 个体花坛面积不宜过大，大则鉴赏不清且易产生变形。一般模纹花坛直径或短轴以 8～10 m 为宜，花丛花坛直径或短轴可达 15～20 m。

③ 种植床的要求，多年生开花植物或灌木至少要 40～50 cm 宽的种植床。

④ 为使花坛有一个清晰的轮廓和防止水土流失，种植床边缘常用缘石围护。围护材料可用砖、卵石、混凝土、树桩等，缘石高度和宽度可控制在 10～30 cm，造型宜简洁，色彩应淡雅。

9. 花境

(1) 造景特性。

花境是指在长形带状、具有规则轮廓的种植床内采用自然式种植方式配置观赏植物的一种花卉种植类型。花境平面外形轮廓与带状花坛相似，其种植床两边是平行直线或几何曲线，而花境内部的植物配置则完全采用自然式种植方式，兼有规则式和自然式布局的特点，是园林构图中从规则式向自然式过渡的半自然式（混合式）种植形式。它主要表现观赏植物本身特有的自然美，以及观赏植物自然组合的群体美。在园林造景中，其可作主景，也可为配景。

(2) 主要类型。

依植物不同,花境可分为:① 灌木花境,主要由观花类、观果类或观叶类灌木构成,如月季、南天竹等组成的花境;② 宿根花卉花境,由当地可以露地越冬且适应性较强的耐寒多年生宿根花卉构成,如鸢尾、芍药、玉簪等;③ 球根花卉花境,由球根花卉组成的花境,如百合、石蒜、水仙、唐菖蒲等;④ 专类植物花境,由一类或一种植物组成的花境,如蕨类植物花境、芍药花境、蔷薇花境等,此类花境在植物变种或品种上要有差异,以求变化;⑤ 混合花境,主要是指由灌木和宿根花卉混合构成的花境,在园林中应用较为普遍。

依规则设计方式不同,花境可分为:① 单面观赏花境,植物配置形成一个斜面,低矮植物在前,高的在后,建筑或绿篱作为背景,仅供游人单面观赏;② 双面观赏花镜,植物配置为中间较高,两边较低,可供游人从两面观赏,故此类花境无须背景。

(3) 布设位置。

花境可配置在建筑物与道路之间,作为基础栽植,为单面观赏花境;还可配置在道路中央或两侧,在道路中央为两面观赏花境,两侧为单面观赏花境,背景为绿篱或行道树、建筑物等。

① 与绿篱配合。在规则式园林中,常应用修剪整形的绿篱,在绿篱前方布置花境最为宜人,花境可装饰绿篱单调的基部,绿篱又可作为花境的背景,二者相映成趣,相得益彰。在花境前设置园路,供游人驻足欣赏。

② 与花架游廊配合。花境是连续的景观构图,可满足游人动态观赏的要求。沿着花架、游廊的两旁布置花境,可使游人在游憩过程中有景近赏。

③ 与围墙、挡土墙配合。在围墙、挡土墙前面布置单面观赏花坛,可丰富围墙、挡土墙立面景观。

(4) 植物选择。

花境常采用花期较长、花叶兼美、花朵花序呈垂直分布的耐寒多年生花卉和灌木,如玉簪、鸢尾、蜀葵、宿根飞燕草等。

(5) 配置方式。

花境内部观赏植物以自然式花丛为基本单元进行配置,形成主调、基调、配调明确的连续演进的园林景观。

花境观赏面种植床的边缘通常要用植物进行镶边,镶边植物可以是多年生草本,也可以是常绿矮灌木,但要求四季常绿或经常美观,如葱兰、金叶女贞、瓜子黄杨等。镶边植物高度,一般草本花境不超过 15~20 cm,灌木花境不超过 30~40 cm。若用草皮镶边,其宽度应大于 40 cm。花境镶边的矮灌木要经常修剪。

两面观赏花境不需要背景;单面观赏花境则需设置背景,可为装饰性围墙、常绿绿篱等。

(6) 种植床要求。

花境种植床外缘通常与道路或草地相呼应,中央高出 7~10 cm,以保持一定的排水坡度;由于花境内种植的观赏植物以多年生花卉和灌木为主,故其种植床土层厚度应为 40~50 cm,并要注意改良土壤的理化性质,在土壤内加入腐熟的堆肥、泥炭土和腐叶土等;花境种植床宽度,单面观赏一般为 3~5 m,双面观赏可为 4~8 m。

10. 花丛

花丛是指三株到十几株花卉采取自然式种植方式配置的一种花卉种植类型。

在植物选择上，因花丛管理较粗放，故通常以多年生宿根花卉为主，如鸢尾、芍药、玉簪等；也可采用能自播繁衍的一二年生花卉。在配置方式上，其平面轮廓和立面构图均为自然式，应疏密相间，断续变化。花丛可布置在树林边缘、自然式道路两旁等地，也可用以点缀草坪、岩石园等。

11. 草坪

(1) 主要类型。

根据草坪使用功能不同，其可分为：① 游憩草坪，供人们坐卧、散步、游戏及户外活动等；② 观赏草坪，专供人们观赏之用，不允许游人入内游览或践踏；③ 体育草坪，供人们开展体育活动之用，如足球场、网球场、高尔夫球场草坪等。

以上草坪中，草的高度一般控制在 7 cm 左右，所以平常需要推剪。另外，还有牧草地、飞机场草坪、林中草地、护坡草地等。

根据草坪植物种类组合不同，其可分为：① 单纯草坪，由 1 种草本植物组成的草坪，如马蹄金草坪、马尼拉草坪等；② 混合草坪，由 2 种或 2 种以上草本植物混合播种而形成的草坪，如 50%的黑麦草、20%的高羊茅、20%的草地早熟禾和 10%的狗牙根组合而成的混合草坪，以延长草坪的绿色观赏期，提高草坪的使用效率和综合功能；③ 缀花草坪，在以禾本科植物为主体的草坪上，混有少量开花华丽的多年生草本植物，如水仙、石蒜、葱兰、鸢尾等，将其疏密有致地分布在草坪上，可起到较好的点缀作用，还有利于季相构图，但缀花范围不宜超过草坪总面积的 1/3。

(2) 设计要点。

① 草种选择。

草种按其生态习性可分为暖季型和冷季型两大类。暖季型草种一般耐高温，喜较湿润、温暖气候，抗寒性差，冬季茎叶枯萎退绿，如狗牙根、结缕草、天鹅绒草、马尼拉草等。冷季型草种耐寒冷，喜湿润、冷凉气候，抗热性差，但寒冬仍绿草茵茵，如草地早熟禾、高羊茅、黑麦草等。

草种选择主要应满足下列要求：a. 适应当地环境条件，对逆性因子(如酷热、寒冷、干旱、短期水涝、病虫害和有毒气体等)有较强抗性，如南方多用暖季型草种，北方多用冷季型草种，湖畔应选用耐湿草种，林下应选耐阴草种等；b. 符合所建草坪功能要求，如游憩草坪或体育草坪应选耐践踏并能迅速复苏的草种，观赏草坪则要求色泽均匀、平整、美观等；c. 外形优美，生长迅速，繁殖容易，耐干旱，耐修剪，与杂草相比竞争能力强，稳定性好。

② 地形处理。

草坪在地形处理时，应从自然排水、水土保持、游园活动和艺术构图等方面综合考虑对草坪坡度的要求，具体如下：

a. 草坪最小坡度应满足地面自然排水要求，一般为 0.002～0.005，且不宜有起伏交替的地形，以利于排水，必要时可埋设盲沟。

b. 草坪最大坡度以不超过该土壤的自然安息角为宜(一般为 30°左右)，以防止水土流失或发生崩塌现象。超过土壤自然安息角的地形，应采用工程措施加以护坡。

c. 草坪坡度还应从使用功能上考虑游园的要求。

d. 在考虑以上因素前提下，还应结合草坪地形美的因素综合考虑艺术构图上的要求。

实训三　植物配置方案的表达训练

一、植物配置的平面表达

园林植物由于种类不同，形态各异，因此画法也不同。但一般都是根据不同的植物特征，抽象其本质，形成“约定俗成”的图例。其表现手法大多为徒手用基本笔法组合而成，常见的基本笔法如图 4-1 所示。

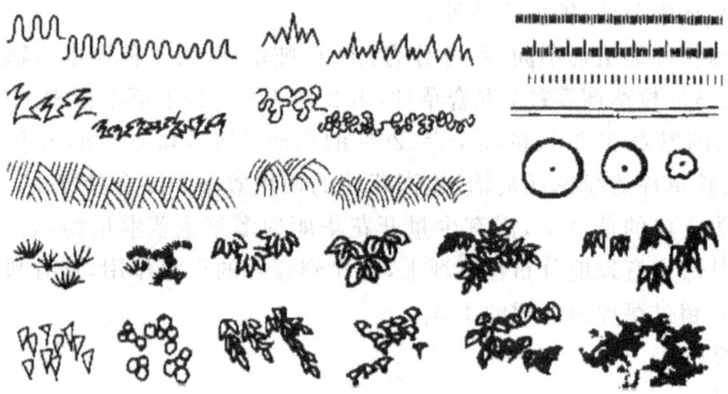

图 4-1　园林植物常见的基本笔法

树木的平面表示可以树干位置为圆心，树冠平均半径为半径作圆，再加以表现，树冠的大小应根据树龄按相应比例画出。其表现手法非常多，表现风格变化很大(图 4-2)。

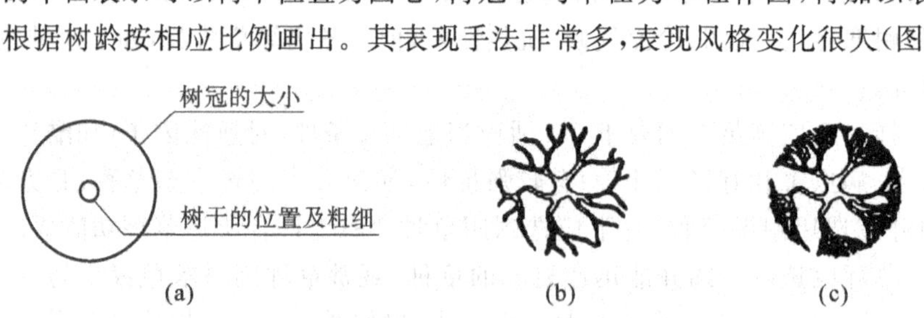

图 4-2　树木的平面表示画法

(a) 定树干和树冠位置、大小；(b) 画主枝；(c) 画细枝和树叶

1. 基本表现技法

根据不同的表现手法，可将树木的平面表示划分成以下四种类型：① 轮廓型(图 4-3)，树木平面只用线条勾勒出轮廓，线条可粗可细，轮廓可光滑，也可带有缺口；② 分枝型，在树木平面中只用线条的组合表示树枝或枝干的分叉；③ 枝叶型(图 4-4)，在树木平面中既表示分枝又表示冠叶，树冠可用轮廓表示，也可用质感表示，这种类型

可以看作是其他几种类型的组合；④ 质感型（图 4-5），在树木平面中只用线条的组合或排列表示树冠的质感。

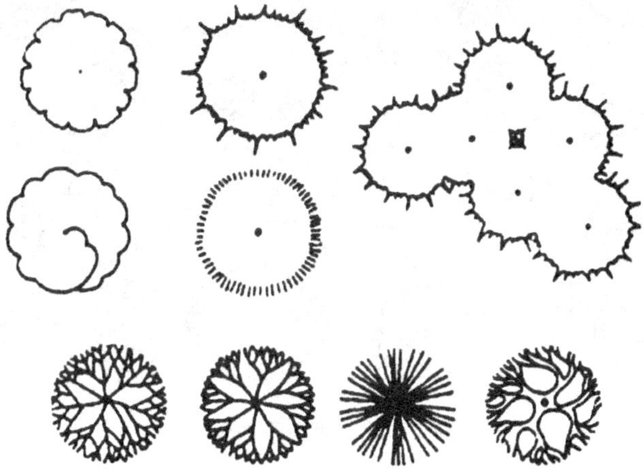

图 4-3　轮廓型

图 4-4　枝叶型

图 4-5　质感型

尽管树木的种类可用名录详细说明，但仍常常用不同的表现形式表示不同类别的树木。例如，用分枝型表示落叶阔叶树，用加上斜线的轮廓型表示常绿树等。当各种表现形式被涂上不同的色彩时，就会具有更强的表现力。有些树木平面具有装饰图案的特点。当表示几株相连的相同树木的平面时应互相避让，使图面形成整体；当表示成群树木的平面时可连成一片；当表示成林树木的平面时可只勾勒林缘线。

① 针叶树常以带有针刺状的树冠来表示，若为常绿的针叶树，则在树冠线内加画平行的斜线。图 4-6 所示为针叶树的平面表现。

② 阔叶树的树冠一般为圆弧线或波浪线，且常绿的阔叶树多表现为浓密的叶子，或在树冠内加平行斜线，落叶的阔叶树多用枯枝表现。阔叶树的平面表现如图 4-7 所示。

③ 灌木、竹类、花卉多以丛植为主，其平面画法多用曲线较自由地勾勒出其范围，并在曲线内画出能反映其形状特征的叶子或花的图案加以装饰。灌木、竹类、花卉的平面表现如图 4-8 所示。

④ 攀岩植物必须依附于其所装饰的建筑小品（如花架、景墙等）生长。因此，其画法也往往是在其装饰的小品上用自由曲线较随意地勾画。图 4-9 所示为绿篱、攀岩植物、草地的平面表现。

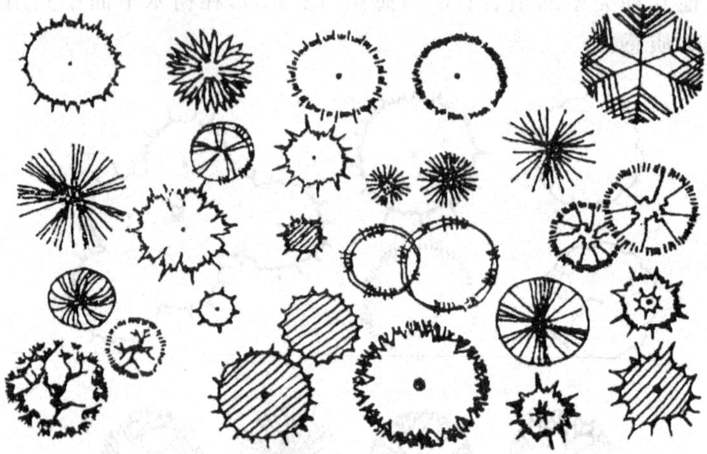

图 4-6　针叶树的平面表现

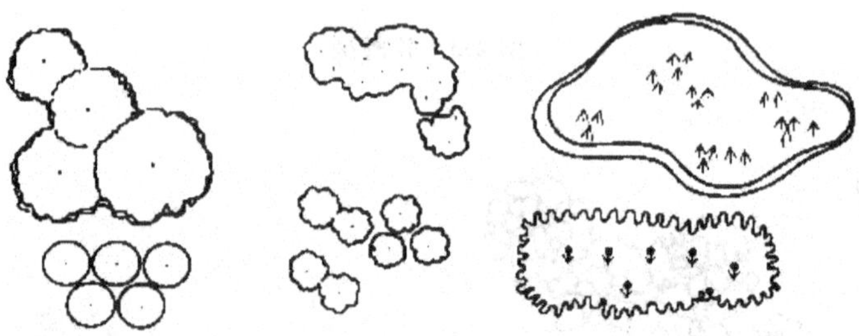

图 4-7　阔叶树的平面表现

图 4-8　灌木、竹类、花卉的平面表现

2. 树冠的避让与强调

在园林构图的过程中，有时为了使图面简洁清楚，避免遮挡，基地现状资料图、详图或

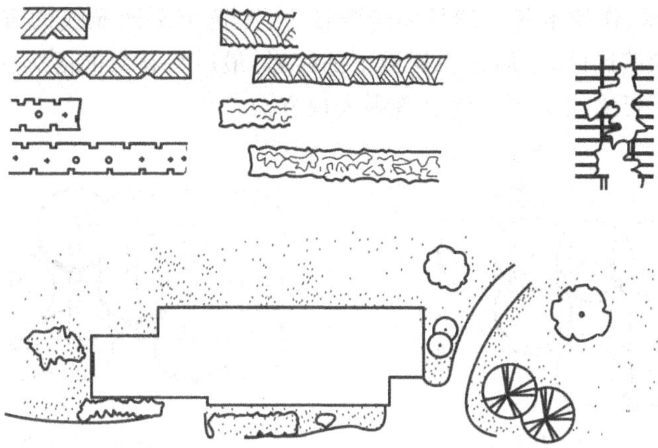

图 4-9　绿篱、攀岩植物、草地的平面表现

施工图中的树木平面可用简单的轮廓线表示，有时甚至只用小圆圈标出树干的位置。在设计图中，当树冠下有花台、花坛、花境或水面、石块和竹丛等较低矮的设计内容时，树木平面不应过于复杂，要注意避让，不能挡住下面的内容。但是，若只是为了表示整个树木群体的平面布置，则可以不考虑树冠的避让，应以强调树冠平面为主。树冠的避让与强调如图 4-10 所示。

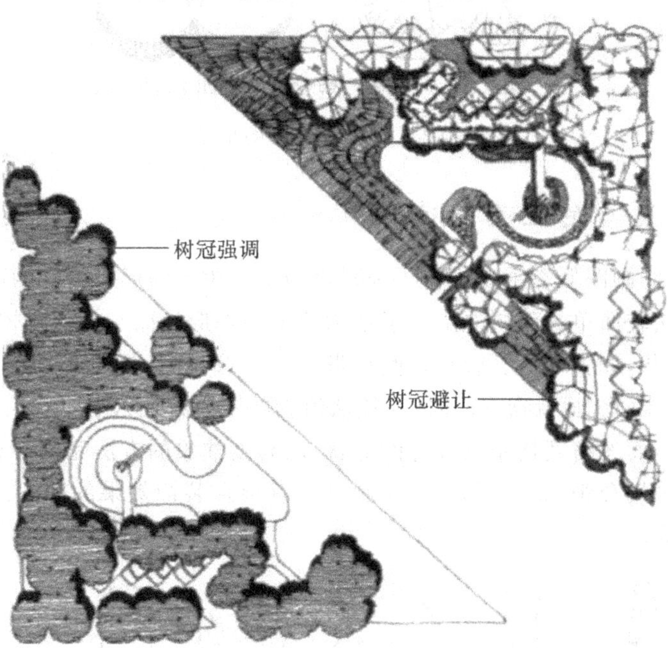

图 4-10　树冠的避让与强调

3. 树木的平面落影

树木的落影是平面树木重要的表现方法，它可以增加图面的对比效果，使图面明快，有生气。树木的地面落影与树冠的形状、光线的角度和地面条件有关，在园林图中常用落

影圆表示，有时也可根据树形稍稍做些变化。

如图 4-11 所示，作树木落影的具体步骤如下：先选定平面光线的方向，定出落影量，以等圆作树冠圆和落影圆，然后擦去树冠下的落影，最后将其余的落影涂黑，并加以表现。对不同质感的地面可采用不同的树冠落影表现方法。

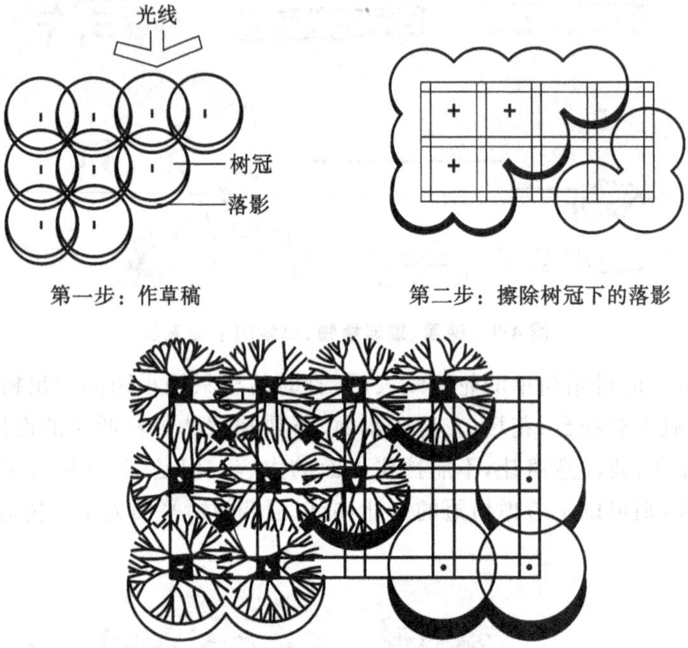

图 4-11　作树木落影的步骤

二、植物配置的立面表达

园林植物的立画图形态主要由树干和树冠确定。树干的形态由它的高矮、粗细、分枝等情况确定，画法较简单。而树冠决定了植物的主要外形特征。其形状较为复杂，但可概括为几种基本形状，如尖塔形、圆锥形、圆柱形、伞形、圆球形、椭圆形、匍匐形、垂枝形等，如图 4-12 所示。因此，画植物立面时，往往从植物的主要特征入手，概括画出树干及树冠的基本树形轮廓，而忽略其枝条及叶片的形状，以高度抽象的方法完成。有时为了增加图面的艺术效果，采用夸张、简化等方法，绘制出具有很强装饰效果的图案。常见树形的画法如图 4-13 所示。

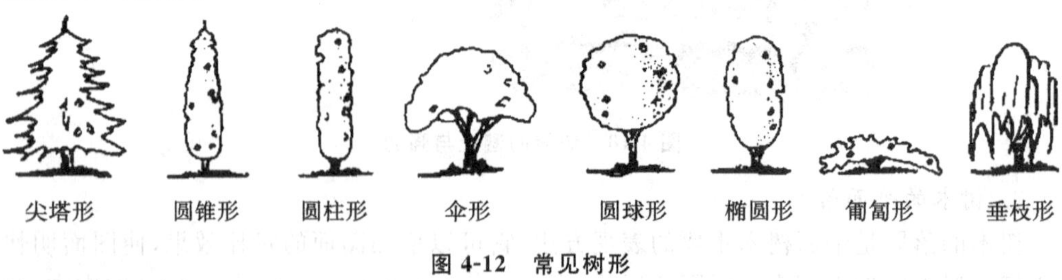

图 4-12　常见树形

图 4-13　常见树形的画法

园林树木的立面表示方法可分为轮廓型、分枝型和质感型等类型，但有时并不十分严格。树木的立面表现形式有写实的，也有图案化的或稍加变形的。其风格应与树木平面和整个图面相一致。

三、园林平面构图表现技法

所谓构图，是指组合、联系和布局，是在工程技术、经济可能的条件下，组合园林物质要素（材料、空间、时间），联系周围环境并使其协调，取得美的绿地形式与内容高度统一的创作技法，也就是规划布局。在园林规划设计中，整体平面构图的技能是进行概念设计的第一步，因此构图的表现就是在空间划分的基础上将园林各要素的表现有机地组合在一起，形成一张完整的概念性平面图。园林构图应该遵循如下两个基本步骤。

（1）概念设计表现方面，首先要弄清楚各空间的功能，确定主题点和兴奋点。

① 绘制设计地块前，应先对设计地块的使用面积和各功能分区的面积进行估算，做到心中有数，并用不规则的块状或圆圈表示设计地块的使用面积和活动区域，然后用一两个不规则的圆圈来表示不同的空间（图 4-14）。

② 用简单的箭头表示走廊或其他运动的轨迹（图 4-15），不同形状和大小的箭头能清楚地区分主要的和次要的走廊及不同的道路模式，如人行道和机动车道。

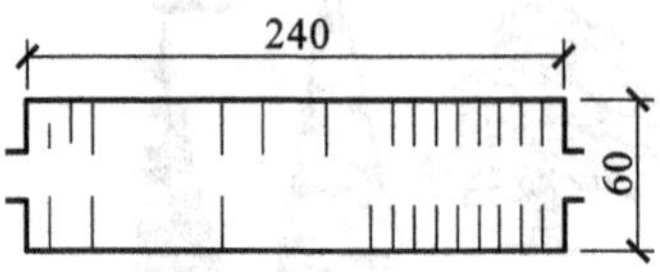

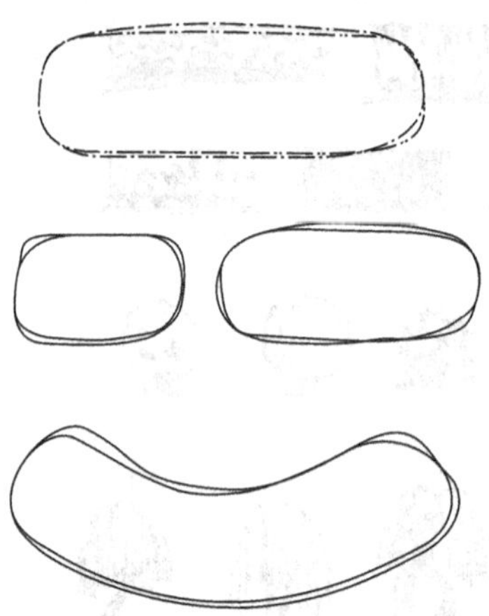

图 4-14　用不规则形状表示区域类型

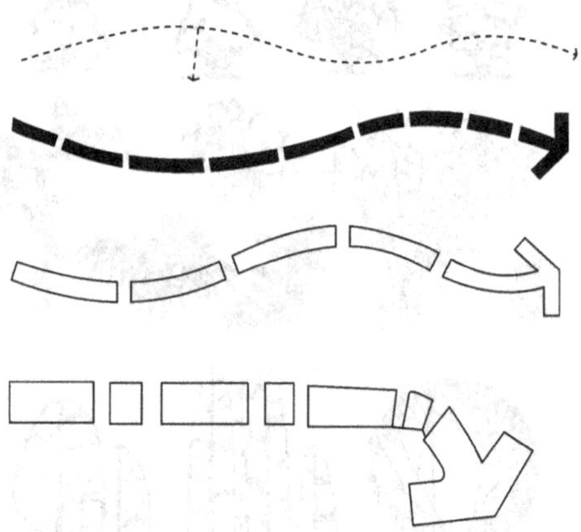

图 4-15　用箭头线表示运动轨迹

③ 用星形或交叉形状代表重要的活动中心、人流的集结、潜在的冲突点及其他较重要的紧凑之地（图 4-16）。

图 4-16　星形线或交叉线表示的节点

④ 用之字形线或关节形状的线表示线性垂直元素，如墙、屏、栅栏、防护堤等（图 4-17、图 4-18）。

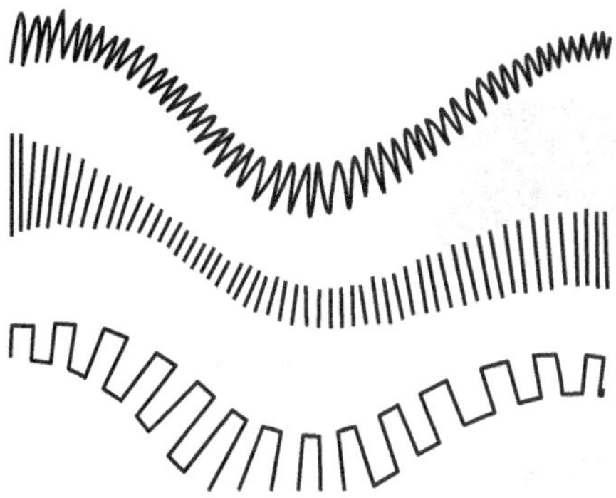

图 4-17　之字形表示的垂直元素(一)

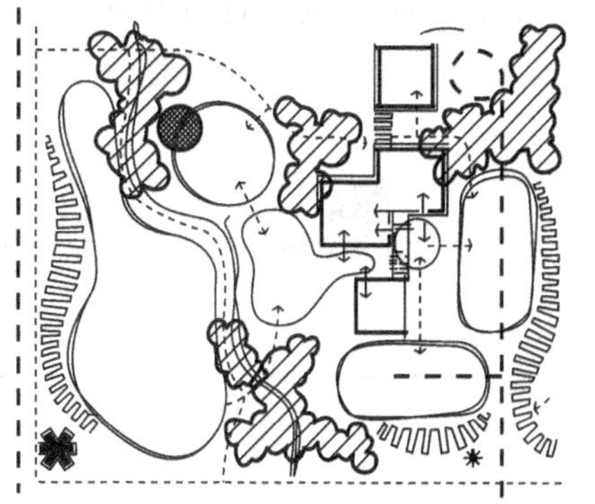

图 4-18　之字形表示的垂直元素(二)

在这一设计表现阶段，使用抽象而又易于绘画的符号是很重要的，而且概念性的表示符号能运用于任何比例的图中。

(2) 遵循构图规律进行线条勾勒，协调线条因素之间的关系。在这一环节，应重点注意各种几何形体和自由线形的衍生，并对多种形体进行有效的整合，如图 4-19 所示。

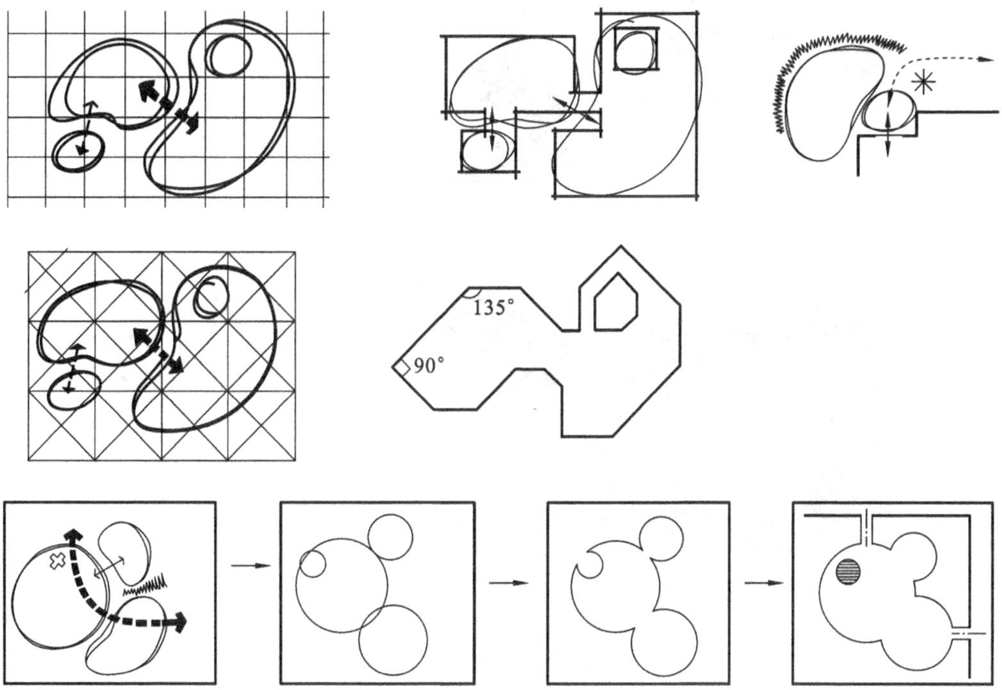

图 4-19　构图形体的整合

四、平面与立面的统一

平面与立面的统一是指园林设计的画图过程中，树木在平面、立(剖)面图中的表示方法应相同，表现手法和风格应一致，并保证树木的平面冠径与立面冠幅相等，平面与立面对应，树干的位置处于树冠圆的圆心。这样作的平面、立（剖）面图才和谐。

树木平面、立面一致的表现形式如图 4-20 所示。

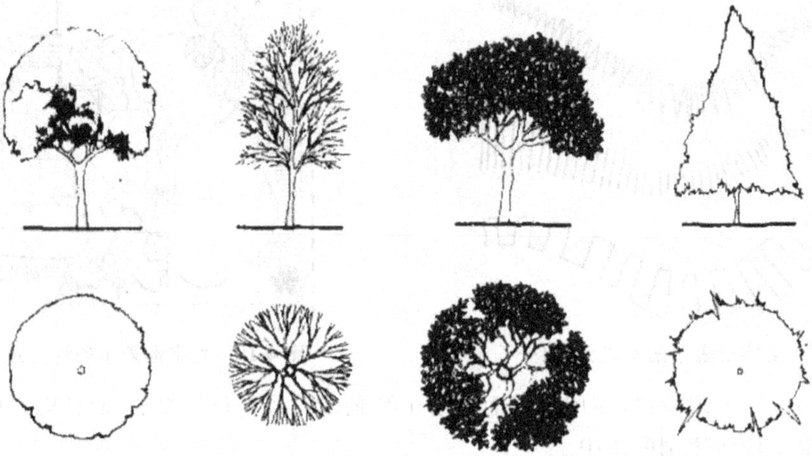

(a)

(b)

图 4-20　树木平面、立面一致的表现形式

同一地块用不同设计表现时，为归纳几何体在设计表现中的应用，将一个社区广场的概念性规划图用不同的模式进行设计。每一个模式中都有相同的元素，如临水的平台、设座位的主广场、小桥和必要的出入口。图 4-21～图 4-25 显示了用相当规则的几何形体作为模式所产生的不同空间效果。

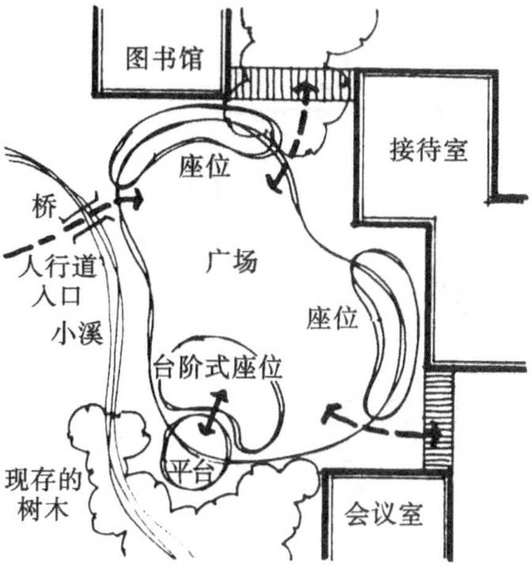

图 4-21 概念性方案

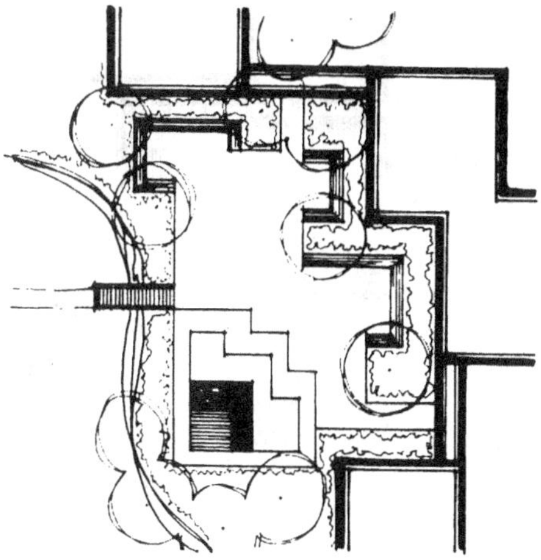

图 4-22 矩形图为主体

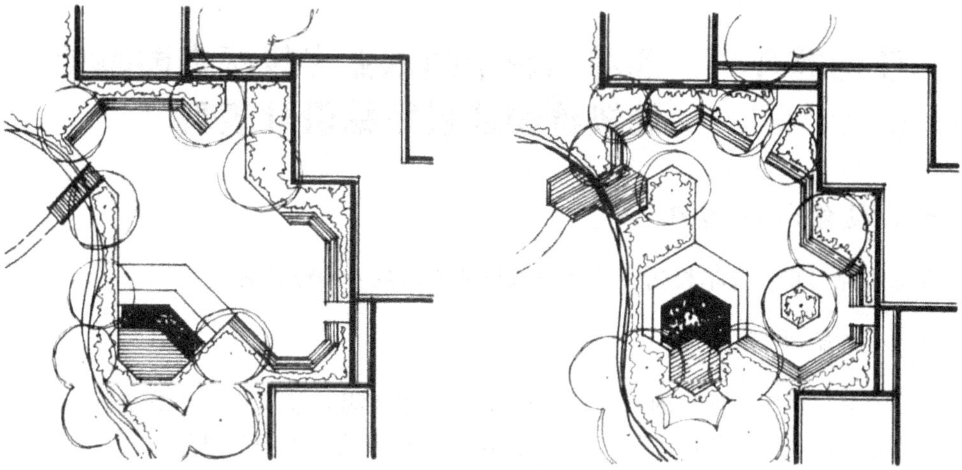

图 4-23 不同角度多边形为主体

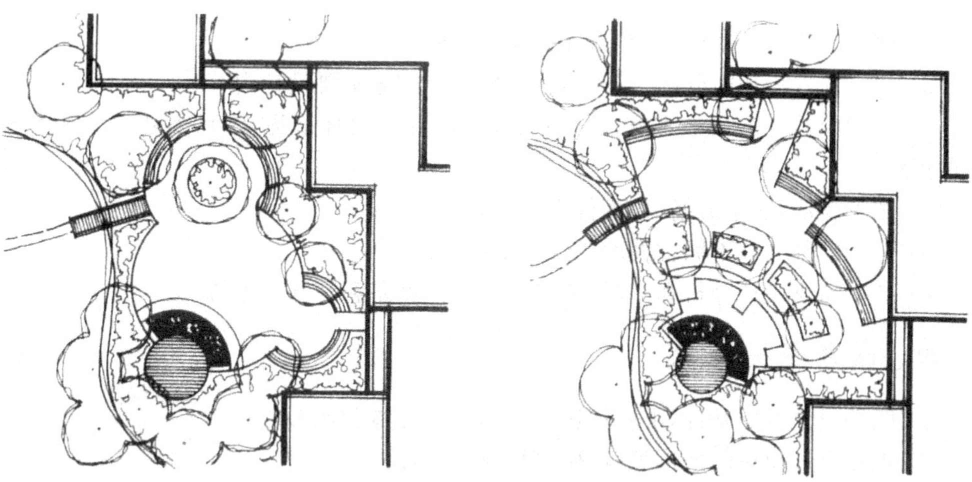

图 4-24 多圆组合为主体

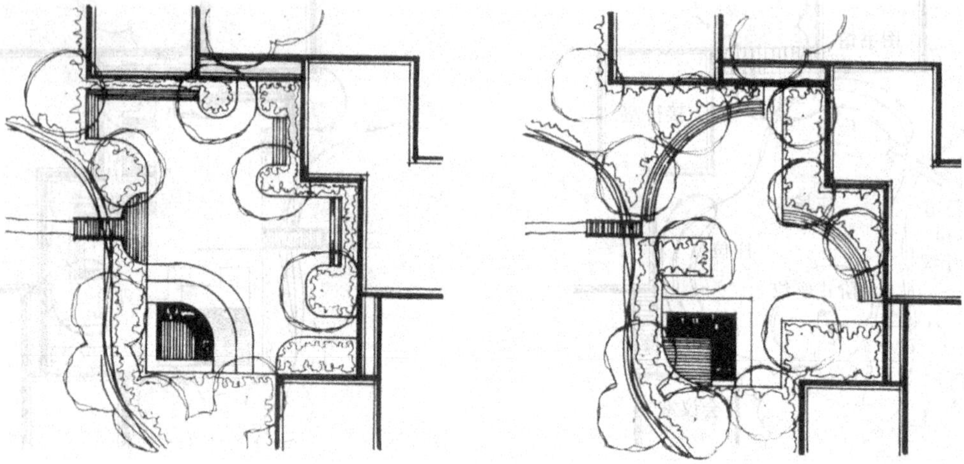

图 4-25 圆的部分、圆弧和切线为主体

技能提升一 西昌市凉山州农业学校畅春园基址地块植物造景手绘设计表现

一、技能提升项目

西昌市凉山州农业学校畅春园基址地块植物造景手绘设计表现。

二、技能提升目的

(1) 了解园林概念设计的基本程序和过程,学会对基址状况做全面分析。

(2) 熟练绘制方案草图,观察采用不同组合设计方式的不同效果。

三、技能提升要求

(1) 踏勘设计对象基址,并对基址状况做全面分析。

(2) 能合理进行功能分区,完成确定地形及位置等主要设计内容。

(3) 绘制园林设计总平面概念图,熟悉园林道路、园林植物、园林小品等的基本平面表现方法。

(4) 图形整洁,线条流畅,比例得当,成图效果好。

(5) 至少绘制三种不同方案的概念性平面草图。

(6) 撰写简要设计分析和说明,完整表达设计思路和设计对象特点。

四、技能提升内容

(1) 踏勘设计对象基址,准确把握基址的周围环境和地形地貌。

(2) 根据设计地块的地形地貌,做出相应的地形图。

(3) 根据所设计绿地的功能要求,结合基址情况进行功能分区,确定设计主题,按照相应主题合理布置和确定设计内容，绘制设计草图。

(4) 在设计草图基础上进一步确定设计细节，绘制总平面图正稿，并在图上书写设计说明。

五、评分标准

园林设计评分表见表 4-1。

表 4-1 园林设计评分表

序号	项目	内容	分数/分	等级标准/分				得分/分
				优	良	及格	不及格	
1	设计图纸	三幅概念性设计手绘草图，图面整洁，比例得当，线条表现流畅	15	12～15	8～11	4～7	0～3	
2	立意构思	能结合场地环境特点及项目要求进行设计，立意构思新颖、巧妙，主题明确	12	10～12	7～9	4～6	0～3	
3	使用功能与空间组合	功能布局合理，符合设计规范	12	10～12	7～9	4～6	0～3	
4	景观设计	能因地制宜、合理地进行景观规划设计，使景观序列合理展开，景观丰富，各节点功能齐全，立意构思新颖、巧妙	16	13～16	9～12	5～8	0～4	
5	要素表现	各要素的平面表现恰当、准确，从图上看能一目了然	12	8～12	5～7	3～4	0～2	
6	方案的可实施性	在保证功能的前提下，方案新颖，可实施性强(包括临时用地的处理方式)	8	7～8	5～6	3～4	0～2	
7	设计说明	对设计图和设计意向的分析、说明能够较好地表达设计构思	10	8～10	5～7	3～4	0～2	
8	方案汇报	汇报者思路清晰，语言流畅，能准确表达设计文件，制作的 PPT 文件美观、大方，答辩准确、合理	15	11～15	7～10	4～6	0～3	
总分								

技能提升二 西昌市冕宁县复兴镇中心村小区植物造景方案的表达训练

一、技能提升项目

西昌市冕宁县复兴镇中心村小区植物造景方案的表达训练。

二、技能提升目的

(1) 了解居住区植物造景方案设计的基本程序和过程，对基址状况做全面分析，能绘制现状分析图、景观构成分析图。

(2) 熟练进行多方案的设计思路探讨，进一步熟悉园林各组成要素的运用特点和相互之间的联系，掌握基本设计语言和常用设计图的绘制。

三、技能提升要求

(1) 踏勘设计对象基址，并对基址状况做全面分析，绘制现状分析图、景观构成分析图。

(2) 按照绿地的功能要求进行功能分区、地形及位置等主要设计内容的确定，绘制设计草图。

(3) 绘制园林设计总平面图、种植设计图、竖向设计图，绘制主要建筑小品的平面图、立面图和剖面图，图上做简要的设计说明，图样符合标准要求，图线应用恰当。

(4) 绘制局部景观透视图，视点选择恰当，成图效果好。

(5) 选绘景观的鸟瞰图，视点选择恰当，成图效果好。

(6) 撰写设计说明书，完整表达设计思路、设计对象特点、设计手法运用、景观效果、各园林组成要素设计等内容，以及设计者认为应当做说明的其他内容；编制必要的表格，如用地平衡表、分区关系表、苗木统计表等。

四、技能提升内容

(1) 踏勘设计对象基址，对基址的周围环境、原地形、原有植被、原有建筑构筑物进行准确记载，了解基址所在地的气候、土壤、水文状况。

(2) 根据设计对象的功能要求对基址进行全面分析，绘制现状分析图、景观构成分析图。

(3) 根据所设计绿地的功能要求，结合基址情况进行功能分区、地形、道路系统、场地分布、建筑小品类型及位置、植物配置等主要设计内容的确定，绘制设计草图。

(4) 在设计草图基础上进一步确定设计细节，绘制总平面图正稿，并在图上书写设计说明。

(5) 以总平面图为底图，绘制种植设计图、竖向设计图。

(6) 绘制主要建筑小品的平面图、立面图和剖面图。

(7) 绘制局部景观透视图、景观的鸟瞰图。

(8) 撰写设计说明书，编制必要的表格。

五、评分标准

植物配置方案的评分表见表4-2。

表 4-2　　**植物配置方案的评分表**

序号	项目	内容	分数/分	等级标准/分				得分/分
				优	良	及格	不及格	
1	方案的完整性	区位图、分析图、总平面图、若干节点图(平面、效果图)、植物配置图、意向图、设计说明、估算表	12	10～12	7～9	4～6	0～3	
2	立意构思	能结合场地环境特点及项目要求进行设计,立意构思新颖、巧妙	12	10～12	7～9	4～6	0～3	
3	使用功能与空间组合	功能布局合理,符合设计规范	12	10～12	7～9	4～6	0～3	
4	景观设计	能因地制宜、合理地进行景观规划设计,使景观序列合理展开,景观丰富,各节点功能齐全,立意构思新颖、巧妙	16	13～16	9～12	5～8	0～4	
5	植物配置	植物选择、配置合理,植物景观主题突出,季相分明	8	7～8	5～6	3～4	0～2	
6	方案的可实施性	在保证功能的前提下,方案新颖,可实施性强(包括临时用地的处理方式)	8	7～8	5～6	3～4	0～2	
7	设计图纸表现	设计图纸美观、大方,能够准确地表达设计构思,符合制图规范	12	10～12	7～9	4～6	0～3	
8	设计说明	设计说明能够较好地表达设计构思	8	7～8	5～6	3～4	0～2	
9	方案汇报	汇报者思路清晰,语言流畅,能准确表达设计文件,制作的PPT文件美观、大方,答辩准确、合理	12	10～12	7～9	4～6	0～3	
总分								

模块五　园林造景组合方式

【知识目标】

1. 了解常用园林植物与山石、小品的配置方法；
2. 熟悉建筑、道路与园林植物常用的搭配方式和造景技巧；
3. 熟练掌握园林植物种类与水体的组合造景。

【知识重点】

常见园林植物种类与水体的组合造景技巧。

【知识难点】

建筑的门、窗、墙、角隅的植物配植方式，水岸植物造景。

实训一　园林植物与建筑的组合方式

一组优秀的建筑作品，犹如一曲凝固的音乐，给人带来艺术的享受，但终究还缺少些生气。园林建筑是构成园林的重要因素，但是要和构成园林的主要因素——园林植物搭配起来，才能对景观产生很大影响。建筑与园林植物之间的关系应相互因借、相互补充，使景观具有画意。在古典园林中，漏窗、月洞门和植物相得益彰的配置使园林景观别具一格。

随着城市建筑密度的不断增加，人民生活水平的提高及旅游事业的发展，人们对园林环境的要求也越来越高。园林植物与建筑的配置是自然美与人工美的结合，若处理得当，二者关系可达到和谐、统一。植物丰富的自然色彩、柔和多变的线条、优美的姿态及风韵都能增添建筑的美感，使之产生一种生动活泼而随季节变化的感染力，一种动态的均衡构图，使建筑与周围的环境更为协调。因此，除了做好公园中园林植物与园林建筑，提高宾馆、办公大楼、超级市场、机场、车站、民居等处绿化水平外，还可以对多变的建筑空间留出的庭院、天井、走廊、壁龛、屋顶花园、底层花园、层间花园等进行美化，甚至将自然美引入室内，如书房、客厅等居住环境。

楼建成后，楼外的园林绿化也有了一定的基础，这比毫无任何植物陪衬的建筑要生机勃勃得多。更可贵的是，将几株常绿的罗汉松等留下造景，塑石围山，引水作瀑，流入水池，再配植耐阴的短穗鱼尾葵、龟背竹等树木花草，形成一个安静、漂亮的小庭园，而建筑围绕这一小庭园。楼建成了，小庭园同时落成，人们不禁赞扬建筑师和园林工程师高度协调的合作。

但如果处理不当，则会得到相反的结果。如果建筑师不顾及周围的园林景观，一意孤行地将其庞大的建筑作品拥塞到小巧的风景区或风景点上，就会导致建筑与周围的风景比例严重失调，使景观受到野蛮的破坏。

广州白云宾馆的建立过程就是一个珍惜和利用现有建筑场地大树的范例，将建筑场地的马尾松等大树保留了下来，不因平整场地、降低地平面而挖除，反而用塑石围护，加以保护利用。

优秀的建筑在园林中本身就是一景。桂林芦笛岩接待室的选址就是一个用建筑完善园景的优秀实例。陡峭的山坡本无其他利用价值，不能攀登，也缺乏景观，但在其上建立一座小巧的接待室，就使绿树丛中洁白的接待室成为山坡一景。攀上接待室远眺马鞍山、芙蓉山、九华山、凤凰山及一汪水田，宛若一幅自然山水画。接待室一侧的石阶边配植了生长较慢的苏铁，傍以山石，酷似苏铁在自然的石灰岩山地，通过与藻类共生的根部直接生长在石中的生态环境。由于苏铁生长缓慢，因此路、石、植物的比例显得合适。但接待室楼前的蒲葵配植不当，接待室落成时匆忙中错将蒲葵幼苗作为地被植物种在楼前，殊不知蒲葵生长快，寿命又长，很快就遮挡了远眺的视线。合适的配植应是铺设草皮，点缀数丛低矮的花灌木或宿根花卉，如需丰富接待室立面线条，则植上1～2株蒲葵足矣。

建筑的线条往往比较硬直，而植物线条较柔和活泼。广州双溪宾馆走廊中配植的龟背竹，犹如一幅饱蘸浓墨泼洒出的画面，不仅增添走廊中活泼的气氛，还使浅色的建筑色彩与浓绿的植物色彩及其线条形成了强烈的对比。

建筑的屋顶也可用植物美化。华南某些二面坡顶的建筑屋顶爬满炮仗花后，无花时犹如乡间茅舍，充满田园情趣；开花时一片繁花似锦，丰富了建筑的色彩。建筑常以门洞、窗框、植物为景。同样，植物的枝干可用来框借远处的建筑，甚至以山峦、植物为景。颐和园昆明湖旁数株老桧以远处的佛香阁、玉泉塔为框景就是一例。某些园林建筑本身并不吸引人，甚至施工时非常粗糙，可是用植物组成一景后，建筑的不足之处常被忽略。依山傍水的园林建筑，将植物配植其间，使其融成一体，成为一完整的景观，这种例子在风景区屡见不鲜。

一、园林植物和大型建筑的组合形式

我国历史悠久，文化灿烂，古典园林众多。由于园林主人身份不同及园林功能和地理位置的差异，园林建筑风格各异，故对植物配植的要求也有所不同。北京大多园林为皇家古典园林，为了反映帝王的至高无上、尊严无比，加之宫殿建筑体量庞大、色彩浓重、布局严整，选择侧柏、桧柏、油松、白皮松等树体高大、四季常青、苍劲延年的树种作为基调，来显示帝王的兴旺不衰、万古长青是很相宜的。这些华北的乡土树种，耐旱耐寒，生长健壮，叶色浓绿，树姿雄伟，堪与皇家建筑相协调。

颐和园、中山公园、天坛、御花园等皇家园林均如此。颐和园前山部分的建筑庄严对称，植物配植也常为规则式；进门后两排桧柏犹如夹道的仪仗，数株盘槐规则地植于小建筑前，仿佛侍卫一般；为了反映“玉堂富贵”“石榴多子”等，园内配植了白玉兰、海棠果、重瓣粉海棠、牡丹、芍药、石榴等树种，而迎春、蜡梅及柳树是作为报春植物来配植的。

苏州园林很多是文人墨客和官僚士绅的私家园林，在思想上体现士大夫清高、风雅的情趣，建筑色彩淡雅，如黑灰的瓦顶，白粉墙，栗色的梁柱、栏杆。一般在建筑分隔的空间中布置园林，因此园林面积不大，故在地形及植物配植上力求以小见大，通过“咫尺山林”

再现大自然的景色，植物配植充满诗情画意，在景点命题上体现植物与建筑的巧妙结合。如“海棠春坞”的小庭园中，一丛翠竹，数块湖石，以沿阶草镶边，使一处角隅充满诗情画意。修竹有节，体现主人“宁可食无肉，不可居无竹”的清高。而海棠果及垂丝海棠才是海棠春坞的主题，以欣赏海棠报春的景色。嘉实亭四周遍植枇杷，亭柱上的对联为“春秋多佳日，山水有清音”，充满诗情画意。主人在初夏可以品尝甘美可口、橙黄的鲜果。常绿的枇杷树，使嘉实亭即使在隆冬季节依然生机盎然。此外，还有“香雪云蔚亭”以梅造景，“四面荷花亭”以荷花造景等。我国某些以英式建筑为主的园林，植物造景中则以开阔、略有起伏的草坪为底色，其上配植雪松、龙柏、月季、杜鹃等鲜艳花灌木，或丛植，或孤植，模拟英国或澳大利亚一些牧场的景色。这样植物配植与建筑风格就十分协调。

纪念性园林中的建筑常具有庄严、稳重的特点，植物配植常用松、柏来象征革命先烈高风亮节的品格和永垂不朽的精神，表达了人民对革命先烈的怀念和敬仰。其植物配植方式一般采用对称等规则式。

广州中山纪念堂两侧选用了两棵白兰花，效果很好，且别具风格，既打破了纪念性园林只用松、柏的界线，又不失纪念的意味。常绿的白兰花可视作先烈为之奋斗的革命事业万古长青，香味醇郁的白色花朵象征着先烈的业绩流芳百世，香留人间。两棵白兰树形态饱满，体态壮观，冠径约 26 m，在体量上与纪念堂的主体建筑相协调。

广东、广西园林中的园林建筑自成流派，具有浓厚的地方风格，轻巧、通透、淡雅，深受人们喜爱，这和当地气候有关。建筑旁人多种植翠竹、芭蕉、棕榈科植物，配以水、石，组成一派南国风光。但北方城市不宜纷起效仿，而应发掘本地民俗或其他建筑特点，创造具有北方特点的园林建筑，再配植松、柏、杨、柳、榆、槐、椿等乡土树种，景观就协调了。由于建筑形式不伦不类，或植物配植不当而破坏景观的例子是很多的。如东方宾馆是现代化高级宾馆，底层花园中配植南洋杉这类外来树种及小叶榕等乡土树种均很相宜。但后来在花园中又盖了一组中国舞台布景式的建筑，如朱栏、琉璃瓦耀眼的大红柱子，这组金碧辉煌的建筑无论在风格上、色彩上均与周围环境格格不入，搅乱了整个景观，且不知能用什么样的园林植物才能使这两种风格截然不同的建筑协调起来。

花港公园牡丹园四周遍植牡丹，配以松树、紫藤、金银花，杜鹃、红羽毛枫等独具中国特色的观赏植物，体态自然，色彩艳丽。牡丹亭则亭亭玉立于花团锦簇之中，独具民族特点。但不知为何把罗汉松、枸骨、胡颓子等修剪成扁球形，松树修剪成日本木式盆景树形模样，使人误以为到了日本庭园。这种画蛇添足的做法扰乱了牡丹园的风格。

二、园林植物和“共享空间”的组合形式

许多大、中型公共建筑的底层或层间常开辟有高大宽敞、具有一定自然光照及一定温度、湿度控制的“共享空间”，用来布置大型的室内植物景观，并辅以山石、水池、瀑布、小桥、曲径，形成一组室内游赏中心。广州小白天鹅宾馆充分考虑旅游特点，采用我国传统的“写意自然山水园，小中见大”的布置手法，在底层大厅中贴壁建成一座假山，山顶有亭，山壁瀑布直泻而下，壁上除种植各种耐阴湿的蕨类植物、沿阶草、龟背竹，还根据华侨思乡的旅游心理，刻上了“故乡水”三个大字。瀑布下连着曲折的水池，池中有鱼，池上架桥，并引导游客欣赏珠江风光。池边种植旱伞草、艳山姜、棕竹等植物，并高空悬吊巢蕨。这样

优美的园林景观及深刻寓意使游客流连忘返。西欧各国有很多超级市场,室内绿化设计非常成功,还建设了全气候、室内化的商业街,成为多功能的购物中心。为提高营业额,他们都很重视植物景观的设计,使顾客犹如置身露天商场。因此,其常用植物不但有绿萝、常春藤等垂吊植物,还有垂叶榕大树、应时花卉及各种观叶类植物。日本女性善插花,一般超级市场及大百货商店常举行插花展览,吸引女性顾客光临参观并购物;也常设置鲜花柜台,既能营业又美化商业环境。底层或层间常设置大型树台,宽大的周边可供顾客坐下稍作休息。更有在高大的垂叶榕下设置桌椅,供顾客饮食、休息。大型室内游泳池为使环境更为优美自然,在池边摆置硕大的卵石,墙边种植大型树木及椰子等棕榈科植物,墙上画上沙漠及热带景观,以假乱真,使游泳者犹如置身在热带河湖中畅游。为使植物生长茁壮,屋顶常用透光的玻璃纤维或玻璃制成。一些租借性商业用办公室的办公大楼,为提高甲、乙方谈判的成功率,以及提供安静、优美的办公环境,更注重室内的植物景观。有些建筑设计时已为植物景观留出空间,如英国某办公大楼的办公室布置在楼的周边,而楼的中心空出来布置层间及底层花园,电梯面向花园处为有机玻璃,故电梯上下时乘客可以一直观景。办公室内面对各层花园处都建有落地玻璃墙,因此在室内谈判交易时犹如置身于自然的环境中,气氛和谐,从心理角度来说,这增加了交易的成功率。欧美一些国家的展览温室内的园林景观值得称道。其室内地形起伏,有水池、瀑布、山石、道路、小桥等,植物植于地下,而不用盆栽,尤其是个别热带温室,在室内下挖 1.5～2 m 深坑,用以种植热带沟谷喜阴湿的植物,这相当于提高了温室高度;墙上贴上水石,种植蕨类植物;室内的植物配植充分利用热带雨林中的附生、寄生景观,既有郁郁葱葱的观叶类植物,也有很多色彩绚丽的兰科、凤梨科及众多的彩叶植物。英国爱丁堡皇家植物园仙人掌类展览温室也极为有趣。其室内按生态环境布置,生石花周围铺了很多色泽、外形均颇相似的小卵石,游客饶有兴趣蹲下分辨真伪,高大的仙人树、仙人掌及各种多浆植物此起彼伏,花朵大多极为艳丽、奇特。英国伦敦希思罗机场旁的咖啡馆内用棕榈科植物及垂叶榕等大树布置热带景观,用带树皮的松树原木造成小桥、栏杆、小亭,顾客在饮咖啡时犹如身处热带丛林的自然环境中,顿感心旷神怡。

三、建筑的门、窗、墙、角隅的植物配植方式

门是游客游览必经之处,门和墙连在一起,起到分隔空间的作用。充分利用门的造型,以门为框,通过植物配植,与路、石等进行精细的艺术构图,不但可以达到入画的效果,而且能扩大视野,延伸视线。

园林中门的应用很多,并有众多的造型,但是优秀的构图作品却不多。广州某茶座庭园中,在椭圆形的门框左侧前配上一丛棕竹,小巧的姿态和叶裂片的线条打破了门框机械的线条;门框后的右侧植上一丛粉单竹与之相呼应,达到了均衡的效果。路的曲度流畅蜿蜒,远处一土堆覆盖着野生地被植物——五爪金龙,犹如山峦远景,层次清晰,构图简洁,将游人的视线引向无限远处,达到了入画的效果。但在多数情况下,门的植物配植较乱,缺少构图,没有起到框景作用,只具引导游人出入的功能,甚为可惜。

窗可充分利用作为框景的材料,安坐室内,透过窗看窗外的植物,俨然一幅生动画面。由于窗框的尺度是固定不变的,植物却不断生长,体量随之增大,会破坏原来的画面,因此

要选择生长缓慢、变化不大的植物，如芭蕉、南天竹、孝顺竹、苏铁、棕竹、软叶刺葵等种类，近旁可再配些剑石、湖石，以增添其稳固感。这样动静结合，构成相对稳定持久的画面。为了突出植物主题，窗框的花格不宜过于花哨，以免喧宾夺主。

墙的正常功能是承重和分隔空间。园林造景中利用墙南面良好的小气候特点引种栽培一些美丽的不抗寒植物，继而发展成美化墙面的墙园。一般的墙园都是用藤本植物，或经过整形修剪及绑扎的观花类、观果类的灌木，甚至极少数的乔木来美化墙面，辅以各种球根、宿根花卉作为基础栽植，常用种类如紫藤、木香、蔓性月季、地锦、五叶地锦、爬山虎、猕猴桃、葡萄、山荞麦、铁线莲属、美国凌霄、凌霄、金银花、盘叶忍冬、华中五味子、五味子、素方花、钻地风、常春油麻藤、鸡血藤、禾雀花、绿萝、崖角藤、西番莲、炮仗花、使君子、迎春、连翘、火棘、平枝栒子、银杏、广玉兰等。经过美化的墙面，自然气氛倍增。

苏州园林中的白粉墙常起到画纸的作用，通过配植观赏植物，用植物自然的姿态与色彩作画。其常用的植物有红枫、山茶、木香、杜鹃、枸骨、南天竹等，红色的叶、花、果则跃然墙上。欲取姿态效果的，常选用一丛芭蕉或数枝修竹；为加深景观层次，可在围墙前做些高低不平的地形，将高低错落的植物植于其上，使墙面若隐若现，产生远近层次延伸的视觉。一些黑色的墙面前，宜配植些开白花的植物，如木绣球，使硕大饱满、圆球形白色花序明快地跳跃出来，也起到了扩大空间的视觉效果。如将红枫配植在黑墙前，不但表现不出红枫的艳丽，而且显得又暗又脏。一些山墙、城墙如有薜荔、何首乌等植物覆盖遮挡，极具自然之趣。墙前的基础栽植宜采用规则式，与墙面平直的线条取得一致。但应充分了解植物的生长速度，掌握其体量和比例，以免影响室内采光。在一些花格墙或虎皮墙前，宜选用草坪和低矮的花灌木及宿根、球根花卉。高大的花灌木会喧宾夺主，遮挡美丽的墙面。建筑的角隅线条生硬，通过植物配植使其缓和最为有效，宜选择观果类、观叶类、观花类、观干类等种类成丛配植，也可略作地形，竖石栽草，再植些优美的花灌木组成一景。

四、屋顶花园的植物配植

建筑及人口密度的不断增长，而城内绿地面积有限，屋顶花园会在可能的范围内相继蓬勃发展，这将使建筑与植物更紧密地融成一体，丰富了建筑的美感，也便于居民就地游憩，减少市内大公园的压力。当然，屋顶花园对建筑的结构在承重、漏水方面提出了要求。

我国江南一带气候温暖、空气湿度较大，所以具有浅根性，树姿轻盈、秀美，花、叶美丽的植物种类都很适合配植于屋顶花园中。尤其在屋顶铺以草皮，其上再植以花卉和花灌木，效果更佳。

在我国北方营造屋顶花园困难较多，其冬天严寒，屋顶薄薄的土层很易冻伤植物，而早春的旱风在冻土层解冻前易将植物吹干，故宜选用抗旱、耐寒的草种、宿根、球根花卉及乡土花灌木，也可采用盆栽、桶栽，便于冬天移至室内过冬。

我国广州东方宾馆的屋顶花园布置较为复杂。其全园有路、桥、水池、山石、雕像、花架、鱼池、园灯及众多的观赏植物，如短穗鱼尾葵、棕榈、佛肚竹、苏铁、栀子、南迎春、九里香、硬骨凌霄、含笑、凤尾竹、海桐、彩红朱蕉、红背桂、南天竹、狭叶十大功劳、罗汉松、石榴、阴绣球、山茶、龟背竹、菊、沿阶草、文殊兰、姜花、美人蕉、长春花、旱伞草、波士顿蕨等。但其有些做法并不高明，如花架上搭着用塑料做的假丝瓜，用有色水泥做成的假树干，舍真取假并不可取。其他的如中国饭店、花园宾馆都有较大的屋顶花园。我国北方如北京的王府饭店、首都宾馆、长城饭店也营建了小型的屋顶花园。

屋顶植物配置应选择喜光、耐寒、耐热、耐旱、耐瘠薄且生命力旺盛的花草树木，最好使用须根较多，水平根系发达，能适应浅薄土层的树种，尽量少用高大、有主根的乔木。此外，在窗台、阳台上设置简单的种植池及树架，种植一些牵牛花、绿萝之类姿态轻盈的藤本植物，或者在阳台上摆放盆栽的花卉植物，绿意浓浓。在立交桥两侧设立种植槽或垂挂吊篮，栽植地锦、扶芳藤等绿色爬蔓植物，不仅能美化景观，还有吸尘、降噪的作用。

实训二 园林植物与山石的组合方式

山石是园林中的主要组成之一。园林中以造景为目的。应用土、石等材料堆成的假山具有的造景功能，能构成园林的主景，起到阻挡视线、划分空间的作用，并具有驳岸、护坡、花台等功能，减少人工气氛，增强自然情趣，使园林建筑融入自然山水之中。因此，园林山石的表现成为园林规划设计构图中不可或缺的一部分。

在没有山的公园尤其是平原城市，人们常常在园林中人工挖池、堆山。这种人工创造的山称为假山，常能构成园林风景，组织分隔空间，丰富园林景观，以满足园林功能和艺术上的要求。

(1) 假山的类型。

按堆叠的材料，假山分为土山、石山、土石山三类。

① 土山：全部用土堆积而成，土山多利用园内挖池掘出的土方堆置而成。

② 石山：全部用岩石堆叠而成，故又称为叠石。

③ 土石山：以土为主体结构，表面再加石(一般石占30%左右)堆砌而成的山，在园林中常被采用，如苏州的沧浪亭、环秀山庄假山。

另外，假山按形状可分为长条形、团聚形和其他类型，如棋盘山等类型；按形成数量可分为独山、群山等类型。

(2) 叠石。

叠石也称为置石或理石，是以山石为材料做独立或附属性的造景布置，主要表现山石的个体美，以观赏为主。叠石的方式有三种，即特置、散置和群置。

① 特置，也称为孤置或独置。它是用一块体量较大，轮廓线突出，姿态多彩、色彩突出的山石作独立成景的山石布置形式，主要用于正对大门的广场上或院落中，也可布置在园门入口处或路旁，起点景或导游作用。其布置要点在于相石立意，注意山石体量应与环境相协调。

② 散置，是将山石零星布置，选材要求较低，但要组合得好，使其成为一体。其布置要点在于有聚有散，有断有续，主次分明，高低参差，前后错落，左右呼应，层次丰富。总之，散置无定式，随势随形而定点。

③ 群置，是将六七块或更多的山石成群布置，作为一个群体来表现，也称为“大散点”。

其选石与布置要求基本与散置相同，只是所占空间比较大，散点位置多，体量较大等。

(3) 山石的表现画法。

在园林设计的构图中，无论是在平面图还是立面图中，石块通常只用线条勾勒轮廓，很少采用光线、质感的表现方法，以免使之零乱。不同的石块，其纹理不同，有的圆浑，有的棱角分明，在表现时应采用不同的笔触和线条。剖面上的石块，其轮廓线应用剖断线，石块剖面上还可加上斜纹线。但是应该注意，用线条勾勒山石时，轮廓线要比纹理线稍粗一些，石块面、纹理等可用较细较浅的线条稍加勾绘，以体现石块的体积感。

山石的平面图与立面图的画法基本一致，其绘制方法可简单归结为：① 根据山石形状特点，用细实线绘出其几何体形状；② 用细实线切割或累叠出山石的基本轮廓；③ 依据不同山石材料的质地、纹理特征，用细实线画出石块面、纹理等细部特征；④ 根据山石的形状特点、阴阳背向，依次描深各线条，其中外轮廓线用粗实线，石块面、纹理线用细实线。

石块的平面画法如图 5-1 所示。石块的立面画法如图 5-2 所示。石块的剖面画法如图 5-3 所示。

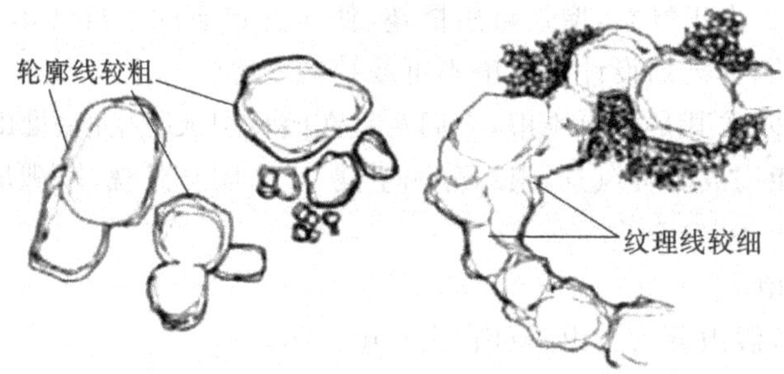

图 5-1　石块的平面画法

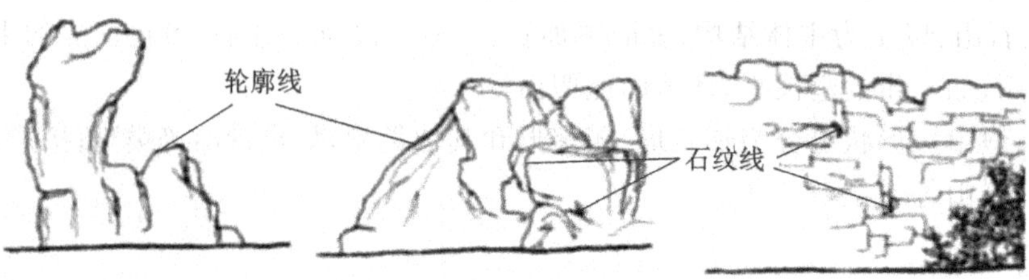

图 5-2　石块的立面画法

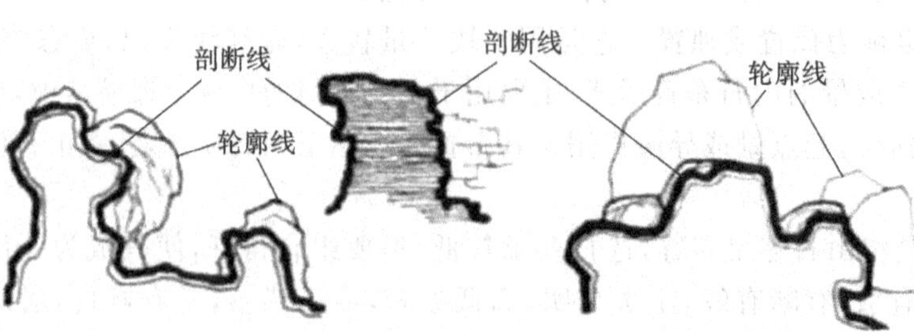

图 5-3　石块的剖面画法

(4) 园林植物与山石的造景手法。

具体而言,山石与园林植物组合造景常见的手法如下:

① 太湖石与植物的搭配旨在突出山石独特的观赏效果,植物在景石的基部起到衬托作用,并作为景石的背景。

② 散尾葵、月桃及低矮的地被植物与石景应和谐地搭配在一起,高低错落,层次丰富,形成一处视觉焦点。

③ 竹子搭配笋石,从形态到含义上都是最理想的状态。

④ 五针松与自然石和谐共处,宛如优雅的盆景。

⑤ 巨石与乔灌木搭配能营造出一种远古神秘的气氛,在居住区中显示出异域风情。

⑥ 在巨石后种植几棵高大的油松,前面则配置几棵花灌木,尽显山林古朴色彩。

⑦ 岩石园以岩石及岩生植物为主,结合地形选择适当的沼泽、水生植物,以展示高山草甸、牧场、碎石坡、峰峦溪流等自然景观。

实训三　园林植物与水体的组合方式

水为园林中的"血液""灵魂"。无论是古典园林还是现代园林,不管是西方园林还是东方园林,水景一直是造园中不可欠缺的景观要素。大水体有助于空气流通;各种小水体,即使是一斗碧水映着蓝天,也可起到使游客的视线无限延伸的作用,在空间感觉上得到了扩大。而水景的表现无一例外地常常和园林的另一景观要素——植物联系在一起。无论是动态水景还是静态水景,都离不开用花木来创造意境。

本实训首先通过对湖、池、河、溪、涧、瀑、泉等园林中各类水体的介绍来了解植物所生长的环境,再结合这些水体配置植物,具体介绍一些水边植物造景,驳岸植物造景,水面植物造景和堤、岛植物造景四大类型的具体配植方法。

一、水生植物的种类

水生植物按其习性可分为以下几类。

(1) 挺水性植物。

挺水性植物又称为沼生植物,它们通常生长在水边或水位较浅的地方。其根长在水里,但叶片或茎挺出水面。有一些挺水性植物也能在水面下长沉水叶。这类植物应用于水景园的岸边、湿地时,宜种植在不妨碍水上游憩活动,同时能增添岸边风景的水体中,如荷花、菖蒲、水葱、荸荠、慈姑、芦苇、千屈菜、鸢尾、鱼腥草等。

(2) 沉水性植物。

沉水性植物完全沉浸在水中,多生长在水中较深的地方,根长在水里,叶子常呈线状、带状或丝状。有一小部分沉水植物的根会随波漂浮,如椒草、水车前、水榕、皇冠草等。

(3) 浮叶性植物。

浮叶性植物大多生活在深水域环境中。其根茎生于水底的泥土中,叶片有长长的叶柄支撑着,浮在水面,叶片呈宽大的圆形或椭圆形,如睡莲、王莲、芡实等。

(4) 漂浮性植物。

其全株漂浮在水域中，无须自泥土中生出。这类植物一般繁殖迅速，在深水、浅水中都能生长，植物体漂浮于水面，可随风浪漂泊游动。其可作为静水面的点缀装饰，也可在大的水面上增加曲折变化，如凤眼莲、浮萍等。

二、园林中各种水体的植物种植设计

湖、池、河、溪、涧、瀑、泉等园林中各类水体的植物配植详述如下。

(1) 湖。

园林中的湖是水域较广阔的水体，也是园林中最常见的水体景观，有人工湖、自然湖之分，湖面辽阔，视野宽广。理水应以分为主，将其划分为若干水域，并使其隔而不断，相互连接，从而组成层次丰富的各种景观。

湖中可设岛或洲，并以桥、堤相连。皇家园林的湖常沿袭秦汉旧制，以“一池三山”为主要水景，但都少不了配植各种植物，可在湖中种植沉水性植物，如金鱼藻、虾藻等；在湖面点缀浮叶性植物，如睡莲、王莲等；在湖边大面积种植挺水性植物，如芦苇、花叶芦竹、香蒲等。这样可形成疏影横斜、暗香浮动、静雅的景观，湖区风光旖旎，览之有物而不致空旷。

(2) 池。

在较小的园林中，水体的形式常以池为主。池常用作景观构图的中心，我国古典景观中常在较小的水池四周设建筑物，如北京颐和园中的谐趣园，苏州拙政园、留园，上海豫园等。这种布置手法最宜组织园内对景，有“面面入画”“小中见大”之妙。湖池的布设形状宜自然，池岸应有起有伏，高低错落。湖池面积过大时，为克服单调，常把水面用岛、洲、堤、桥等分隔成不同大小的水面，使水景丰富。这些水利设施的存在，客观上增加了水面的层次与景深，扩大了空间感。

为了获得“小中见大”的效果，池的植物配置常突出个体姿态或利用植物分割水面空间，增加层次，同时创造活泼与宁静的景观。一般可在池中配植几株浮水或浮叶类水生植物，如大薸、满江红、睡莲、萍蓬草等；若池中养鱼，还可种些沉水性植物，如金鱼藻、虾藻等；池边可选择旱伞草、纸莎草、花叶芦竹、海芋、石菖蒲、鸢尾、萱草、鱼腥草等多种水生植物交错配植，使整个水池非常幽静。

(3) 溪流。

溪流是自然山涧中的一种水流形式。在狭长形的景观用地中，一般采用溪流这种造景方式比较合适。在景观中，小河两岸砌石嶙峋，河中少水并纵横交织、疏密有致地布置大小石块，水流激石，涓涓而流；在两岸土石之间，栽植一些耐水湿的蔓木和花草，可构成极具自然野趣的溪流。

(4) 泉。

泉水或喷泉可作为园林景观的主题，以泉城著称的济南更是家家泉水，户户垂柳，趵突泉、珍珠泉等名泉的水底摇曳着各种晶莹碧绿的水草，更显泉水清澈。日本明治神宫的花园布置既艳丽又雅致，是皇后经常游憩玩赏之处。花园中有一天然泉眼，并以此为起点，挖成一条蜿蜒曲折的花溪，种满从各地收集来的花菖蒲。花开时节，游客蜂拥而至，赏花饮泉，十分舒畅。英国塞翁公园中在小地形高处设置人工泉，泉水顺着曲折小溪流下溪涧。溪旁布石，石隙种植各种矮生匍地的色叶裸子植物及各种宿根、球根花卉，与缀花草坪相接，谓之花地，景观宜人。

在现代化都市及景观中，喷泉应用很广。喷泉可以美化环境，增强市容风光，调节气候，净化空气。其可布置在大型建筑物前、广场中央、庭院及室内等处。景观中喷泉还往往与水池、瀑布一起布置。喷出的水必须落入一个容水的场所，因此总是离不开或大或小的水池。如果水池溢满，流出来，水即形成瀑布。结果喷泉、水池、瀑布三者形成了一个密不可分的水景组合形式。

不管是自然水体泉水还是人工喷泉，泉水喷吐跳跃，吸引了人们的视线，成为该景点的主题，而泉边叠石间隙若配植合适的植物加以烘托、陪衬，效果更佳。其在植物的选择上，主要是选用挺水性植物，如花蔺、水葱、慈姑、小香蒲、长苞香蒲、燕子花、黄菖蒲、萱草、马蹄草、纸莎草、旱伞草、海芋等。

(5) 瀑布。

流水从高处突然落下而形成瀑布。在城市环境中，也可结合堆山叠石来创造小型人工瀑布。瀑布根据下落方式可分为三类，即直落式瀑布、叠落式瀑布、散落式瀑布。瀑布可由五部分组成，即上流(水源)、落水口、瀑身、瀑潭、下流。

瀑布下落后往往有个受水池。其可为水池的延伸部分，也常和沼泽园结合。具有沼泽部分的水景园，可增设很多美丽的沼生植物，并创造出花草幽幽、富有情趣的景观。挺水性植物中的湿生植物是沼泽园的最佳选择，如萱草、花菖蒲、泽泻、沼泽勿忘我、慈姑、海芋、千屈菜、梭鱼草、小婆婆纳等。

三、园林植物与水体的组合造景方式

园林中各类水体，无论其在园林中是主景、配景还是小景，水中、水旁园林植物的姿态、色彩及植物所形成的倒影，均增强了水体的美感。如英国谢菲尔德公园四个湖面植物配植取得了截然不同的景色效果。第一、二湖面倒影及湖边植物色彩绚丽夺目，五彩缤纷，以世界爷、松、云杉、柏的绿色为背景，春季突出红色杜鹃花，水边粉红色的落新妇、黄花鸢尾；夏季欣赏水中红、白睡莲；秋季湖边有各种色叶树种，如北美紫树、卫矛、北美红栎、佛塞纪木，还有落羽松、水杉等，红、棕、黄等色彩竞相争艳。此外，还有四季都呈金黄色的金黄叶美洲花柏，春、夏、秋都为红色的红枫。沿湖游览，目不暇接，绚丽的色彩使人兴奋，非常符合年轻人活泼的性格。相反，第三、四湖面周围种植了不同绿色度的树种作为基调，稍点缀几株秋色叶树种，形成了宁静、幽雅的水面，同时不失万绿丛中一点红的景观，非常适合中、老年人，以及一些性格内向、喜静的年轻人游憩。

结合这些水体的特点，以及园林植物不同的生理特性和观赏习性，此处选取了水边植物造景，驳岸植物造景，水面植物造景和堤、岛植物造景四大类型来具体介绍一些园林植物与水体的组合造景方式。

(1) 水边植物造景。

水边植物的作用主要是丰富岸边景观视线，增加水面层次，突出自然野趣。北方常常植垂柳于水边，或配以碧桃、樱花，或片植青青碧草，或放几株古藤老树，或栽几丛月季、蔷薇、迎春、连翘，春花秋叶，韵味无穷。有时候，也可在浅滩区或平直的湖岸线处植上一片水杉林,可以显现出一种意想不到的大气而壮观的景观效果。

水边植物种植要选择耐水湿的植物,而且要符合植物的生态要求,这样才能创造出理想的景观效果。水边植物配置应讲究艺术构图。我国园林中自古水边主张植以垂柳,形成柔条拂水,同时在水边种植落羽松、池松、水杉及具有下垂气根的小叶榕等,均能起到线条构图的作用。但水边植物配植切忌等距种植及整齐式修剪,以免失去画意。在构图上,注意应用探向水面的枝、干,尤其是似倒未倒的水边大乔木,以起到增加水面层次和野趣的作用。配植水边植物时,多采用草本或落叶的木本植物,它们可使水边的空间有变化,因为草花品种丰富,经常更换可以丰富景观。

在北方,将栾树、枫杨、棣棠、迎春植种水边,也有比较好的景观效果;此外,可用于北方水边栽植的还有旱柳、红枫、重阳木、悬铃木、桑、梨、海棠、棕榈、棣棠、夹竹桃及一些枝干变化多端的松柏类树木。优先选择乡土树种进行绿化的理念还不是很能被大多数人接受,毕竟以奇特、稀有、高级为先是人的天性。不过,一些北方的乡土树种如毛白杨、槐树等种在水边,既丰富了景观又体现了当地特色,还能改善生态,适应当地环境,也是以后水边植物造景的一种很好的方式。

目前,南方水边植物的种类相对丰富些,如水松、蒲桃、榕树类、红花羊蹄甲、木麻黄、椰子、蒲葵、落羽松、垂柳、串钱柳、乌桕等,都是很好的造景材料。随着园林植物育种和选育的发展,可用于水边造景的植物材料越来越多,而且根据不同的气候和环境条件,园艺界又引种和培育出千姿百态的新水景植物品种,为植物造景的发展注入了新的活力。

下面介绍现在一些常用的水边植物造景手法。

① 以树木构成主景法。

水边常栽植一株或一丛具有特色的树木,以构成水池的主景,如水边栽植红枫、蔷薇、桃、樱花、白蜡等,都能构成主景。

② 水边林冠线法。

我国古代园林的植物配植比较讲究植物的形态与习性,如垂柳"更须临池种之,柔条拂水,弄绿搓黄,大有逸致""湖上新春柳,摇摇欲换人"。池边种垂柳几乎成了植物配植的传统风格。水边植物配植宜群植而不宜孤植,同时应注意与园林周边环境相协调。当水边有建筑时,更应注意植物配植的林冠线。

林冠线是树冠垂直投影在平面上的线,是树冠与天空交接的线。进行植物造景时应充分考虑树木的立体感和树形轮廓,通过里外错落的种植及对曲折起伏的地形的合理利用,林缘线、林冠线有高低起伏的变化韵律,形成景观的韵律美。几种高矮不同的乔灌草,成块或断断续续地穿插组合,前后栽种,互为背景,互相衬托,半隐半现,既加大了景深,又丰富了景观在体量线条、色彩上的搭配形式。

③ 透景线法。

在有景可借的水边种树时,要留出透景线。水边透景与园路透景有所不同,它不限于一个亭子、一株树木或一座山峰,而是一个场面。水边配植植物时,可选用高大乔木,但要加宽株距,用林冠来构成透景面,利用树干、树冠框入对岸景点,引导游客很自然地步向水边欣赏对岸景色。

④ 色彩构图法。

淡绿透明的水色是调和各种园林景物的底色，如水边碧草、绿叶，水中蓝天、白云。它与树木的绿叶是调和的，有时显得比较单一，但对绚丽的开花乔、灌木及草本花卉或秋色却具有衬托的作用。最好根据不同景观的要求，在水边或多或少地配植色彩丰富的植物，使之掩映于水中。

总之，水面是一个形体与色彩都很简单的平面。为了丰富水体景观，水边植物的配植，在平面上不宜与水体边界等距离，其立体轮廓线要高低错落，富于变化；植物的色彩要艳丽一些，但这一切都必须按照立意去做。水边种植的植物宜选择枝条柔软的树木，如垂柳、榆树、乌桕、朴树、枫杨、香樟、水杉、桂花、广玉兰、紫薇、枇杷、樱花、无患子、白皮松、南天竹、六月雪、黄瑞香、罗汉松、棕榈等。

(2) 驳岸植物造景。

曲折优美的驳岸线是水景重要的景点，驳岸植物配植很重要。它既能使陆地和水融成一体，又对水面空间的景观起主导作用。利用花草镶边或湖石结合配植的花木可以打破驳岸相对僵硬的质感，丰富驳岸的层次，柔化驳岸的线条，增加水边的趣味，丰富水边的色彩。

园林绿化中驳岸的处理形式变化多样，如土岸、石岸、砌石驳岸、混凝土驳岸、砖砌驳岸、卵石沙滩驳岸等，现在还有一种木状驳岸。除此之外，驳岸的形式还有很多种。因为有各种各样的驳岸形式，所以植物的种植就不能只是一种模式了，要结合水与岸、水与环境、水边道路、人流量等进行布置，使远近、疏密、断续恰到好处，如一首节奏、韵律和谐的乐章，自然有趣，又具备优美的景观效果。

因此，无论是自然式的驳岸、土岸、石岸还是混凝土岸等，其植物配置原则是能使山和水融成一体，常常选用耐水湿的植物，但植物配置应有各自的特点。土岸边的植物配置应结合地形、道路、岸线布局，有近有远，有疏有密，有断有续。石岸线条生硬、枯燥，其植物配置原则是露美、遮丑，使之柔软多变，弯弯曲曲，自然有趣，同时可选择大批宿根、球根类植物，如天南星科的菖蒲、石菖蒲，鸢尾科的黄菖蒲、燕子花，毛茛科的马蹄草等植物。这类植物还可起到加固驳岸的作用。

一般硬质的驳岸线比较生硬、粗糙，需要配置植物进行柔化、美化。北方园林在驳岸植物的处理上，一般在岸边配置垂柳和迎春，让细长柔和的枝条下垂至水面，遮挡石岸。除了通过迎春、垂柳、连翘等柔长纤细的枝条来弱化岩石、混凝土砖的生硬线条外，还可在岸边配以花灌木和藤本植物（如变色鸢尾、黄菖蒲、燕子花、地锦等）来局部遮挡（忌全覆盖，不分美丑），增加活泼气氛。此外，还可栽植一些花灌木、地被、四季草花和一些水生湿生花卉，如美人蕉、郁金香、风信子、剑麻、地锦、地被凌霄、铺地柏、红叶小檗等，也可以用锦熟黄杨、雀舌黄杨、小叶女贞、金叶女贞、刺柏类等修剪成不同造型进行绿化遮挡。

当然，也可以根据季节栽植一些草花、宿根花卉等来美化驳岸。上述植物其实有好些是适合南方的，如鸢尾、菖蒲、美人蕉、郁金香等，同时，像杜鹃、含笑、大多数兰科植物、天南星科植物、蕨类植物、鸢尾属植物都是很好的驳岸绿化材料。另外，枫树搭配一些常绿灌木地被处理驳岸，也能创造出很好的驳岸景观效果。

西昌常用的驳岸植物有花灌木、地被、宿根花卉及水生花卉（如鸢尾、菖蒲等）；也可用锦熟黄杨、雀舌黄杨、小叶女贞、金叶女贞组成图案式的植物景观，并剪成不同造型来进行绿化；还可用藤本植物处理，如地锦、凌霄等。

(3) 水面植物造景。

古典园林中，常用来衬托水景的植物不外乎荷花、睡莲、萍蓬莲、菖蒲、鸢尾、芦苇等，但有限的材料却能给人们创造出意境深远的景观效果。特别是荷花、睡莲，更是传统衬托水景不可缺少的材料。“疏影横斜水清浅，暗香浮动月黄昏”“接天莲叶无穷碧，映日荷花别样红”。水边的植物配置又常常以垂柳、桃花、杜鹃等为多，正所谓“桃红柳绿，燕舞莺啼”。

目前，用于水面绿化的植物种类相当多，而且细分起来，又有挺水性植物、浮水性植物、漂浮性植物、沉水性植物等区别。

水面植物是园林水体绿化不可缺少的一种植物材料，植物景观配置较好的大片水体能够给人以明净、开阔的视野，给游人增添清雅、赏心悦目之感，同时水面植物起到分隔空间的作用。根据设计者的需要，可以把较开阔的水面空间分成动、静不同的区域，更加丰富了水体的景观效果，具有特色的水生植物又给游人增添了无限乐趣。

一般来说，水面植物的栽植不宜过密和拥挤，而且要与水面的功能分区相结合，在有限的空间中要留出充足的开阔水面来展现倒影和水中游鱼。南北水面植物的种类差别不是很大，基本上都为荷花、睡莲、萍蓬莲、菖蒲、鸢尾、芦苇、水藻、千屈菜等，在接近岸边的地方还有水芋、燕子花、羊胡子草、灯心草、薄荷、勿忘我、丁香蓼、毛茛、婆婆纳和一些苔类植物，漂浮在水面和沉入水中的植物则以水藻类植物为主，如金鱼藻、狸藻、狐尾藻等，欧菱、水马齿、水藓也是常用的沉水性植物和浮水性植物。

(4) 堤、岛植物造景。

在水体中设置堤、岛，是划分水面空间的主要手段，堤、岛的植物配置不但增添了水面空间的层次，而且丰富了水面空间的色彩，使其倒影成为主要景观。堤常与桥相连，故也是重要的游览路线之一。

杭州有苏堤、白堤，北京颐和园有西堤，广州流花湖公园及南宁南湖公园都有长短不同的堤。苏堤、白堤除有桃红柳绿、碧草的景色，各桥头还配植了不同植物，苏堤上还设置有花坛。北京颐和园西堤以杨、柳为主，玉带桥以浓郁的树林为背景，更衬托出桥身的洁白。广州流花湖公园湖堤两旁各植两排蒲葵，由于水中反射光强，蒲葵的趋光性导致其朝向水面倾斜生长，富具动势。从远处望去，游客往往怀疑那是椰林。南宁南湖公园堤上各处架桥，最佳的植物配置是在桥的两端很简洁地种植数株假槟榔，潇洒秀丽。水中三孔桥与假槟榔的倒影清晰可见。

岛的类型很多，大小各异，有可游的半岛及湖中岛，也有仅供远眺、观赏的湖中岛。前者在植物配植时要考虑导游路线，不能有碍交通；后者不考虑导游路线，植物配植密度较大，要求四面皆有景可赏。环岛以柳为主，间植侧柏、合欢、紫藤、紫薇等乔灌木，疏密有致，高低有序，增加层次，具有良好的引导功能。

杭州三潭印月可谓是湖岛的绝例。全岛面积约 6 万平方米，岛内由东西、南北两条堤将岛划成“田”字形的四个水面空间。堤上植大叶柳、香樟、木芙蓉、紫藤等乔灌木，疏密有致，高低有序，增加了湖岛的层次、景深和丰富了林冠线，构成了整个西湖湖中有岛，岛中套湖的奇景。而这种虚实对比、交替变化的园林空间在巧妙的植物配植下表现得淋漓尽致。综观三潭印月这一庞大的湖岛，其在比例上与西湖极为相称。公园中不乏小岛屿，以组成园中景观。北京什刹海的小岛上遍植柳树。长江以南各公园或动物园中水禽湖、天鹅湖中的岛上常植以池柏，林下遍种较耐阴的二月兰、玉簪，岛边配植十姐妹等开花植物，探向水面，浅水中种植黄花鸢尾等，既能供游客赏景，也是水禽良好的栖息地。英国邱园大片栽植杜鹃，杜鹃盛开时湖中倒影一片鲜红，白天鹅自由自在地嬉戏在湖中，非常自然。有些湖岛有意疏于管理，使岛上植物群落富具野趣。广东的小鸟天堂就因独木成林的榕树，引来了大批飞鸟。不受干扰的绿岛具有良好的引鸟功能。

实训四　园林植物与道路的组合方式

古今中外道路绿化都备受重视。我国早在《汉书·贾山传》中就记载："道广五十步，三丈而树，厚筑其外，隐以金椎，树以青松。"这说明两千多年前我国已有用松树作行道树。唐代京都长安用榆、槐作行道树。北宋东京街道旁种植了桃、李、杏、梨。国外不少国家自古也重视行道树栽植，西欧各国常用欧洲山毛榉、欧洲七叶树、椴、榆、桦木、意大利丝柏、世界爷、欧洲紫杉等作行道树。随着城市建设飞跃发展，城市道路增多，功能各异，形成了各种绿化带，也有将行道树、林荫道与防护林带连成绿色走廊的。一些发达国家和我国某些城市更把私宅、公共建筑周围的植物景观纳入街道绿化，并连成一体，建成花园城市，大大改善了城市环境条件，丰富了城市的植物景观。城内、城郊各风景区、公园中还有许多不同级别的园路，其旁的植物配植更是丰富多彩，不拘一格，使园景增色不少。

实训五　城市道路植物造景与设计

城市道路的植物造景设计是指在街道两侧、中心环岛和立交桥四周、人行道、分车带、街头绿地等地段的植物种植设计。其主要作用是创造优美的街道景观，同时为城市居民提供日常休息的场所，在夏季为街道遮阴。做好道路植物造景工作，是整个城市绿地系统建设的重要环节。

一、城市道路植物造景要求

在城市道路景观设计中，植物的生长环境是一个复杂而综合的整体，道路植物造景应统筹考虑道路的功能、性质、人行和车行要求、景观空间构成、立地条件，以及与市政公用设施的关系。在城市中，植物的生长环境与野外的自然环境不同，其受人为因素、建筑、小环境等的影响特别大。在选择道路绿化植物时，既要考虑植物本身对环境的要求，如光照、温度、空气、风、土壤及水分等因子，又要考虑城市的特殊环境，如建筑物、地上及地下管线、人流、交通等，还要考虑人为与自然条件相互影响、相互制约的特点。

(1) 保障行车、行人安全。

道路植物造景首先要遵循安全的原则，保证行车与行人的安全，注意行车视线要求、行车净空要求及行车防眩要求等。

① 行车视线要求。道路中的交叉口、弯道、分车带等的植物造景对行车的安全影响

最大，这些路段的园林植物景观要符合行车视线的要求。如在交叉口设计植物景观时应留出足够的透视线，以免相向往来的车辆碰撞；弯道处要种植提示性植物，起到引导作用。机动车辆行驶时，驾驶人员必须能看到道路上相当的距离，保证交通安全的最短行车视距，以便有充足的时间或距离采取适当的措施，防止交通事故的发生。停车视距是行车视距的一种，是指机动车辆在行进过程中，突然遇到前方路上行人或坑洞等障碍物而不能绕越且需要及时在障碍物前停车时所需要的最短距离。当有人行横道从分车带穿过时，在车辆行驶方向到人行横道间要留出足够大的停车视距，此段分车绿带的植物种植高度应低于 0.75 m。当纵横两条道路呈平面交叉时，两个方向的停车视距构成一个三角形，称为视距三角形。在进行植物景观设计时，视距三角形内的植物高度应低于 0.75 m，以保证视线通透(图 5-4)。道路转弯处内侧的植物数目或其他障碍物可能会遮挡司机的视线，影响行车安全。因此，为保证行车视距，道路植物景观必须配合视距要求进行设计。

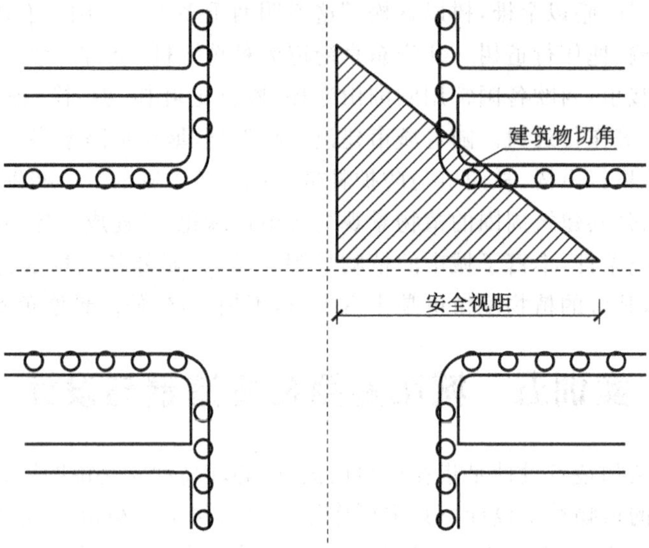

图 5-4　道路安全三角区域示意图

② 行车净空要求。各种道路设计已经根据车辆行驶的宽度和高度要求，规定了车辆的运行空间，各种植物的枝干、树冠和根系都不能侵入该空间，以保证行车净空的要求。

③ 行车防眩要求。在中央分车带上种植绿篱或灌木球，可以防止相向行驶车辆的灯光照射对方驾驶员的眼睛而引起目眩，从而避免或减少交通事故的发生。如果种植绿篱，参照司机眼睛与汽车前车灯高度，绿篱高度应比司机眼睛与汽车前车灯高度的平均值高，故一般采用 1.5～2.0 m。如果种植灌木球，种植株距应不大于冠幅的 5 倍。

除此之外，还应妥善处理植物景观与道路设施的关系。现代化城市中，各种架空线和地下管网的铺设越来越多，这些管线一般沿城市道路铺设，因而与道路植物景观产生矛盾。一方面，城市总体规划中应系统考虑工程管线与植物景观的关系；另一方面，进行植物景观设计时应详细规划，合理安排。一般而言，在分车绿带和行道树上方不宜设置架空线，以免影响植物生长，从而影响植物景观效果。必须设置时，应保证架空线下有不小于 9 m 的树木生长空间。架空线下配置的乔木应选择开放型树冠或耐修剪的树种，树木与架空电力线路间的最小垂直距离应符合相关规定(表 5-1)。

表 5-1 树木与架空电力线路间的最小垂直距离

电压/V	1～10	35～110	154～220	330
最小垂直距离/m	1.5	3.0	3.5	4.5

新建道路或经过改造后达到规划红线宽度的道路,其绿化树木与地下管线外缘间的最小水平距离宜符合相关规定,如表 5-2 所示。当遇到特殊情况不能达到规定的标准时,树木根茎中心至地下管线外缘的最小距离可采用表 5-2 中的规定。此处最小距离是指以树木根茎为中心,以表 5-2 中规定的最小距离为半径,包括水平和垂直的距离。通过管线合理深埋,充分利用地下空间来解决两者的矛盾。此外,进行道路植物造景还要充分考虑其他的要素,如路灯灯柱、消防栓等公共设施。各类管线常用的最小覆土深度见表 5-3。树木与其他设施间的最小水平距离见表 5-4。

表 5-2 树木与地下管线外缘间的最小水平距离 (单位:m)

管线名称	至乔木中心距离	至灌木中心距离	管线名称	至乔木中心距离	至灌木中心距离
电力电缆	1.0	1.0	污水管道	1.5	—
电信电缆(管道)	1.5	1.0	燃气管道	1.5	1.2
给水管道	1.5	—	热力管道	1.5	1.5
雨水管道	1.5	—	排水管道	1.0	—

表 5-3 各类管线常用的最小覆土深度 (单位:m)

<table>
<tr><th colspan="2">管线类型</th><th>最小覆土深度</th><th>备注</th></tr>
<tr><td colspan="2" rowspan="2">电力线缆</td><td>0.7</td><td></td></tr>
<tr><td>1.0</td><td></td></tr>
<tr><td colspan="2">电车电缆</td><td>0.7</td><td rowspan="3">埋在人行道中可减少 0.3 m</td></tr>
<tr><td colspan="2">电信电缆</td><td>0.8</td></tr>
<tr><td colspan="2">电信管道</td><td>0.7</td></tr>
<tr><td rowspan="2">热管道</td><td>直接埋在土中</td><td>1.0</td><td>管径大于 500 mm</td></tr>
<tr><td>在地道中铺设</td><td>0.8</td><td>管径小于 500 mm</td></tr>
<tr><td colspan="2" rowspan="2">给水管</td><td>1.0</td><td rowspan="2"></td></tr>
<tr><td>0.7</td></tr>
<tr><td rowspan="2">煤气管</td><td>干煤气</td><td>0.9</td><td></td></tr>
<tr><td>湿煤气</td><td>1.0</td><td></td></tr>
<tr><td colspan="2">雨水管</td><td>0.7</td><td></td></tr>
<tr><td colspan="2">污水管</td><td>0.7</td><td></td></tr>
</table>

表 5-4　　树木与其他设施间的最小水平距离　　(单位:m)

设施名称	至乔木中心距离	至灌木中心距离	设施名称	至乔木中心距离	至灌木中心距离
低于 2 m 的围墙	1.0	—	电力、电线杆桩	1.5	—
挡土墙	1.0	—	消防栓	1.5	2.0
路灯灯柱	2.0	—	测量水准点	2.0	2.0

(2) 树种选择要适应城市街道的环境。

城市街道的环境条件一般比较差,如土壤干燥板结、地面强烈的辐射、建筑物的遮阴、重点电缆线的障碍、地下管线的影响等。因此,行道树首先应当能够适应城市街道这个特殊的环境,对不良因子有较强的抗性,要选择耐干旱贫瘠、抗污染、耐损伤、抗病虫害,根系较深,干皮不怕阳光暴晒,对各种灾害性气候有较强抵御能力的耐粗放管理的树种。因此一般选用乡土树种,也可选用已经长期适应当地气候和环境的外来树种。

(3) 不影响人体健康和日常出行。

植物选择要求花果无毒、无臭味、落果少、无飞毛,不妨碍行人和车辆行驶。如杨树、柳树、悬铃木等属于易产生飞毛的植物,选择时要慎重。

(4) 方便管理、养护。

道路绿化管理、养护比较麻烦,植物选择应遵循不污染环境,耐修剪,基部不易发生萌蘖,落叶期短而集中,大苗移栽易于成活,病虫害少等原则。

(5) 实用性。

行道树不但要求对行人、车辆起到遮阴作用,而且对临街建筑防止强烈的西晒有很大作用。全年内要求遮阴时期的长短与城市纬度和气候条件有关。我国一般由四五月至八九月,约半年时间内都要求有良好的遮阴效果,低纬度的城市更长些。因此,一般选择冠大荫浓的大乔木作为行道树。

(6) 近期与远期相结合。

道路植物景观从建设开始到形成较好的景观效果往往需要十几年时间,因此要有长远的观点,将近期、远期规划相结合,近期内可以使用生长较快的树种,或者适当密植,以后适时更换、移栽,充分发挥道路绿化的功能。我国现行城市规划有关标准规定,园林景观道路(林荫道)绿地率不得小于 60%;红线宽度大于 50 m 的道路绿地率不得小于 30%;红线宽度在 40～50 m 的道路绿地率不得小于 25%;红线宽度小于 40 m 的道路绿地率不得小于 20%。但在旧城区要求植物景观宽度大是比较困难的。上海市旧城区由于路窄人多,交通量大,给植物景观营造造成很大困难;而在新建区(如闵行、张庙、金山卫、彭浦新村)的道路,根据城市规划的要求,有较宽的绿带,形式丰富多样,既达到其功能要求,又美化了城市面貌。

二、城市道路绿地类型及断面布置形式

(1) 城市道路绿地类型。

城市道路绿地红线之间的绿化用地，包括人行道绿带、分车绿带、交通岛绿带等(图 5-5)。城市道路绿地表现了城市设计的定位，主干道的行道树和分车带的布置是城市道路植物景观的主要部分。进行城市道路植物造景设计前，先要了解道路的等级、性质、位置及苗木的来源、施工养护技术水平等情况，才能设计出切实可行的方案。

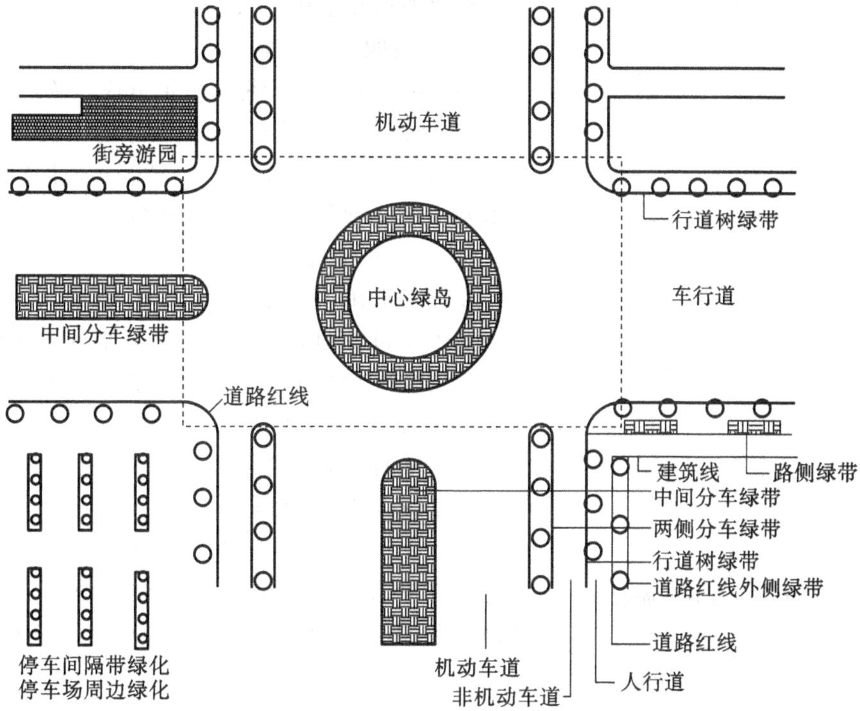

图 5-5　道路绿地名称示意图

(2) 道路绿地断面布置形式。

城市道路绿地断面布置形式与道路性质和功能密切相关。一般城市中，道路由机动车道、非机动车道及人行道等组成。道路的断面形式多种多样，植物景观形式也有所不同。我国现有道路多采用一块板式、两块板式、三块板式等，相应道路绿地断面也出现一板二带式、二板三带式、三板四带式及四板五带式(图 5-6)。

① 一板二带式绿地。

一板二带式是最常见的道路绿地断面形式。其中间是行车道(机动车与非机动车不分)，两侧是人行道，在人行道上种植一行或多行行道树。其特点是简单整齐、管理方便，用地比较经济。但当车行道过宽时，行道树的遮阴效果较差，而且景观呈现出比较单调的效果。有时可在两株乔木之间夹种灌木。如果道路两旁明显不对称，如一侧临河或建筑等而不宜栽树，也可以只种植一行树。

② 二板三带式绿地。

二板三带式绿地除了在车行道两侧的人行道上种植行道树外，还用一条有一定宽度的分车绿带把车行道分成双向形式的两条车道。分车绿带宽度不宜小于 2.5 m，以 5 m 以上景观效果最佳，可种植 1～2 行乔木，也可种植草坪、宿根花卉或花灌木，以形成

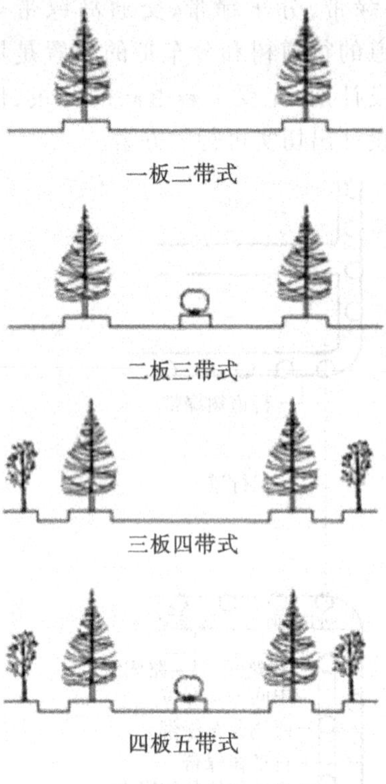

图 5-6　城市道路绿化断面形式

植物群落景观。

这种形式主要用于城市区干道和高速公路，如工业区、风景区的干道，适用于机动车车交通量较大而非机动车车流量较少的地段，可减少车辆相向而行时产生的相互干扰。

③ 三板四带式绿地。

利用两条分车绿带把车行道分成 3 条，中间为机动车道，两侧为非机动车道，加上车道两侧的行道树共 4 条绿带。分车绿带宽 1.5～2.5 m 时，以种植花灌木或绿篱造型植物为主；分车绿带宽度在 2.5 m 以上时，可以种植乔木。

该类型常用于主干道，宽度可达 40 m 以上，车速一般不超过 60 km/h。这种造景形式景观效果和夏季遮阴效果均较好，并且解决了机动车和非机动车混行、互相干扰的矛盾，使交通方便、安全，尤其在非机动车多的情况下是较适合的。

④ 四板五带式绿地。

利用 3 条分隔带将行车道分成 4 条，其中 2 条为机动车道，2 条为非机动车道，使机动车和非机动车都分成上、下行而各行其道、互不干扰，保证了行车速度和安全。该类型适用于车速较高的城市主干道或城市环路系统，用地面积较大，但其中的绿带可考虑用栏杆代替，以节约城市用地。

此外，城市所处的地理位置、环境条件不同，有特殊的山坡地、湖岸边等，因此考虑道路植物景观形式时要因地制宜。

三、一般城市道路的植物造景

(1) 人行道绿带的植物造景。

人行道绿带是指从车行道边缘至建筑红线之间的绿地，包括人行道和车行道之间的隔离绿带(行道树绿带)及人行道与建筑物之间的缓冲绿地(路侧绿带或基础绿地)。人行道绿带既起到与嘈杂的车行道分割的作用，也为行人提供安静、优美、遮阴的环境。由于绿带宽度不一，因此植物配置各异。

(2) 行道树绿带的植物造景。

行道树绿带布设在人行道和车行道之间，主要功能是为行人和非机动车遮阴，以种植行道树为主，是城市道路植物造景的基本形式，也是迄今为止最普遍的一种植物造景形式。其宽度应根据道路性质、类别和对绿地的功能要求及绿地条件等综合考虑而确定，一般不宜小于 1.5 m。绿带较宽时，可采用乔木、灌木、地被等植物相结合的方式进行配置，提高防护功能，加强景观效果。

① 行道树种植方式。行道树的种植方式主要有树带式和树池式两种(图 5-7)。

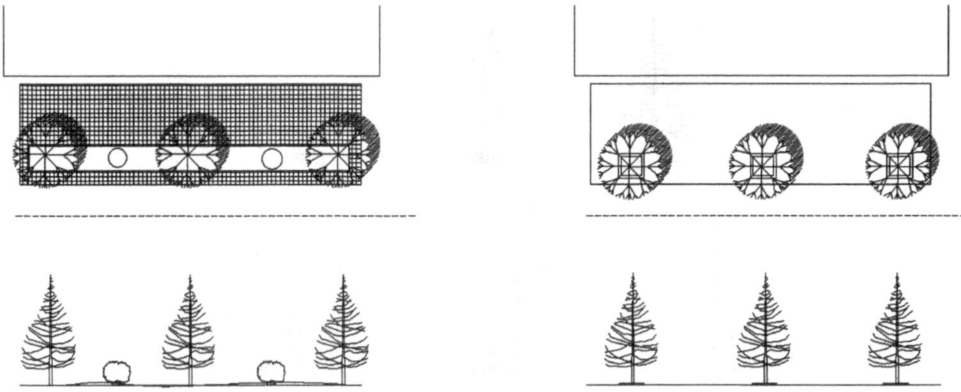

树带式　　　　　　树池式

图 5-7　行道树的种植方式示意图

a. 树带式:在人行道和车行道之间留出一条不加铺装的种植带,可起到分割护栏的作用,种植带宽度一般不小于 1.5 m,可种植一行乔木和绿篱,或不同宽度时种植多行乔木,并与灌木、宿根花卉、地被相结合。

一般在交通、人流不大的情况下采用树带式,有利于树木生长。可在种植带树下铺设草皮,以免裸露的土壤影响路面的整洁,同时在适当的距离处要留出铺装过道,以便人流通行或汽车停靠。

b. 树池式:在交通量比较大、行人多而人行道又狭窄的道路上宜采用树池式,树池以正方形为宜,边长不应小于 1.5 m。树池若为长方形,尺寸以(1.2～1.5) m×(2.0～2.2) m为宜;若为圆形,其直径不宜小于 1.5 m。行道树宜种植于树池的几何中心,为防止树池被行人踏实,可使树池边缘高出人行道 8～10 cm。

如果树池稍微低于路面,应在上面加上透空的池盖,使其与路面同高。这样可以使树木在人行道上占用很小的面积,实际上增加了人行道的宽度,又避免了树木被践踏,同时可以使雨水渗入树池内。池盖可用木条、金属或钢筋混凝土制造,由两扇合成,以便在松土和清除杂物时取出。

② 行道树绿带植物造景要点。绿带断面布置形式多采用对称式,两侧的绿带宽度相同,植物配置和树种、株距等均相同,如每侧 1 行乔木,或 1 行绿篱、1 行乔木等(图 5-8)。道路横断面为不规则式,或道路两侧行道树绿带宽度不相等时,宜采用不对称布置形式。如山地城市或老城旧道路较窄,可采用道路一侧种植行道树,而另一侧布置照明设施和地下管线。当采用不对称形式时,根据行道树绿带的宽度可以一侧种植 1 行乔木,而另一侧种植灌木,或一侧种植 1 行乔木,而另一侧种植 2 行乔木等,或因道路一侧有架空线而采取道路两侧行道树树种不同的非对称栽植。在弯道上或道路交叉口的行道树绿带上种植的树木,其树冠不得进入视距三角形范围内,以免遮挡驾驶员视线,影响行车安全。在一板三带式道路上,当路面较窄时,注意两侧行道树树冠不要在车行道上衔接,也不宜配置较高的常绿灌木或小乔木,以便使汽车尾气、浮尘等悬浮污染物及时扩散、稀释。

在行道树的树种配置方式上,常采用的有单一乔木、不同树中间植、乔灌木搭配等方

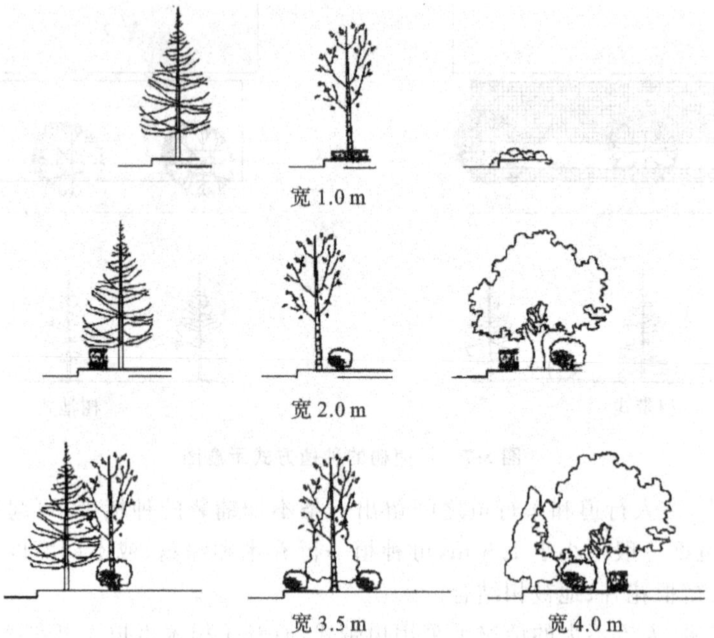

图 5-8 行道树绿带植物造景形式

式。其中，单一乔木的配置是一种较为传统的形式，多用于树池种植，树池之间为地面硬质铺装。同一街道采用同一树种、同一株距的对称方式，沿车行道及人行道整齐排列，既可起到遮阴、减噪等防护功能，又可使街景整齐、雄伟，有秩序，体现整体美，尤其适用于比较庄重、严肃的地段，如通往纪念堂、政府机关的道路上。若要变换树种，一般应从道路交叉口或桥梁等处变更。

行道树要有一定的枝下高(根据分枝角度不同，枝下高一般应在 2.5～3.5 m)，以保证车辆、行人通行安全。

行道树株距要考虑交通与两侧沟通的需要、树种特性(尤其是成年树的冠幅)、苗木规格等因素，同时要不妨碍两侧建筑的室内采光，一般不宜小于 4 m。如采用高大乔木，则株距应为 6～8 m，以保证足够的营养面积，使其正常生长，同时便于消防、急救、抢险等车辆在必要时穿行。树干中心至路缘石外侧不得小于 0.75 m，以利于行道树的栽植和养护，也是为了保证树干根系的均衡分布、防止倒伏。

我国多数城市处于北回归线以北，在盛夏季节南北向街道的东边及东西向街道的北边受日晒时间较长，因此行道树应着重考虑路东和路北的种植。在两侧有高大建筑物的街道上，要根据道路方向和日照时数选择耐阴性强的树种。北方地区的行道树一般选用落叶树种，冬季不遮阳光，并有利于积雪融化；热带和南亚热带地区的行道树则以常绿树为主，市区道路人行道上尽量铺设能透气、透水的各色毛面砖，减少全封闭混凝土路面，以利于行道树的生长。

(3) 路侧绿带的植物造景。

路侧绿带是街道绿地的重要组成部分，在街景绿地中一般占有较大比例。路侧绿带有以下 3 种常见情况。

① 建筑物与道路红线重合，路侧绿带毗邻建筑布设，即形成建筑物的基础绿带。

② 建筑退让红线后留出人行道，路侧绿带位于两条人行道之间。

③ 建筑退让红线后在道路红线外侧留出绿地，路侧绿带与道路红线外侧绿地相结合。

路侧绿带与沿路的用地性质或建筑物关系密切，有的建筑物要求有植物景观衬托，有的建筑要求绿化防护。因此，路侧绿带应采用乔木、灌木、花卉及草坪等，结合建筑群的平面、立面组合关系，造型、色彩等因素，根据相邻用地性质、防护和景观要求进行设计，并在整体上保持绿带连续、完整和景观效果的统一。人行道通常对称布置在道路两侧，但根据地形、地物或其他特殊情况也可两侧不等宽或不在同一个平面上，或仅布置在道路一侧。

① 道路红线与建筑物重合的路侧绿带种植设计。在建筑物或围墙的前面种植草皮、花卉、绿篱及灌木丛等，主要起美化装饰和隔离作用，行人一般不能入内。设计时建筑物要做散水坡，以利于排水，植物种植不要影响建筑物通风和采光，如在建筑两窗间可采用丛状种植。选择树种时注意其应与建筑物的形式、颜色和墙面的质地等相协调，如建筑立面颜色较深，可适当布置花坛，取得鲜明对比。在建筑物的拐角处，选择柔软、自然生长的树种来缓和建筑物生硬的线条；绿带比较窄或朝北高层建筑物前局部小气候条件恶劣、地下管线较多、绿化困难的绿带，可选用攀缘植物来装饰。

② 建筑退让红线后留出人行道。路侧绿带位于两条人行道之间，一般商业街或其他文化服务场所的道路旁设有两条人行道：一条靠近建筑物，供进出建筑物的人们使用；另一条靠近车行道，为穿越街道和行人过街使用。此时，路侧绿带位于两条人行道之间，植物造景设计视绿带宽度和沿街的建筑物性质而定。一般街道或遮阴要求高的街道，可种植两排乔木；商业街要突出建筑物立面或橱窗时，绿带设计以体现观赏效果为主，应种植矮小的常绿树、开花灌木、绿篱、花卉、草坪，或设计成花坛、花境等。

③ 建筑退让红线后在道路红线外侧留出绿地，路侧绿带和道路红线外侧绿地相结合。此时，由于绿带的宽度增加，造景形式更为丰富，一般宽度达 8 m 就可以设计为开放式绿地，如街头小游园、花园林荫道等。其内部可铺设游步道和供短暂休息的设施，方便行人进入游憩，以提高绿地的功能和街景的艺术效果，但绿化用地面积不得小于该段绿地总面积的 70%。

此外，路侧绿带也可以与毗邻的其他绿地一起组成街旁游园，或者与靠街建筑的宅旁绿地、公共建筑前的绿地等相连接，统一造景。

(4) 分车绿带的植物造景。

分车绿带是车行道之间的隔离带，包括快车道、慢车道隔离带(两侧分车绿带)和中央分车带，起着疏导交通和安全隔离的作用，目的是将人流与车流分开，机动车辆与非机动车辆分开，保证不同速度的车辆能全速前进、安全行驶。城市道路中常说的两板块、三板块的干道形式就是用分车绿带来划分的。

① 分车绿带植物造景的原则。分车绿带的宽度差别很大，窄的仅有 1 m，宽的可以达到 10 m 以上。目前，我国各城市道路中的两侧分车绿带最小宽度不得低于 1.5 m，通常都是 2.5～8 m，但在不同的地区及地段均有所变化。在有些情况下，分车绿带会作为

道路拓宽的备用地，同时是铺设地下管线，营建路灯照明设施、公共交通停靠站及竖立各种交通标志的主要地带。

宽度大于 8 m 的分车绿带可作为林荫道路设计。增加分车绿带的宽度可使道路分割更为明确，街景更加壮观，同时为今后扩宽道路留有余地，但会使行人过街不方便。

为了便于行人过街，分车绿带应进行适当分段，一般以 75～100 m 为宜，并尽可能与人行横道、停车站、大型商店和人流集中的公共建筑出入口相结合。被人行道或道路出入口断开的分车绿带，其端部应采取通透式栽植。通透式栽植是指绿地上配置的树木至相邻机动车道路面间高度为 0.9～3 m 范围内，其树冠不遮挡驾驶员视线的配置方式。采用通透式栽植是为了使穿越道路的行人容易看到过往车辆，保证行人、车辆安全。当人行横道线通过分车绿带时，分车绿带上不宜栽植绿篱或花灌木，但可种植草坪或低矮花卉，以免遮挡行人和驾驶员的视线。公共汽车或无轨电车等车辆的停靠站设在分车绿带上时，大型公共汽车每一站大约要留 30 m 长的停靠站，在停靠站上需要留出 1～2 m 宽的地面铺装供乘客候车使用，分车绿带上尽量种植能为乘客提供树荫的乔木。

分车绿带的植物配置应形式简洁、树形整齐、排列一致。分车绿带形式简洁有序，驾驶员容易辨别穿过行道树的行人，也可以减轻驾驶员的视线疲劳，有利于行车安全。为了交通安全和树木的种植养护，分车绿带上种植乔木时，其树干中心至机动车道路缘石外侧距离不能小于 0.75 m。

② 中央分车绿带的植物造景应阻挡相向而行车辆的眩光。在距相邻机动车道路面高度为 0.6～1.5 m 的范围内种植灌木、灌木球、绿篱等枝叶茂密的常绿树，能有效阻挡夜间相向行驶车辆前照灯的眩光。其株距应小于冠幅的 5 倍，中央分车绿带的种植形式如表 5-5 所示。

表 5-5 **中央分车绿带的种植形式**

种植形式	配置方式	特点
绿篱式	带内密植常绿树，整形修剪，保持一定的高度和形状	高度大，杂草少，管理容易，适用于车速不高的非主要交通干道上
整形式	树木按固定间隔排列，单株等距或片状种植	整齐划一
图案式	将树木或绿篱修剪成几何图案	整齐美观，养护要求高，在园林景观路、风景区游览路使用

实际上，目前我国中央分车绿带种植乔木的很多，原因是我国大部分地区夏季炎热，需考虑遮阴要求，而且我国机动车车速不高，树木对驾驶员的视觉影响较小。

③ 两侧分车绿带的植物造景。两侧分车绿带距交通污染源最近，其分车绿带所起的减烟尘、减噪声的效果最佳，并能对非机动车有庇护作用。因此，两侧分车绿带应尽量采取复层混交配置，扩大绿量，提高保护功能。两侧分车绿带的乔木树冠不应在机动车道上面搭接，避免形成绿色隧道，否则会影响汽车尾气及时向上扩散，污染道路环境。两侧分车绿带常用的植物配置方式如表 5-6 所示。

表 5-6　　两侧分车绿带植物配置方式

分车绿带宽度	绿带植物配置方式
＜1.5 m	灌木、地被植物或草坪
1.5～2.5 m	乔木
＞2.5 m	乔木、灌木、常绿树、绿篱、草坪和花卉相互搭配

(5) 交通岛绿地的植物造景。

交通岛绿地在城市道路中主要起疏导与指挥交通的作用，是为了回车，控制车流行驶路线，约束车道，限制车速和装饰街道而设置在道路交叉口范围内的岛屿状构造物。

交通岛绿地分为中心岛绿地、安全岛绿地和导向岛绿地。通过在交通岛绿地周边合理配置植物，可强化交通岛绿地外缘的弧线，有利于诱导驾驶员的行车视线，特别是在雪天、雾天、雨天，可弥补交通标志的不足。

① 中心岛绿地。中心岛绿地是设置在交叉口中央，控制向左转弯车辆交通和分隔对向车流的交通岛绿地，俗称转盘。中心岛一般多用圆形，也有椭圆形、长圆形、方形和菱形等，如图 5-9 所示。常规中心岛绿地直径在 25 m 以上，目前我国大、中型城市采用的圆形交通岛一般直径为 40～60 m。

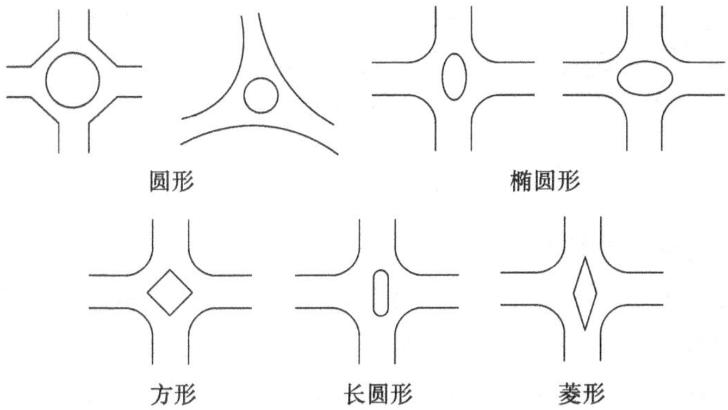

图 5-9　中心岛的不同形式

中心岛绿地外侧汇集了多处路口，设计时要保证驾驶员有清晰的视野，便于车辆绕行。为了使驾驶员准确、快速识别路口，一般不种植高大乔木，勿用常绿乔木或者大灌木，以免影响视野；也不布置成供行人休息用的小游园或吸引人的过于华丽的花坛，以免分散司机的注意力，构成交通安全隐患。中心岛绿地通常以草坪花坛为主，或以低矮的常绿灌木组成简单的图案花坛，外围栽种修剪整齐、高度适宜的绿篱。但在面积较大的环岛上，为了增加层次感，可以零星点缀高大乔木。在居住区内部，人流、车流比较小，以步行为主的情况下，中心岛可布置成小游园形式，以增加群众的活动场地。

② 安全岛绿地。在宽阔的道路上，行人为躲避车辆而在道路中央稍作停留时，应当设置安全岛绿地。安全岛绿地内除停留的地方外，其他地方可以种植草坪，或结合其他地形进行植物造景设计。

③ 导向岛绿地。导向岛绿地用以指引行车方向，约束车道，使车辆减速转弯，保证行车安全。导向岛绿地植物景观布置常以草坪、花坛或地被植物为主，同时不可遮挡驾驶员视线。

(6) 交叉口的植物造景。

交叉口绿地包括平面交叉口绿地和立体交叉绿地。

① 平面交叉口绿地。为了保证行车安全，在进入道路的交叉口时，必须在路的转角空出一定的距离，使司机在这段距离内能看到对面驶来的车辆，并有充分的刹车和停车时间，不致发生交通事故。这种从发觉对方汽车开始立即刹车而刚够停车的距离称为安全视距。根据两相交道路的两个安全视距，可在交叉口平面图上形成一个三角形，即视距三角形。视距三角形内不能有建筑物、构筑物、树木等遮挡司机视线的地面物，在布置植物时其高度不得超过 0.70 m，或者在视距三角形内不布置任何植物。安全视距的大小根据道路允许的行驶速度、道路坡度、路面质量而定，一般采用 30～35 m 为宜。

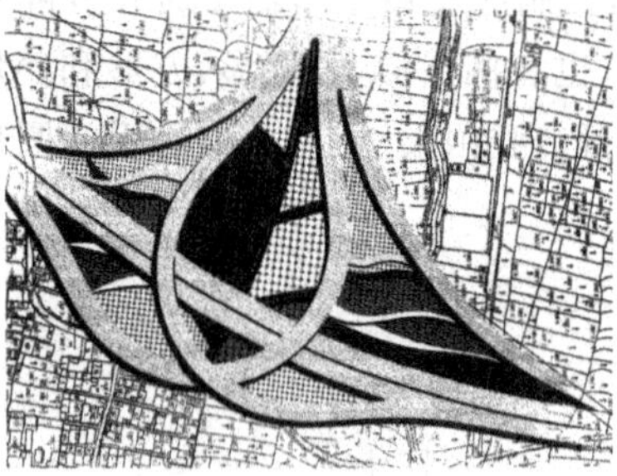

图 5-10 道路立体交叉绿地

② 立体交叉绿地。立体交叉是两条道路不在一个平面上的交叉，立体交叉绿地包括绿岛和立体交叉外围绿地。立体交叉植物造景设计首先要服从立体交叉的交通功能，使行车视线通畅，突出绿地内交通标志，诱导行车，保证行车安全。例如，在顺行交叉处要留出一定的距离，不种乔木，只种植高度低于驾驶员视线的灌木、绿篱、草坪或花卉；在弯道外侧种植成行的乔木，突出匝道附近动态曲线的优美，以诱导行车方向，并使司机有一种心理安全感；弯道内侧为保证视线，不宜种植遮挡视线的乔、灌木。为了适应司机和乘客的瞬间景观视觉要求，立体交叉绿地宜采用大色块的造景设计，布置力求简洁明快，与立交桥宏伟气势相协调(图 5-10)。植物配置应同时考虑其功能性和景观效果，注意选用季相不同的植物，尽量做到常绿树和落叶树相结合，快生树与慢生树相搭配，乔、灌、草错落有致。

匝道附近的绿地，由于上下行高差造成坡面，可在桥下至非机动车道或桥下人行道上修筑土墙，使匝道绿地保持在一个平面内，便于植物种植和养护；也可在匝道绿地上修筑台阶形植物带。在匝道两侧绿地的角部，可适当种植一些低矮的树丛、灌木球及三五株小乔木，以增强出入口的导向性；也可以在匝道绿地上修筑挡墙，墙顶高出铺装面60～80 cm，其余地面经人工修整后做成坡面(坡度在 1∶3 以下时铺草；坡度为 1∶3 时种植草坪、灌木；坡度为 1∶5 时可铺设草坪，种植灌木和小乔木)。

绿岛是指立体交叉中分割出来的面积较大的绿地，多设计成开阔的草坪，草坪上点缀一些观赏价值较高的孤植树，树丛和花灌木等形成疏朗开阔的植物景观，或用宿根花卉、地被植物、低矮的常绿灌木等组成图案。其一般不种植大量乔木或高绿篱，因为乔木或高绿篱容易给人一种压抑的感觉。桥下宜选择耐阴的地被植物，墙面进行垂直绿化。如果绿岛面积很大，在不影响交通安全的前提下，可设计成街旁游园，并在其中布置园路、座椅等园林小品和休息设施或纪念性建筑，供人们短时间停留休息。

四、林荫道和步行街的植物造景

(1) 林荫道的植物造景。

林荫道是与道路平行并且具有一定宽度的带状绿地,它利用植物与车行道分隔开,在其内部不同地段辟出各种不同的休息场所,有简单的园林设施,供行人和附近的居民短暂休息。在城市绿地不足的情况下,林荫道可起到小游园的作用。它扩大了群众活动场所,同时增加了城市绿地面积,对改善城市小气候、组织交通、丰富城市街景起着很大作用。

① 林荫道设计中的植物配置应以丰富多彩的植物取胜。道路广场面积不宜超过25%,乔木占30%～40%,灌木占20%～25%,草坪占10%～20%,花卉占2%～5%。南方天气炎热,需要更多能遮阴的绿树,占地面积可大些;在北方,则以大面积落叶树为宜。

② 林荫道宽度在8 m以上的,可考虑采取自然式布置;8 m以下的,多按规则式布置。游步道的设置根据绿地宽度而定,可以设置1～2条。车行道与林荫道绿带之间要有由浓密的绿篱和高大的乔木组成的绿色屏障相隔,一般立面上布置成外高内低的形式。

③ 林荫道可以在长75～100 m处分段设置出入口,各段布置应各具特色,但在特殊情况下,大型建筑物附近也可以设置出入口。出入口可种植标志性的乔木或灌木,起到提示与标识的作用。林荫道的两端出入口处,可使游步道加宽或铺设小广场,并适当配置一些四季草花等。

④ 在林荫道内,为了便于居民使用,常需布置休息座椅、园灯、喷泉、阅报栏、花架、小型儿童游戏场等设施。

⑤ 滨河路是城市临河、湖、海等水体的道路,由于一面临水,空间开阔,环境优美,常常可以设计成林荫道,是城市居民休息的好去处。滨河林荫道的植物配置取决于自然地形的特点,如地势有起伏,河岸线曲折,可结合功能要求采取自然式布置;如地势平坦,岸线整齐,与车道平行,则可布置成规则式。临水种植乔木,适当种植灌木,利用树木的枝下空间,让路人随时能观赏到水面景观。岸边可设栏杆,并放置座椅,供游人休息。若林荫道较宽,可布置园林小品、雕塑等。

(2) 步行街的植物造景。

城市步行街是以人为主题的环境,因而在进行植物配置时要和其他生活设施一样,从人的角度出发,以人为本,尽量满足人们各方面的需求。这样才能使植物景观较长久保留下来,且不会因为设置不当而被行人破坏。另外,要考虑植物对环境条件的需要,根据不同的环境条件选择不同的植物种类,保证植物的成活率。在种类和品种搭配上,应充分考虑随季节的变化而变化的景观效果。尤其在北方寒冷地区,要精心选择耐寒品种,最大限度地延长绿期。每个季节应有该季节的花卉,以形成四季花开不断的景象,也可随季节的变化而更换配栽植物的品种。

① 商业步行街。城市商业步行街对于土地的利用要节约、高效,在植物配置上,要将美观和使用相结合,尽量创造多功能的植物景观。例如,可在花坛的池边设置靠背,为行人提供座椅;也可在座椅的旁边种植花草,如在凳子间留下种植槽,种上小型蔓生植物。由于土地有限,植物选择上以小型花草为主,可布置小型花坛、花钵,虽然体量不大,但在大面积的硬质景观中是不可缺少的点缀。这些小型花坛、花钵可给公众以美感,缩短人与

人之间的社交距离，拉近人际关系，增添生活情趣。

较宽阔的商业步行街上可以种植冠大荫浓的乔木或开花的灌木，但树池要用箅子覆盖或种植花草，树池的高矮、质地最好适合人们坐下休息。

商业步行街要充分利用空间进行植物景观营造，可以设置花架、花廊、花柱、花球等各种植物景观形式。利用简单的棚架种植藤本植物，在树池中栽植色彩鲜艳的花卉，都可以形成从地面到空间的立体装饰效果。由于商业步行街人流量大，停留时间长，故不宜铺设大面积草坪，以免遭到破坏。

② 游憩步行街。游憩步行街主要为居民提供一个自然幽静的空间，它对土地的限制不是很严格，因而可以选择多种植物材料进行配置，充分利用不同的乔、灌、草、花等，为人们营造一个绿树成荫、鸟语花香的世界。如果城市中有良好的景观条件，可根据这些天然景色设置游憩步行街，选择合适的植物加以美化，使人们在游山玩水之时欣赏植物之美。这时植物配置要和街道及自然景观结合起来考虑，形成一个整体景观。

五、高速公路的植物造景

高速公路的植物配置不仅可以美化道路景观，为游客带来轻松愉快的旅途，还具有减轻驾驶员的疲劳、防眩光等作用，以保障交通安全。高速公路的植物景观由中央隔离绿化带、边坡绿化、互通绿化等组成。

中央隔离绿化带内一般不成行种植乔木，避免投影在车道上的树影干扰司机的视线，树冠太大的树种也不宜选用。中央隔离绿化带内可种植修剪整齐、具有丰富视觉韵律感的大色块模纹绿带，模纹绿带选择的植物品种不宜过多，色彩搭配不宜过于艳丽，重复频率不宜太高，节奏感也不宜太强烈。一般可以根据中央隔离绿化带宽度每隔 30～70 m 距离重复一段，色块灌木品种选用 3～6 种，中间可以间植多种形态的开花或常绿植物，使景观富于变化。绿带的高度为 0.7～1 m，起到防眩光的作用。

边坡绿化的主要目的是固土护坡、防止冲刷。其植物配置应尽量不破坏自然地形、地貌和植被，宜选择根系发达，易于成活，便于管理，兼顾景观效果的植物品种。一些没有土壤的岩石边坡可采用生态边坡的方式进行绿化。

互通立交区绿地位于高速公路的交叉口，最容易成为人们视觉上的焦点，是高速路绿化景观的重要节点。其绿化形式主要有两种：一种是大型的模纹图案，花灌木根据不同的线条造型种植，形成大气、简洁的植物景观，还可以融入地方文化元素，提高高速路景观品味；另一种是苗圃景观模式，人工植物群落按乔、灌、草的种植形式种植，密度相对较高，在发挥其生态和景观功能的同时兼顾了经济功能，为高速路绿化和养护提供所需的苗木。

六、城市广场园林植物配置

城市广场作为城市重要的公共开放空间，是现代城市空间环境中最具公共性、最富艺术魅力的地方，也是最能反映现代都市文明和气氛的开放空间。它在很大程度上体现一个城市的风貌，是展现城市特色的舞台，甚至可以成为城市的标志与象征。

1. 城市广场的类型及其植物配置特点

城市广场一般是指由建筑物、道路和绿化地带等围合或限定形成的开阔的公共活动空间，是人们日常生活和进行社会活动不可缺少的场所。它可用于组织集会，供交通解散，也可成为车流、人流的交通枢纽或供居民游览休息和组织商业贸易交流的地方。人们对城市广场的期待越来越高，城市广场的吸引力和魅力也越来越大。城市广场的类型很多，如集会性城市广场、纪念性城市广场、商业性城市广场、休闲性城市广场、集散性城市广场等。

(1) 集会性城市广场(市政广场)。

集会性城市广场一般都和大型政治性的活动联系在一起，具有一定的政治意义，因而绿化要求严整、雄伟，多采用对称式的布局。在主席台、观礼台的周围，可重点布置常绿树，节日时可点缀花卉，如我国的天安门广场。如果集会性城市广场的背景是大型建筑，如政府和议会大厦，则城市广场应很好地衬托建筑立面，丰富城市面貌。在不影响人流活动的情况下，城市广场上可设置花坛、草坪等。但在建筑前不宜种植高大乔木，在建筑两旁或广场周围种植庭荫树，不使广场过于暴晒。

(2) 纪念性城市广场。

纪念性城市广场是为了表现某一纪念性建筑、纪念碑、纪念塔等而设立的城市广场，因而植物配置上应当以烘托纪念性的气氛为主，植物种类不宜过于繁杂，以某种植物重复出现为好，达到强化的目的。其植物配置多采用规则式，使整个城市广场有章可循，具体树种以常绿类为最佳，象征着永垂不朽、流芳百世。

(3) 商业性城市广场。

商业性城市广场是用于集市贸易和购物的城市广场，在商业中心区采用室内外的方式把室内商场和露天、半露天广场结合在一起。商业广场大多采用步行街的布置方式，使商业活动区集中，适宜布置各类城市小品或娱乐设施。其在植物选择上要简洁、优美，不宜过大。

(4) 休闲性城市广场。

休闲性城市广场是为居民提供娱乐休闲的场所，体现公众的参与性，因而在城市广场绿化上可根据广场自身的特点进行植物配置，以表现广场的风格，使城市广场在植物景观上具有可识别性。同时，要善于运用植物材料来划分组织空间，使不同的人群都有适宜的活动场所，避免相互干扰。选择植物材料时，若根据景观要求需要创造一个热闹的氛围，则以开花植物组成盛花花坛或花丛；若想闹中取静，则可以依靠某一角落设立花架，种植枝繁叶茂的藤本植物。其在配置形式上没有特殊的要求，根据环境、地形、景观特点灵活安排。

(5) 集散性城市广场。

火车站、长途汽车站、机场、客运码头的广场是城市的“门面”。展览馆、影剧院、体育馆等代表了一个城市的文化和形象。其园林植物景观应反映城市的风格特点，植物选择上要突出地方特色。车站、码头、展览馆、影剧院、体育馆等前面的城市广场是以建筑为主体，其园林设计上应体现开阔的外部空间。

另外，还有一类特殊的城市广场——停车场。越来越多的停车场对城市的景观也有很大影响。现代的停车场不仅仅只为了满足停车的需要，还应对其绿化、美化，让它变成一道美丽的风景线。其常采用的绿化方法是种植庭荫树，铺设草坪或嵌草铺装，要求草坪要非常耐践踏、耐碾压。如果是地下停车场，其上部可以用来建造花园。

2. 城市广场园林植物配置的基本形式

城市广场园林植物配置的基本形式有规则式，自然式及草坪、花坛式。

(1) 规则式。

规则式主要用于城市广场四周或长条形地带，起到规划空间的效果，用作隔离或遮挡，也可作为背景。城市广场绿地中为避免单调，往往三五成群地形成一些树丛，组合恰当时远看很壮观，近看又很细腻。规则式以乔木为主，可形成乔、灌、草的多层次形式，或乔、草的疏林草地树丛形式。但要注意乔木下方要选择耐阴的品种，同时充分考虑色彩和形体搭配的协调，保持适当的间距，以保证有足够的阳光和生长空间。

(2) 自然式。

自然式是以自然群落模式栽种树木。这种布局应充分考虑环境因素，使每处植物不仅能正常生长，还可形成生动活泼的景观，从不同角度望去都有不同的景致。自然式树丛的布置要密切结合环境，才能使每一种植物茁壮生长。

(3) 草坪、花坛式。

铺设草坪是城市广场绿化设计中运用最普遍的手法之一，它可以在较短的时间内较好地实现绿化目的。城市广场草坪是用多年生矮小的草本植物进行密植，经修剪形成平整的人工草地，一般布置在城市广场的辅助性空地，供观赏、游戏之用，也有用草坪做城市广场的主景。草坪空间具有视野开阔的特点，可以增加景深和层次，并能充分体现城市广场的形态美。城市广场草坪选用的草本植物要求个体小、枝叶紧密、生长快、耐修剪、适应性强、易成活，常用的有野牛草、早熟禾、剪股颖、黑麦草、假俭草、地毯草等。

城市广场花坛、花池是城市广场绿化的装饰美化，可以给城市广场的平面、立面形态增加图案和色彩变化。花坛、花池的形状要根据城市广场的整体形式来安排，常见的形式有花带、花台、花钵及花坛组合等。其布置位置灵活多变，可安放在城市广场中心，也可布置在城市广场边缘、四周，根据具体情况做不同的布置。

实训六　园林植物与小品的组合方式

一、认识不同园林小品类型及其特征

1. 园桌、园椅、园凳

园桌、园椅、园凳的作用是供人休息、赏景之用，一般布置在人流较多、景色优美的地方，如树荫下、水池旁、路旁、广场、花坛等游人需停留休息的地方。设计时应尽量做到构造简单，坚固舒适，造型美观，也可与花台、园灯、假山等结合布置。

2. 花架

花架是攀缘植物的棚架，又是人们消暑、纳凉之所。花架在造园设计中往往具有亭、廊的作用，做长线布置时，就像游廊一样能发挥建筑空间的脉络作用，形成导游路线；也可以用来划分空间，增加风景的深度；做点状布置时，就像亭子一样，形成观赏点，可以在此观赏周围环境景色。花架设计应注意环境与土壤条件，使其适应植物的生长要求。同时要考虑在没有植物的情况下，花架仍具有良好的景观效果。

3. 园门、园窗、园墙、雕塑

(1) 园门。

园门具有指示导游和点缀装饰的作用，其形态各异，有圆形、六角形、八角形、横长形、直长形、桃形、瓶形等。如在分隔景区的院墙上，常用简洁而直径较大的圆洞门或八角形洞门，便于人流通行；在廊及小庭院等小空间处所设置的园门，多采用较小的秋叶瓶形、直长形等轻巧的形式，同时门后常布置峰石、芭蕉、翠竹等，构成优美的园林框景。

(2) 园窗。

园窗一般有空窗和漏窗两种形式。空窗是指不装窗扇的窗洞，除能采光外，它常作为框景，其后常设置石峰、竹丛、芭蕉之类。通过空窗，形成一幅幅绝妙的图画，使游人在游赏中不断获得新的画面感受。空窗还有使空间相互渗透，增加景深的作用，它的形式有很多，如长方形、六角形、瓶形、圆形、扇形等。

漏窗可用于分隔景区空间，使空间似隔非隔，景物若隐若现，起到虚中有实、实中有虚、隔而不断的艺术效果。而漏窗自身有景，受人喜爱。漏窗窗框形式繁多，有长方形、圆形、六角形、八角形、扇形等。

(3) 园墙。

在园林建筑中，园墙一般是指围墙和屏壁(照壁)。它们主要用于分隔空间，丰富景致层次及控制、引导游览路线等，是空间构图的一项重要手段。园墙的形式很多，如云墙、梯形墙、白粉墙、水花墙、漏明墙、虎皮石墙等。

(4) 雕塑。

这里所说的雕塑主要是指带观赏性的小品雕塑，不包括烈士陵园、名人纪念公园中的纪念碑雕塑。雕塑的取材应与园林建筑环境相协调，要有统一的构思，使雕塑成为园林环境中的一个有机组成部分。雕塑的平面位置、体量、色彩、质感等方面都要置于园林环境中进行全面的考虑。

4. 亭

从亭的平面形状分，其有圆亭、方亭、三角亭、五角亭、六角亭、扇亭等；从屋顶形式分，其有单檐、重檐、三重檐、攒尖顶、平顶、歇山顶、卷棚顶等；从布设位置分，其有山亭、半山亭、水亭、桥亭及靠墙的半亭、在廊间的廊亭、在路中的路亭等。亭的布局既可单独设置，也可组合成群。

5. 廊

廊通常布置在两个建筑物或两个观赏点之间，成为空间联系和空间划分的一个重要手段。它不仅具有遮风避雨、联系交通的实用功能，还对园林风景的展开起着重要的组织作用。如果把整个园林作为一个“面”来看，那么亭、榭、轩、馆等建筑物在园林中可视作“点”，而廊、墙这类建筑则可视作“线”。通过这些“线”的联络，把各分散的“点”连接成一有机的整体。

廊依位置分为爬山廊、水走廊、平地廊，依结构形式分为空廊(两面为柱子)、半廊(一面柱子、一面墙)、复廊(两面为柱子、中间为镂花墙分隔)，依平面形式分为直廊、曲廊、回廊等。

6. 榭

榭是凭借着周围景色而构成的，它的结构按照自然环境的不同可以有各种形式。一般把榭看作是一种临水的建筑物，所以也称为水榭。它的基本形式是在水边架起一个平台，平台一半伸入水中，一半架立于岸边，平面四周以低平的栏杆围绕，然后在平台上建起一个木构的单体建筑物。其临水一侧特别开阔，成为人们在水边的一个重要休息场所，如苏州拙政园的“芙蓉榭”、网师园的“濯缨水阁”等。

7. 舫

舫是按照船的造型在园林湖泊中建造起来的一种船形建筑物，供人们在内游玩饮宴和观赏水景，如身临其境。舫的前半部多三面临水，船首一侧常设有平桥与岸相连，仿跳板之意。通常下部船体用石建筑，上部船舱则多为木结构。由于像船但不能动，故又名“不系舟”，如苏州拙政园的“香洲”、怡园的“画舫斋”，北京颐和园的石舫等。

二、园林植物与园林小品组合造景方法

① 景观小品的角隅通过植物配置进行缓和柔化最为有效，宜选用观花类、观叶类、观果类的灌木和地被、草本植物成丛种植，也可略作地形，在高处增添几株浓荫乔木，组成相对稳定、持久的园林景观。另外，景观小品以淡色、灰色系列居多，绿色的、色叶类的、带有各种花色的季相变化的植物与景观小品结合，可以弥补其单调感，增添另一种园林风格。

② 城市雕塑一般选用具有金属光泽或色彩鲜艳的材料，其形状大都为简单几何元素的叠加。在雕塑的周围留出一定面积的地坪或草坪，在雕塑与绿化之间起到一种材质、层次、色彩上的过渡；也可把植物修剪成几何形状，使物体的空间感更加统一。

③ 在距雕塑很远的地方开始进行大面积色块对比的绿化种植，直至雕塑前，这样能一下子吸引人们的视线，产生引导、铺垫的效果；在雕塑背后，则以高大的乔木(如银杏)作为背景，映衬出雕塑的造型之美。以道路交通岛的中心雕塑为中心，采用规则式绿化形式，由低至高层层拓展，强调、突出雕塑的位置感，使其成为感官上的空间中心。

技能提升一　西昌市烟雨鹭洲园林植物与景石的组合方式及造景分析

一、技能提升项目

西昌市烟雨鹭洲园林植物与景石的组合方式及造景分析。

二、技能提升目的

(1) 通过技能提升，将理论与实践相结合，巩固和提高课堂所学的知识。

(2) 通过课堂学习和课外调查，进一步培养学生实际学习的能力。

(3) 掌握园林植物与景石的组合方式的调查方法。

(4) 懂得用科学的方法调查园林植物与景石的组合方式，能够系统地归纳和概括知识，并对现行烟雨鹭洲园林植物与景石的组合方式及造景进行分析和总结。

三、技能提升要求

(1) 通过技能提升,复习和巩固课堂所学的植物学理论知识。

(2) 通过技能提升,培养学生科学的学习态度、吃苦耐劳的精神、严明的组织纪律和团结协作精神。

(3) 通过技能提升,初步掌握园林植物与景石的组合方式及造景分析等工作的基本操作方法,为以后的学习和工作打下基础。

四、技能提升内容

(一) 准备工作

准备工作包括建立组织,制订调研计划,收集相关资料,做好调研的物资准备等。

(二) 调查方法

(1) 全面调查。

(2) 抽样调查:典型与随机抽样。

(三) 外业工作

外业工作调查项目如下。

① 造景组合方式:全面调查,不能遗漏;

② 搭配植物的生长情况:生长量、树高、胸径、冠幅、年龄等;

③ 配置植物的生态习性分析:生长条件、生长状态等;

④ 功能配置调查:植物所承担的园林用途,所产生的景观效果。

(四) 内业资料整理

整理各种专项表格,包括植物调查名录总表、植物生长势分析统计表等,并对现状进行分析和总结,提出建议意见或者方案。

五、技能提升成果

西昌市烟雨鹭洲园林植物与景石的组合方式及造景分析报告一份(含建议意见或者改造方案)。

六、评分标准

园林植物与景石的组织方式及造景分析评分表见表5-7。

表5-7　园林植物与景石的组合方式及造景分析评分表

序号	项目	内容	分数/分	等级标准/分				得分/分
				优	良	及格	不及格	
1	报告材料	纸质报告一份,整理的各种专项表格,文字翔实,图表清楚、得当	15	12～15	8～11	4～7	0～3	

续表

序号	项目	内容	分数/分	等级标准/分				得分/分
				优	良	及格	不及格	
2	调查项目设计	能结合烟雨鹭洲不同场地环境特点及目的要求进行调查项目设计，主题明确，设计合理	12	10～12	7～9	4～6	0～3	
3	调查方法	调查方法选用科学、合理，符合规范	12	10～12	7～9	4～6	0～3	
4	各种表格整理	植物调查名录总表、植物生长势分析统计表等	16	13～16	9～12	5～8	0～4	
5	分析总结	调查整理后的分析恰当、准确，从文字上或者图上看能一目了然	12	8～12	5～7	3～4	0～2	
6	建议方案的可实施性	在保证功能的前提下，方案新颖，可实施性强（包括临时用地的处理方式）	8	7～8	5～6	3～4	0～2	
7	设计说明	对设计图和设计意向的分析、说明能够较好地表达设计构思	10	8～10	5～7	3～4	0～2	
8	方案汇报	汇报者思路清晰，语言流畅，能准确表达设计文件，制作的 PPT 文件美观、大方，答辩准确、合理	15	11～15	7～10	4～6	0～3	
总分								

技能提升二　西昌邛海公园植物与水体的配置形式和地方特色造景分析

一、技能提升项目

西昌邛海公园植物与水体的配置形式和地方特色造景分析。

二、技能提升目的

（1）通过技能提升，将理论与实践相结合，巩固和提高课堂所学的知识。

（2）通过课堂学习和课外调查，进一步培养学生实际学习的能力。

（3）掌握植物与水体配置形式的调查方法。

（4）懂得用科学的方法调查，能够系统地归纳和概括知识，并对现行西昌邛海公园植物与水体的配置形式和地方特色造景进行分析和总结。

三、技能提升要求

（1）通过技能提升，复习和巩固课堂所学的植物学理论知识。

（2）通过技能提升，培养学生科学的学习态度、吃苦耐劳的精神、严明的组织纪律和团结协作精神。

(3) 通过技能提升,初步掌握西昌邛海公园植物与水体的配置形式的调查和地方特色造景分析等工作的基本操作方法,为以后的学习和工作打下基础。

四、技能提升内容

(一) 准备工作

准备工作包括建立组织,制订调研计划,收集相关资料,做好调研的物资准备等。

(二) 调查方法

(1) 全面调查。

(2) 抽样调查:典型与随机抽样。

(三) 外业工作

外业工作调查项目如下。

① 组合方式:全面调查,不能遗漏;

② 配置植物的生长情况:生长量、树高、胸径、冠幅、年龄等;

③ 配置植物的生态习性分析:生长条件、生长状态等;

④ 功能配置调查:水生植物所承担的园林用途,所产生的景观效果等。

(四) 内业资料整理

整理各种专项表格,包括植物调查名录总表、植物生长势分析统计表等,并对现状进行分析和总结,提出建议意见或者方案。

五、技能提升成果

西昌市西昌邛海公园植物与水体的配置形式和地方特色造景分析报告一份(含建议意见或者改造方案)。

六、评分标准

邛海公园植物与水体的配置形式和地方特色造景分析评分表见表5-8。

表5-8 **邛海公园植物与水体的配置形式和地方特色造景分析评分表**

序号	项目	内容	分数/分	等级标准/分				得分/分
				优	良	及格	不及格	
1	报告材料	纸质报告一份,整理的各种专项表格,文字翔实,图表清楚、得当	15	12～15	8～11	4～7	0～3	
2	调查项目设计	能结合西昌邛海公园不同场地环境特点及目的要求进行调查项目设计,主题明确,设计合理	12	10～12	7～9	4～6	0～3	
3	调查方法	调查方法选用科学、合理,符合规范	12	10～12	7～9	4～6	0～3	
4	各种表格整理	植物调查名录总表、植物生长势分析统计表等	16	13～16	9～12	5～8	0～4	

续表

序号	项目	内容	分数/分	等级标准/分				得分/分
				优	良	及格	不及格	
5	分析总结	调查整理后的分析恰当、准确，从文字上或者图上看能一目了然	12	8～12	5～7	3～4	0～2	
6	建议方案的可实施性	在保证功能的前提下，方案新颖，可实施性强（包括临时用地的处理方式）	8	7～8	5～6	3～4	0～2	
7	设计说明	对设计图和设计意向的分析、说明能够较好地表达设计构思	10	8～10	5～7	3～4	0～2	
8	方案汇报	汇报者思路清晰，语言流畅，能准确表达设计文件，制作的PPT文件美观、大方，答辩准确、合理	15	11～15	7～10	4～6	0～3	
总分								

模块六　各类园林植物造景与设计综合实训

【知识目标】

1. 了解植物造景的设计方法；
2. 熟悉各类园林植物造景的特点和步骤；
3. 掌握各类园林植物造景设计的植物搭配。

【知识重点】

熟悉各类园林植物造景的特点，并根据植物习性和功能特点搭配植物。

【知识难点】

园林植物造景的设计方法。

实训一　专类园植物造景与设计综合实训

一、岩石园植物造景

岩石园的植物配置是以岩石和岩生植物为主体，辅以色彩鲜艳的花卉与观赏草，并且结合地形选择适当的沼生和水生植物，经过合理的规划，展示出高山、草甸、岩崖、碎石陡坡、峰峦溪流等自然景观和植物群落的一种专类植物园。这种植物配置与在场地中摆放几块山石的园林应用模式截然不同。岩石园展现了独特、优美的高山和岩生植物的生境景观。早在17世纪中叶，欧洲一些植物学家为引种阿尔卑斯山上丰富多彩的高山植物而修建了高山园。之后，此类花园的植物引种扩展到一些非高山地区岩石缝隙中生长的矮生花卉与灌木，并模仿高山植物和岩生生境景观，采用自然式布局，将植物与岩石有机结合，发展成了岩石园。在引种高山植物及建立岩石园的过程中，发现不少高山植物因不能忍受低海拔的环境条件而死亡，继而开始寻找一些貌似高山植物的灌木（如多年生宿根、球根花卉）来代替，才使得岩石园逐渐发展至今。在发展过程中，其形成了不同的形式与风格，如规矩式岩石园、自然式岩石园、墙园式岩石园、容器式微型岩石园等。

（一）岩石园植物类型

岩生植物作为岩石园的造园主体，是指直接生长于岩石之间的植物。它们来源于高山气候区，生长环境的气候条件比较特殊，是高山乔木分界线以上至雪线一带的高山地区分布的植物。首先，从生长习性来看，岩生植物生长缓慢，喜旱或耐旱，耐瘠薄土壤，适宜在岩石缝隙中生长；其次，从形态特征来看，岩生植物表现为低矮匍匐性，植株茎干不发达，叶多基生，植株被茸毛或角质化或革质化，叶小或退化，植株根系粗壮，地上部分通常丛生伏地；最后，由于生长环境紫外线强，其一般花色艳丽，多蓝、紫色花。所以，岩石园植物材料的选择不仅要以适合当地生存为前提，还需选择一些植株低矮，生长缓慢，节间短，叶小，开花繁茂，色彩绚丽，可多年生长，且抗性强、耐瘠薄土壤的植物品种。一般来讲，木本植物的选择主要取决于高度，多年生花卉应尽量选用小球茎和小型宿根花卉，并且最好是常绿的品种。低矮的一年生草本花卉也常用作临时性材料，它们是填充被遗漏的石隙最理想的材料。岩石园在日常养护中要控制生长茁壮的种类，可以使用如石蒜科、百合科、石竹科、石松科石松属的植物，并通常结合其他背景植物及水体、峰峦等地貌，造出高山自然景观的园林形式。北方以旱生植物为主，而南方以湿生植物为主。常用的岩石园植物有偃松、石松、岩蕨、花毛茛、金老梅、毛毡杜鹃、高山龙胆、黄报春、秋牡丹、耧斗菜、毛地黄、矮鸢尾、白头翁、垂盆草、紫花地丁、射干、鸦葱、桔梗等。

(二) 岩石园植物配置

(1) 苔藓类植物。

苔藓类植物是一种结构简单且最原始的高等植物，是高海拔地区常见的植被类型，常有由苔藓和地衣组成的苔原。它们大多是阴生、湿生植物，少数能在极度干旱的环境中生长。其中，不少属、种具有较强的耐旱能力，能生长在光裸或断裂的石壁上，并促使基质风化，为其他植物的生长创造条件。苔藓类植物包括苔和藓。藓类植物一般群集丛生，对环境条件适应性强，非常耐阴，可以在树荫下及草坪无法生长的地方生长，即使生存条件十分恶劣，也能安全生存。因此，人们常用藓类植物来布置岩石园。而苔类植物由于对水湿要求较高，一般较少采用。另外，藓类植物颜色丰富，非常适合讲究植物色彩搭配的岩石园建设。

(2) 蕨类植物。

蕨类植物虽没有绚丽的花朵和丰硕的果实，但叶形奇特，叶姿优美，叶色绿郁青翠，形态独特，具有极高的观赏价值。蕨类植物具有较强的耐阴性、适应性和抗性，可以在其他植物不能生长或生长不良的环境里生存，特别是能在土质贫瘠、环境荫蔽、不适宜栽培植物的地方栽植，而且生长快，不易受病虫害侵扰，管理粗放，配置其他植物，能营造远古风貌及幽静深远的自然情趣与景观。有些蕨类植物可以匍匐在岩石上，使岩石表面看起来柔和，水龙骨属、骨碎补属和阴石蕨属最适于这样种植。石生类蕨类植物还可以生长在岩石上，其根状茎及须根发达，可将植物固定在岩石上或石缝中。当雨水不多时，可种旱生蕨类。

(3) 裸子植物。

岩石园所用的裸子植物一般是指常绿的松柏类植物。高大的松柏类植物可作为整个岩石园的背景，还能丰富竖向景观层次，奠定岩石园的基调。具有匍匐性或矮生性的松柏类植物可作为山、岩生植物的背景，在色彩、质地上形成对比，常见的如铺地柏、沙地柏、铺地龙柏等。甚至雪松、云杉、冷杉、铁杉等都被培育出矮生或匐地的品种，更增加了岩石园的观赏性。有了常绿裸子植物的映衬，岩石园即使在秋、冬季休眠期，其景观也不致完全衰败。

(4) 被子植物。

被子植物中有一些科属是典型的高山岩生植物，如石蒜科、百合科、鸢尾科、天南星科、酢浆草科、凤仙花科、秋海棠科、野牡丹科等。这类植物种类很丰富，应根据岩石园的不同风格来进行植物配置，组成优美的群落。每丛种类的多少及面积视岩石园大小而异，同时要兼顾色彩的视觉效果。再者，同一岩石园的植物可能是来自不同地区的高山植物，且种类丰富，配置不好就会产生杂乱的景象。因此在配置前，要了解每种岩生植物的习性、色彩、花期等特性。岩石园应多用草本植物，一般用多年生花卉，这些植物花色鲜艳，是岩石园很好的调色植物；但还应增加些生活期长、管理粗放的矮小灌木，特别是常绿小灌木或乔木，以丰富岩石园底色。除色彩、线条上的景观要求外，把握每种高山、岩生植物对光照、土壤湿度的要求也很重要。

(5) 草坪。

草坪是岩石园植物景观的一个组成部分，可以在单纯开阔的草坪上布置一个个小岛形的栽植床，成组地配置高山、岩生植物，形成不同植物主题，打破草坪的单一感；也可模拟亚高山草甸和高山草甸的形式，前者以禾本科植物为主，后者以铺地植被为主，形成典型的高山景观。

(三) 岩石园植物造景

岩石园中除将岩生植物配植在合适的位置外，为控制植物种类，还在很多坡面上配植草坪。为进一步表现自然风貌，草坪上可配植各种宿根、球根花卉，模拟自然的高山草甸。高山植物在岩石园的配植中除色彩、线条等景观设计要求外，主要需满足其对光照及土壤湿度的要求。在岩石背阴处大面积种植蕨类、紫金牛等地被，满目绿色，生机勃勃，不但丰富了植物群落，具有良好的景观效果和生态效益，而且均为宿根草本，养护简单，节省费用。适当增加陆生观赏蕨类植物的比例，与花境植物配植，会产生红花绿叶、相得益彰之效，更显色彩鲜艳。整个岩石园应以低矮的花草、灌木与石山为主，局部点缀小乔木作为上层植被。而山石布置与植物的配置一样有讲究。山石布置形式有立有卧、有疏有密、有主有次，石与石之间留有能填入岩生植物生长所需各种土壤的缝隙与间隔，再根据环境条件和景观要求合理地进行种植布置。对于较大的岩石，可在其旁边种植矮生的常绿小乔木、常绿灌木或其他观赏灌木。岩石园作为园林的一种特殊形式，要善于处理空间与空间、空间与整体之间及整体与环境之间的关系，在空间布局合理的基础上配置植物，才能营造出更加和谐统一、循序渐进的园林作品。

二、园艺疗法专类园植物造景

植物的生命犹如人类的生命，从诞生开始，经过幼年期、青春期、中年期、老年期，最后结种死亡。园艺植物需要经过一定的管理才能茁壮成长、开花结果。通过照顾植物，不但可以获得植物果实，而且可以从中了解生命的韵律。许多案例表明，对智力、身体或精神障碍者进行简单的训练，使其参与园艺活动，在活动中可以帮助他们建立自信心和成就感。例如，美国弗吉尼亚州的一座疗养院运用园艺活动来治疗智障儿和自闭症患者，在夏天种菜、冬天种香菇的过程中，他们变得更加活泼，更有自信。

(一) 植物各属性对人的作用

(1) 植物对人的视觉作用。

暖色如红色、橙色、黄色，鲜艳夺目，使人心跳加快，精神亢奋，给人以热烈、辉煌、温暖和兴奋的感觉；冷色如绿色、蓝色、紫色，则较为深沉，使人感到清爽、娴雅、宁静和放松；白色花卉令人感到神圣、纯洁。利用植物的颜色可以对病人进行治疗。试验证明，浅蓝色鲜花对高烧病人镇静作用良好；孕妇看到紫色的鲜花会心情愉悦；红色的鲜花增进病人的食欲，增强听力；赭色的鲜花对低血压患者有益；而绿色的花叶能吸收阳光中的紫外线，减少对眼睛的刺激，因此对眼睛有保护作用，增强视力。长期用眼、用脑的劳动者，若经常面对一株翠嫩欲滴的盆景，可消除身心疲劳。花园内的摆设和园景设计能提供不同的视觉效果，并带来田园的气息。混合栽种当季开花的一年生花卉和多年生花卉，可保持庭园色彩缤纷，令人赏心悦目；一年生花卉可随季节而更换，为花园在不同季节换上新装。植物除了在地面和平面摆放外，也可通过吊篮或挂饰，提升全方位的视觉效果。不同颜色和形态的枝叶能提供不同的视觉效果。除了植物、花卉以外，花园也吸引各类昆虫。观赏蝴蝶和蜜蜂在花间飞舞，能提供视觉刺激，产生治疗效果。暖色系的花对于弱视、白内障等有视觉障碍的人来说很容易观赏。黄色的万寿菊与红色的美人蕉产生的鲜明对比，直接刺激人的视觉，给人带来强烈的视觉冲击。这种视觉刺激也是一岁前的婴儿最关注的方面。视觉方面感受性越强的人，越容易感受到植物对压力的缓解作用，而开花的植物相比没有开花的植物作用更大。

（2）植物对人的听觉作用。

听觉是除视觉之外被人们关注最多的感觉。叶子随风发出的簌簌声，青草摇曳的沙沙声，鸟叫虫鸣，花园内的风声，均能制造出不同的听觉效果，产生听觉刺激，让人感受大自然的美妙和转变。树木、篱笆、灌木丛、墙体可以阻隔一些噪声，提供宁静、轻松的空间。安装风铃或风洞能增加听觉刺激效果。加设池塘、瀑布，室内加设小型水池，其产生的潺潺流水声，能令人心境松弛、平和。禾本科草本植物及竹类植物经风吹摇动摩擦后，产生沙沙的声响。临床医学上经常出现虽然意识水平很低，但听觉还有反应的情况，故在医院治疗室外集中种植这类植物，对重症患者要使其皮肤感受阳光和空气。翻整土地时温度、硬度、形态、颜色、气味等的刺激传送到中枢，信息传导至大脑皮层的感觉区，有让心灵接上“地气”，缓解压力的作用，随后手的活动将抽象感情变成了具体意志，传导至土中。触摸庭园中的水，对刺激五官感觉及大脑的高等机能都有重要作用。1998 年英国切尔西花展的示范花园是个为老年痴呆症患者设计的庭园，其中设置了水流，其设置的把手能够引导人按照一定的速度沿着水的流向在花园中徘徊，同时考虑了落差与流水量，将落水声音调整到最小，以确保落水声音不会催生尿意。

植物对病人有辅助疗效，如听对面传来植物的沙沙声，让人看到恢复的希望。松涛声、海浪声也具有治疗效果，可根据环境条件选用。听觉对风景园林的感受仅次于视觉。北宋沈括在《梦溪笔谈》提到的“潇湘八景”中就有“潇湘夜雨”“烟寺晚钟”等声音景观。古代文人墨客在对自然风景的讴歌中，也留下了“两只黄鹂鸣翠柳”“两岸猿声啼不住”等为数众多的聆听风景的记述。

（3）植物对人的嗅觉作用。

花卉所散发的各种袭人香气，可通过鼻道嗅觉神经直达大脑中枢，改善大脑功能，激发愉悦感，对疾病康复和预防疾病有一定的作用。经现代科学证实，花香的分子颗粒既有杀菌效能，又可净化环境。据测试，经常置身于芬芳、静谧、景色优美的花木丛中，可使人的皮肤温度降低 1～2 ℃，脉搏平均每分钟减少 4～8 次，呼吸减慢而均匀，心脏负担减轻，人的嗅觉、听觉及思维活动的灵敏度增强。不同种类的植物可散发出不同的香气，其中所含不同的挥发性芳香分子与人们的嗅觉细胞接触后会产生不同的化学反应，对人们情绪的影响也不同，可对不同疾病发挥疗效。春季盛开的丁香花，其所散发的香味净化空气能力较强，还可镇痛镇静。夏季开放的茉莉花，其花香具有理气、解郁和避秽作用，还可驱蚊，防治疾病。秋季傲霜怒放的菊花所含有的挥发性芳香物质，具有清热祛风、平肝明目之效。桂花之香解郁避秽，有助于治疗狂躁性精神病。另外，薰衣草的香气可舒缓头痛、失眠的状况，还对治疗心律过快有效。鼠尾草的香味使人心情平和。天竺葵可减缓焦虑及疲劳的状态，令人松弛。米兰花香可以驱蚊，还能使哮喘病人感到心情舒适。花香还能唤起人们美好的记忆和联想，桂花的香气能勾起思乡之情；玫瑰花香味会使人想到阳光和春风；夜来香的芬芳则使人产生漫步于幽径或者月夜花丛中的遐想。有一些植物晚间才散发出香味，有一些植物则要揉碎叶子后香味才会散发出来。充满香味的花园能令人驻足欣赏，产生轻松、平和的感觉。依据对象的需要、植物的香味浓度和感官效果，栽种一些合适的嗅觉刺激植物。人们可根据其香味浓度或远距离闻赏，或近距离接触。

植物的气味容易唤起感情方面的记忆，对记忆的保持和回忆也有很大影响。对于嗅觉和味觉的治疗，在植物疗法项目中，除了可以使用百合、薰衣草、月季等释放香味的植物外，还可以使用大蒜、韭菜、洋葱等有刺激气味的植物。香草的效果最为明显，而德国柑橘的香味能让人想起食物，熟透的番茄则对改善记忆障碍、语言障碍症状有较大作用。这些植物对于交流障碍者的治疗有一定效果。

(4) 植物对人的味觉作用。

庭园内可考虑开辟一角设计为味觉花园，栽种水果、蔬菜、香草。容易栽培的果实成熟时可以烹饪和享用。采摘食用香草，加入食谱或冲泡花茶，均能产生味觉治疗效果。味觉花园所占空间不大，许多蔬果甚至可以盆栽，但需要充足的阳光。栽植时应该尽量避免使用农药，防止参与者因触摸和误食而发生意外。在社区花园或居住区绿地中，可以考虑种植一些可食用的植物或果树。选择合适的树种，稍加管理，就能取得不错的效果。一些单位附属绿地曾经栽植了许多果树，果实成熟的时候大家共同分享，收获的喜悦成为了很多人美好的记忆。

(5) 植物对人的触觉作用。

触觉是很重要的感觉，对记忆和感性有很深的影响，会刺激大脑皮质的直觉区、运动区。让参与者触摸不同质地的植物，通过触觉感知立体感，认识材料的性质，达到感官刺激效果。植物的不同部位如树皮、树叶、花朵、果实、种子，能提供不同的感官刺激。不同的植物质地不同，或平滑或粗糙，或有毛或坚实，或薄脆或肉质，故会有不同的触觉刺激。肉质植物如虎尾兰、芦荟、生石花，绒面植物如银叶菊、天鹅绒、银叶薰衣草，质地柔软的植物如朝雾草，质地薄脆的植物如麦秆菊等都是不错的选择。选择触觉刺激植物时，留意植物是否有刺。如含羞草，触摸时叶片会闭合，能提供很好的触觉刺激，但它茎上长满刺，需加倍留意，以免触摸者被刺伤。要避免选择有毒植物，以免误食而产生意外。小孩用手或嘴感知世界，见到东西就要摸一下或含在嘴里，因此必须事先选择安全的植物。绵毛水苏、银芽柳、朝雾草是非常柔软的，触摸它们就像触摸动物一样，甚至能感受它们的体温，适合孩子们的感觉体验。

(二)针对各类人群的园艺疗法植物配置

(1)针对老年人的园艺疗法。

调查显示,老年人喜欢较为正式,管理也较好的景观。置身于花海、林荫、草丛里,老年人不仅可以减轻身体的疲劳,还可消除不良情绪、平静内心。植物的颜色、形状、气味或味道会对老年人产生强烈的视觉、嗅觉和触觉刺激,同时花园中的鸟语虫鸣、风吹雨打会对观赏者产生强烈的听觉刺激,从而激发机体潜能,延缓器官衰老。但是许多老年人不喜欢或不方便出远门,喜欢在家附近活动,因此居住区和社区的景观和环境品质对老年人尤为重要。老年人通常有很多时间,许多老年人在65岁以后开始出现阿尔茨海默症症状,除了药物治疗以外,园艺疗法让老年人有休闲活动的场所和良好的生活环境与社交机会,是减缓病症发生的有效方法。运用园艺疗法,经常参加农艺和园艺活动,从事各种力所能及的工作,老年人不仅能锻炼身体,强化其功能,还可以训练其协调性,是预防衰老的最好措施之一。对老年人来说,园艺活动要循序渐进,在整个活动过程中,消耗体力的同时可以增强老年人的自我控制能力,改善心理状况。当自己培植的树木成林、鲜花绽放时,参与者会得到莫大的满足感。同时,来自外界的赞赏会使老年人感觉到自己老有所用,增强他们的自信心和满足感,减轻无价值感。在园艺活动中,园艺植物或因季节变化而枯死,或因管理不当而枯萎。老年人会逐渐感受到生物的生老病死是难以抗拒的自然规律,能安然面对衰老与死亡,进而克服对死亡的恐惧心理。参加园艺活动可以促进老年人互相交流,增加他们与社会的接触,消除他们的孤独感。根据老年人的心理特点,园艺疗法活动可以设置多人参与。这样,在活动的过程中,老年人就会对自己感兴趣的话题展开讨论。为老年人设计的景观,要考虑他们的感官功能可能变弱,需要相应增加刺激的数量与强度。针对老年人行动能力变弱,要注意景观的可达性和无障碍设计,增设休息设施。

(2)针对未成年人的园艺疗法。

保证未成年人健康、安全成长关系到社会安定,乃至国家的长治久安,因此应根据未成年人的身心特点,给他们创造发挥自我、克服困难与自我成长的环境,确保他们能够健康长大。未成年人天生与大自然较为接近,景观环境中配置较多的自然元素更能提升孩子的学习情绪。流水、树木、草地,吸引动物前来的花草等都能激发未成年人的兴趣。未成年人参加园艺疗法活动,可以促进肌肉发育,增强体力和运动协调性;促进身体发育,形成强健的体魄;促进心理成长,培养自信心;提升与他人合作的能力,增强社会性;提高审美情趣,提高艺术鉴赏力;同时,适度的园艺劳动可以消耗未成年人过剩的精力和体力。

(3)针对残疾人的园艺疗法。

针对视力残疾者的花园,在设计时可有针对性地加强听觉和其他感官的刺激,加深除视觉外其他的感官体会,锻炼其灵敏性,让他们在运用听觉的基础上,结合触觉、嗅觉、身体感觉等,最大限度地代偿其视觉缺陷。此类园艺活动应选择地势平坦的场地,标志牌做成可触摸式,通过触摸肉质光滑或毛茸茸的植物,让他们体会园艺活动的乐趣。

对于听觉或平衡技能障碍者,增强视觉、触觉等其他感觉的刺激,将引导他们的操作步骤做成标牌,园艺活动采用色彩鲜艳或可触摸的植物,以及插花、压花等项目,侧重其他正常感官的体验。对于平衡技能障碍者,应减少需精细活动的内容。

对语言障碍者,其视觉和形象思维甚至优于普通人,设计中应注重细节,加强感官的刺激，让他们有丰富的内心体验。

对于为残疾人安排的园艺疗法，应根据他们的残疾类型及程度，有目的地设计一些难易适中的项目，达到辅助治疗的效果，使他们尽快走出自卑的阴影。

三、雨水花园的植物造景

(一) 雨水花园的场地选址

雨水花园的建造场地应当充分考虑周边环境，综合区域优势来选择。其选择过程中需要注意以下几点：

(1) 应该将雨水花园定位于径流流经的地方，使其得到充分利用。

(2) 雨水花园位于建筑物附近时，选取的场地至少与建筑物保持 3 m 的距离，以避免地基渗水而影响建筑安全。

(3) 雨水花园不能选在地下水水位过高的位置，更不能选在靠近供水系统的地方或水井周边。

(4) 尽量不要设置在树下，让雨水花园能直接接触全日照。

(5) 雨水花园不是水景园，所以不能选址于经常积水的低洼地。雨水花园尽量选在平地之上，减少土方量，以利于建造。

(6) 雨水花园应尽可能多地吸收水，因此不要将其设计场地选在排水不良或已有池塘花园的地块上。如果将雨水花园选在土壤排水性较差的场地上，雨水往地下渗透速度较慢，会使雨水长时间积聚在雨水花园中，既对植物生长不利，又容易滋生蚊虫。

土壤有良好的渗透性是这类绿地建造的必备条件，从而需通过最少的投资与管理实现生态最优化。雨水花园的设计渗透能力需要不小于区域内暴雨强度降雨量的要求。由于完全渗透型的雨水花园强调渗透作用，对雨水水质的污染控制能力较弱，因此应对该地区的污染程度和地基承载情况进行调研。根据调研结果对雨水水质和地下水位进行监测和控制，具体采取低势绿地、渗透浅沟、渗透井、渗透塘等多种措施。

(二) 雨水花园的设计定位

雨水花园场地选定后，根据其周边区域内的水资源、水质的功能需求，应对将要建造的雨水花园作总体定位。一般按其功能，雨水花园可以定位为雨水渗透型和雨水收集型两种。这两种类型雨水花园在建设时，可以将整个雨水花园整体定性，也可以在同一雨水花园中按区域划分应用。

(1) 雨水渗透型——控制径流量。

雨水渗透型雨水花园通过滞留与渗透雨水控制径流量。雨水渗透型雨水花园在减少区域雨洪径流量的同时，地下水得以回灌。此外，其在美化环境、净化水质方面也起到一定的作用。雨水渗透型雨水花园多用于处理水质相对较好的小汇流面积的雨洪，如公共建筑或小区中的屋面雨水、污染较轻的道路雨水、城乡分散的单户庭院径流等。雨水渗透型雨水花园具有显著的雨洪调节功能，但是渗透能力是有限的。大型公共绿地内可建设雨水渗透型绿地，但要注意结合相应的溢水管道和雨水集水型绿地共同使用。此外，根据具体雨水水质的不同，可采用初期雨水分流、截污、沉淀等措施。

完全渗透型雨水花园强调雨水就地渗入，基本不考虑雨水滞留。这种类型的雨水花园适用于水资源相对充足、雨水污染较轻的地区，主要用于对该地区的雨洪调节。

部分渗透型雨水花园是径流流入绿地后大部分被渗透，而少部分被滞留利用或排放。这种类型的雨水花园以渗透为主，却结合了雨水收集利用。其同样要求土壤有较好的渗透性，但是这种部分渗透更加安全、可靠。加入了雨水收集的部分功能后，使得区域内的雨水在渗入地下、补充地下水的过程中，水质得到有效的保证。根据植被土壤、建筑、广场等具体状况设计渗透设施，超过渗透能力的雨水则通过城市管网进行排放。当现场渗透性特别好时，在地下某深度处铺设盲管集水，先将所有的雨水渗透地下，然后排放或循环使用。

(2) 雨水收集型——控制径流污染。

雨水收集型的雨水花园更加强调在雨水的收集过程中对雨水水质的净化作用。有些文献将该类型雨水花园称为生物滞留区，强调了其控制径流污染的能力。其在城市环境污染相对严重的地块比较适用，如城市中心、停车场、广场、道路的周边等地。由于要去除雨水中的污染物质，因此其在土壤配比、植物选择及底层结构上需要更严密的设计。

完全收集型雨水花园是指尽可能地储存、利用雨水，并且借助雨水花园的生态技术充分控制径流污染。我国疆域广阔，水资源类型丰富，但仍存在很多干旱的地区，收集并贮存利用雨水已然成为习俗。雨水花园绿地的建设在这些缺水、有污染的地区，首先应保证水量与水质。设计雨水花园时要求减小雨水在地面的渗透量，并在短时间内将降雨汇集到储水池充分净化，控制径流污染，然后加以综合利用。

部分收集型雨水花园是以收集雨水、控制径流污染为主，结合雨水渗透设施的雨水花园。这类雨水花园适用于有用水要求的、有污染的地区。其在建造时应根据用水量要求设计，以此确定集雨面的大小和采取的加强集雨效率的技术措施。当降雨量大，雨水收集超过需求量时，雨水按土壤渗透或修建的渗透设施来进行处理。

(三) 雨水花园的植物配置

雨水花园中的植被体系不仅能美化环境，其还对雨水花园内的地表径流控制极为有效。植被也能改善土壤的粗糙程度、土壤的抗侵蚀能力，保水固土。随着植被体系的覆盖度增大，雨水径流量明显减小。此外，植被的根系发达，使得土壤相对疏松，对降雨的入渗性能同裸地相比也大为增强。植物配置要综合考虑植物的姿态、色彩、质感、花期、植株大小，形成具有野趣的、自然的雨水花园景观。植物可以与石材相互搭配，以丰富雨水花园景观类型。为了更好地发挥雨水花园的作用，植物选择应当遵循以下原则：

(1) 以乡土植物为主，本地植物应多于引进的外来植物。

(2) 种植在雨水花园的植物应是多年生的，可短时间耐水涝和耐旱的植物。

(3) 特别注意排除有毒的、入侵性的、有安全问题的植物。

(4) 尽量选择一些季相明显的植物，突显季节变化的自然趣味。

(5) 选择香花性植物，尽可能吸引蜜蜂、蝴蝶，创造人与动物接触的平台。

(6) 物种的规划应根据现状条件，做到随意而自然。物种数量也应该与雨水花园的大小相匹配，较大的雨水花园，其物种也相应较多。

实训二 居住区植物造景与设计综合实训

居住区环境质量的高低对人的身心健康有很大的影响，而植物是居住区绿化环境的主体。居住区的生态环境需要绿色植物的平衡和调节，居住区作为城市环境的组成部分，其环境状况直接影响着城市的面貌。因此，居住区的植物造景设计直接影响小区环境质量与城市景观面貌。居住区绿地一般包括公共绿地、宅旁绿地、配套公用建筑所属绿地和道路绿地等。

一、居住区公共绿地植物造景

居住区公共绿地（图 6-1）是居民公共使用的绿地，包括居住区公园、居住区中心游园、居住生活单元组团绿地及儿童游戏场和其他块状、带状公共绿地等。其服务对象是居住区所有居民。居住区公共绿地集中反映了小区绿地质量水平，一般要求有较高的设计水平和一定的艺术效果，是居住区绿化的重点。居住区公共绿地与城市公园相比，游人成分单一，主要是本居住区的居民，游园时间比较集中，多在早晚，特别是夏季的晚上。因此，要在绿地中加强照明设施，避免人们在植物丛中因为黑暗而陷入危险。另外，还可利用一些香花植物进行配置，如白玉兰、玉兰、含笑、腊梅、丁香、桂花、结香、栀子花、玫瑰及素馨等，形成居住区公园的特色。

图 6-1 居住区公共绿地示意图

居住区公园是户外活动时间较长的场所，使用频率较高的对象是儿童及老年人。因此，植物配置应多选用夏季遮阴效果好的落叶大乔木，结合活动设施布置疏林地，可用常绿绿篱分割空间和绿地外围，成行种植大乔木，以减弱喧闹声对周围住户的影响。观赏树种避免选择带刺的或有毒、有异味的品种，应以落叶乔木为主，配置少量的观赏花木、草坪等。在大树下设置石凳、桌、椅及儿童活动设施，便于老年人坐下休息或看管孩子游戏。在体育运动场外围，可种植冠幅较大、生长健壮的大乔木，为运动者休息时遮阴。

居住区公共绿地植物造景实例如图6-2所示。

居住区乔、灌、草搭配景观

居住区灌、草搭配景观

图6-2 居住区公共绿地植物造景实例

二、宅旁绿地植物造景

宅旁绿地包括宅前、宅后、住宅之间及建筑本身的绿化用地等，最接近居民生活。在居住小区总用地中，宅旁绿地面积最大，分布最广，使用率最高。其绿地面积占居住区绿地面积的35%左右，通常比小区公共绿地面积指标大3～4倍，对居住环境质量和城市景观的影响比较明显，在规划设计中需要考虑的因素也比较复杂。

(1) 底层住户小院的绿化。

低层或多层住宅一般结合单元平面，在宅前自墙面至道路留出3 m左右的空地，给底层住户每户安排专用小院，可用绿篱或花墙、栅栏围合起来。小院外围绿化可做统一安排，内部则由每家住户自由栽花植草，布置方式和植物种类随住户喜好而定。但由于面积较小，小院内绿化宜简洁，或以盆栽植物为主。

(2) 独户庭院的绿化。

别墅庭院是独户庭院的代表形式，往往由别墅主人确定其风格，反映了强烈的个人喜好。因此，院内应根据住户的喜好进行绿化布置，植物选择、搭配应与庭院设计风格紧密结合，相得益彰。面积较大的庭院，除了布置植物，还可在院内设小型水池、山石、建筑小品等。植物的种植应与其他造园要素相结合，宜主要选用小体量的草本植物和灌木，适量选用中、小乔木，保证庭院内有较好的采光和通风条件，并避免产生拥挤、闭塞之感，有毒、有飞毛、有臭味的植物都不宜选用。根据庭院主人的喜好，选择某些具有吉祥、平安等含义的植物，如传统的“玉堂富贵”(玉兰、海棠、牡丹、桂花)。虽然庭院面积有限，但选用的植物种类和品种可丰富些，通常包括乔木、灌木、藤本、竹类、草花类等观赏植物，还可根据主人喜好种植一些蔬菜、果树及药用植物，增添生活情趣。

(3) 宅间活动场地的绿化。

宅间活动场所属于半公共空间，主要供幼儿活动和老人休息使用，其植物景观的优劣直接影响居民的日常生活。宅间活动场地绿化布置类型如表6-1所示。

表 6-1　　宅间活动场地绿化布置类型

类型	特点	备注
树林型	以高大乔木为主，缺乏灌木和花草搭配，显得较为单调	高大乔木与住宅墙面间的距离应为 5～8 m
游园型	开辟园林小径，设置小型游园和休息场地，所需投资较大	住宅间距在 30 m 以上
棚架型	以棚架绿化为主，选用紫藤、炮仗花等观赏价值高的攀缘植物	
草坪型	以草坪景观为主，种植一些乔、灌木，形成疏朗、通透的景观效果	

三、居住区道路绿地植物造景

居住区道路是联系小区绿地的纽带。居住区道旁绿化在居住区绿化中占有很大的比例，它连接着居住区小游园、宅旁绿地，一直通向各个角落，直至住宅门前。因此，道路绿化与居民生活关系十分密切。其绿化功能主要是美化环境、遮阴、减少噪声、防尘、通风、保护路面等，绿化布置应根据道路级别、性质、断面组成、走向、地下设施和两边住宅形式而定。

① 主干道。主干道联系着城市干道与居住区内部的次干道和小道，车行、人行并重。其道旁的绿化可选用枝叶茂盛的落叶乔木作为行道树，以行列式栽植为主，各条干道和树种选择应有所区别。中央分车带可用低矮的灌木，转弯处的绿化应留有安全视距，不得妨碍汽车驾驶员的视线；也可以用耐阴的花灌木和草本花卉形成花境，以丰富道路景观；还可结合建筑山墙、绿化环境或小游园进行自然种植，既美观又利于交通，还利于防尘和阻隔噪声。

② 次干道。次干道(小区级)连接着小区主干道及小路等，以居民上下班、购物、上学、散步等人行为主，行车为次。其绿化树种应选择开花或富有叶色变化的乔木，形式与宅旁绿化、小花园绿化布局密切配合，以形成相互联系的整体。特别是相同建筑间的小路绿化应与行道树组合，使乔、灌木高低错落有致，使花与叶色具有四季变化的独特景观，以方便识别各栋建筑。次干道因地形起伏，两边会有高低不同的标高，在较低的一侧可种植常绿乔、灌木，以增强地形起伏感；在较高的一侧可种植草坪或低矮的灌木，以减弱地势起伏，使两边绿化有均衡感和稳定感。

③ 小道。生活区的小道联系着住宅区内的干道，以行人为主。宅间小道可以在一边种植小乔木，另一边种植花卉或草坪，但在转弯处不能种植高大的绿篱，以免遮挡人们骑自行车时的视线。靠近住宅的小路路旁绿化不能影响室内采光和通风，如果小路距离住宅 2 m 以内，则只能种花灌木或草坪。通向建筑路口的小道应适当放宽，扩大草坪铺装；乔、灌木应后退种植，结合道路或园林小品进行配置，以供人们就近活动；还要方便救护车、搬运车能临时靠近住户。各栋住户门口应选用不同树种，采用不同形式进行布置，以

利于辨别方向。另外，人流较多的地方，如公共建筑的前面、商店门口等，可以采取扩大道路铺装面积的方式来与小区公共绿地融为一体，设置花台、座椅、活动设施等，创造一个气氛活泼的活动中心。

四、居住区临街绿地植物造景

居住区沿着城市干道的一侧(包括城市干道红线之内的绿地)为临街绿地。其主要功能是美化街景，降低噪声；也可用花墙、栏杆分割，配以垂直绿化或花台、花境。临街绿化树种的配置应注意主风向。据测定，当声波顺风时，其方向趋于地面，这时自路边到建筑的临街绿化应由低向高地配置树种，特别是前沿应种植低矮常绿灌木；当声波逆风时，其方向远离地面，这时树种应顺着路边到建筑的方向由高到低进行配置，前边种高大的阔叶常绿乔木，后边种植相对矮小的树木。

实训三　工厂植物造景与设计综合实训

一、工厂绿化树种选择

工厂绿化树种选择的原则是适地适树，即要根据绿化地段的环境条件选择园林植物，使环境适合植物生长，也使植物能适应栽植环境。故要对拟绿化工厂的绿地环境条件有清晰的认识和了解，包括温度、湿度、光照等气候条件和土层厚度、土壤结构和肥力、pH值等土壤条件，也要对各种园林植物的生物学和生态学特征了如指掌。在适地适树的前提下，选择的树木花草成活率高，抗性和耐性强，绿化效果好。

工厂绿化树种选择时还应注意：

① 注意防污染植物的选择。工厂企业是污染源，要在调查研究的基础上选择防污能力较强的植物，以尽快取得良好的绿化效果，避免失败和浪费，发挥工厂绿地改善和保护环境的功能。

② 根据工厂生产功能不同选择植物。不同工厂、车间、仓库、料场的生产工艺流程和产品质量对环境的要求不同，如空气洁净程度、防火、防爆等。因此，选择绿化植物时要充分了解和考虑这些要求。工厂绿化管理人员有限，为省工节支，宜选择繁殖能力强、栽培容易和管理粗放的树种。为装饰美化厂容，要选择繁殖能力强的多年生宿根花卉。

③ 工厂绿化常用树种见表 6-2。

表 6-2　**工厂绿化常用树种**

抗性特征	树种
抗二氧化硫气体树种 (钢铁厂、大量燃煤电厂等)	大叶黄杨、雀舌黄杨、瓜子黄杨、海桐、蚊母、山茶、女贞、小叶女贞、棕榈、凤尾兰、夹竹桃、枸骨、枇杷、金橘、构树、无花果、白蜡、木麻黄、相思树、榕树、十大功劳、九里香、侧柏、银杏、广玉兰、鹅掌柴、柽柳、梧桐、重阳木、合欢、皂角、刺槐、国槐、紫穗槐、黄杨

续表

抗性特征	树种
抗氯气树种	龙柏、侧柏、大叶黄杨、海桐、蚊母、山茶、女贞、夹竹桃、凤尾兰、棕榈、构树、木槿、紫藤、无花果、樱花、枸骨、臭椿、榕树、九里香、小叶女贞、丝兰、广玉兰、柽柳、合欢、皂荚、国槐、黄杨、白榆树、红木棉、沙枣、椿树、白蜡、杜仲、桑树、柳树、枸杞
抗氯化氢气体树种(铝电解厂、磷肥厂、炼钢厂、砖瓦厂等)	大叶黄杨、海桐、蚊母、山茶、瓜子黄杨、龙柏、构树、朴树、石榴、桑树、香椿、丝棉木、侧柏、皂荚、国槐、柽柳、黄杨、木麻黄、白榆树、沙枣、夹竹桃、棕榈、红茴香、细叶香桂、杜仲、山茶
抗乙烯树种	夹竹桃、棕榈、悬铃木、凤尾兰
抗氨气树种	女贞、樟树、丝棉木、腊梅、柳杉、银杏、紫荆、杉木、石楠、石榴、朴树、无花果、皂荚、木槿、紫薇、玉兰、广玉兰
抗二氧化氮树种	龙柏、黑松、夹竹桃、大叶黄杨、棕榈、女贞、樟树、构树、广玉兰、臭椿、无花果、桑树、合欢、枫杨、刺槐、丝棉木、乌桕、石榴、酸枣、柳树、蚊母、泡桐树
抗臭氧树种	枇杷、悬铃木、枫杨、刺槐、银杏、柳杉、黑松、樟树、女贞、夹竹桃、冬青、连翘、八仙花、鹅掌楸
抗烟尘树种	樟树、黄杨、女贞、楠木、冬青、珊瑚树、广玉兰、石楠、枸骨、桂花、大叶黄杨、夹竹桃、栀子花、国槐、银杏、榆树、朴树、木槿、重阳木、刺槐、臭椿、构树、三角枫、桑树、紫薇、悬铃木、泡桐树、五角枫、乌桕、皂荚、榉树、樱花、腊梅、黄金树、大绣球
滞尘能力强树种	樟树、黄杨、女贞、楠木、冬青、珊瑚树、广玉兰、石楠、枸骨、桂花、大叶黄杨、夹竹桃、栀子花、国槐、银杏、悬铃木、榕树、凤凰木、海桐、黄杨、女贞、夹竹桃、榉树、朴树
防火树种	山茶、油茶、海桐、冬青、蚊母、八角金盘、女贞、杨梅、厚皮香、珊瑚树、枸骨、罗汉松、银杏、榉树

二、工厂各功能区植物造景

(1) 厂前区植物造景。

厂前区植物造景要求美观、整齐、大方，给人以深刻印象，还要方便车辆通行和人流集散。其植物种植方式多采用规则式或混合式，植物配置应与建筑立面、形体、色彩相协调，与城市道路相联系，种植类型多采用对峙式和行列式，因地制宜地设置林荫道、行道树、绿篱、花坛、草坪、喷泉、水池、假山及雕塑等。工厂入口处的布置要富于装饰性和观赏性，强调入口空间。建筑周围的绿化还要处理好空间艺术效果、通风、采光、与各种管线的关系，广场周边、道路两侧的行道树选用树冠大、浓郁、遮阴、耐修剪、生长快的乔木，或树姿优美、高大雄伟的常绿乔木，形成外围景观或林荫道。花坛、草坪及建筑周围的基础绿带或用修建整齐的常绿绿篱围边，点缀色彩鲜艳的花灌木、宿根花卉，或种植草坪，用色叶灌木形成模纹图案。如用地宽裕，厂前区植物造景还可与小游园的布置相结合，设置山泉水池、建筑小品、园路小径，放置园灯、凳椅等，栽植观赏花木和草坪，形成恬静、简洁、舒适、优美的环境。这样能为职工工余班后的休息、散步、交往、娱乐提供场所，也体现了厂区面貌，成为城市景观的有机组成部分。

(2) 生产车间植物造景。

生产车间植物造景要根据生产车间特点及其对环境的要求进行设计，为生产车间创造生产所需要的环境条件，减轻生产车间污染物对周围环境的影响和危害，满足生产车间安全生产、检修、运输等方面对环境的要求，为工人提供良好的短暂休息用地。生产车间周围的植物种植设计，第一应考虑有利于生产和室内通风、采光，距生产车间6～8 m内不宜栽植高大乔木；第二要把生产车间出入口两侧绿地作为重点绿化地段。各类生产车间生产性质不同，对环境要求不同，必须根据生产车间具体情况因地制宜地进行绿化设计。

各类生产车间周围绿化特点及设计要点见表6-3。

表6-3 各类生产车间周围绿化特点及设计要点

序号	类型	绿化特点	设计要点
1	精密仪器车间、食品车间、医药卫生车间、供水车间	对空气质量要求较高	以栽植藤本、常绿树木为主，铺设大块草坪，选用无飞絮、种毛、落果及不易掉叶的乔、灌木和杀菌能力强的树种
2	化工车间	有利于有害气体、粉尘的扩散、稀释或吸附，起隔离、分区、遮蔽的作用	栽植抗污、吸污、滞尘能力强的树种，用草坪，乔、灌木形成一定空间和立体层次的屏障
3	恒温车间、高温车间	有利于改善和调节小气候环境	由草坪，地被物，乔、灌木混交，形成自然式绿地，以常绿树种为主，配以色淡味香的花灌木，还可配置园林小品
4	噪声车间	有利于减弱噪声	选择枝叶茂密、分枝点低、叶面积大的乔、灌木，以常绿落叶树木组成复合混交林带
5	易燃、易爆车间	有利于防火、防爆	栽植防火树种，以草坪和乔木为主，不易栽植或少栽植花灌木，以利于可燃气体稀释、扩散，并留出消防通道和场地
6	露天作业区	起隔声、分区、遮阴作用	栽植大树冠的乔木混交林带
7	工艺美术车间	创造优美的环境	栽植姿态优美、色彩丰富的树木花草，配置水池、喷泉、假山、雕塑等园林小品，铺设园路小径
8	暗室作业车间	形成幽静、荫庇的环境	搭遮阴棚，或栽植枝叶繁茂的乔木，以常绿乔、灌木为主

(3) 仓库、堆场植物造景。

仓库植物造景要考虑消防、交通运输和装卸方便等要求，选用防火树种，禁用易燃树种，疏植高大乔木，间距为7～10 m，绿化布置宜简洁。仓库周围要留出5～7 m宽的消防通道。

对于露天堆场植物造景，在不影响物品堆放、车辆进出、装卸方便的情况下，周边栽植高大、防火、隔尘效果好的落叶阔叶树，外围加以隔离。

(4) 工厂防护林带设计。

工厂防护林带的主要作用是过滤滞留粉尘，净化空气，吸收有毒气体，减轻污染，保护、改善厂区乃至城镇环境。因此，工厂防护林带对生产有害排出物或卫生防护要求很高的工厂尤为重要。

工厂防护林带设计首先要根据污染因素、污染程度和绿化条件综合考虑，确立工厂防护林带的条数、宽度和位置。通常情况下，在工厂上风方向设置防护林带，是为了防止风沙侵袭及邻近企业污染物的侵害；在工厂下风方向设置防护林带，必须根据有害物排放、降落和扩散的特点，选择适当的位置和种植类型。一般情况下，污染物排除并不能立即降落，在厂房附近地段不必设置防护林带，而是将其设在污染物开始密集降落和受影响的地段内。工厂防护林带内不宜设置散步休息用的小道、广场，在横穿林带的道路两侧应重点美化隔离。烟尘和有害气体的扩散，与其排出量、风速、风向、垂直温差、气压、至污染源的距离及排除高度有关。因此，设置工厂防护林带要综合考虑这些因素，才能较大发挥卫生防护效果。在大型工厂中，为了连续降低风速和控制污染物的扩散程度，有时还要在厂内各区、各个车间之间设置防护林带，以起到隔离的作用。因此，工厂防护林带应与厂区、车间、仓库、道路绿化结合起来，以节省用地。

在植物选择方面，工厂防护林带应选择生长健壮、病虫害少、抗污染性强、树体高大、枝叶茂密、根系发达的树种；在树种搭配上，应使常绿树与落叶树相结合，乔、灌木相结合，阳性树与耐阴树相结合，速生树与慢生树相结合，净化功能与美化功能相结合。工厂防护林带结构以乔、灌混交的紧密结构和半通透结构为主，外轮廓保持梯形或屋脊形，且防护效果好。

实训四　校园绿地植物造景与设计综合实训

校园绿化的主要目的是创造浓荫覆盖、花团锦簇、绿草如茵、清洁卫生、安静清幽的校园环境，为师生的工作、学习和生活提供良好的环境和场所。

一、幼儿园绿地植物造景

幼儿园绿地植物的选择，要考虑儿童的心理特点和身心健康，选择形态优美、色彩鲜艳、适应性强、便于管理的植物，禁用有飞毛、有毒、有刺及易引起过敏的植物，如花椒、黄刺玫、漆树等。同时，建筑周围注意通风、采光，5 m范围内不能种植高大乔木。

公共活动场所是儿童游戏活动场所，是幼儿园重点绿化区。在活动器械附近，以种植遮阴的落叶乔木为主，角隅处适当点缀花灌木。整个室外活动场地应尽量铺设草坪，在周围种植成行的乔、灌木，形成浓密的防护带，起防风、防尘和隔离噪声的作用。有条件的幼儿园可单独设置菜园、果园或花园，以培养儿童热爱劳动和热爱科学的精神。可将其设置在全园一角，用篱笆隔离，里面种植少量果树、药用植物等。

二、中小学校绿地植物造景

中小学校绿地的植物造景设计要考虑建筑物的使用功能，如通风、采光、遮阴、交通集散，又要考虑建筑物的体量、色彩等。大门出入口、建筑门厅及庭院可作为校园绿化的重点，结合建筑、广场及主要道路进行绿化布置，注意色彩层次的对比变化。配置四季花木，建花坛，铺草坪，植绿篱，可衬托大门及建筑物入口空间和正立面景观，丰富校园景色，构筑校园文化。建筑物前后采用低矮树木的基础栽植，5 m范围内不种植高大乔木。两山墙处种植高大乔木，以防日晒。校园道路绿化以遮阴为主，可种植乔、灌木。

学校周围墙面种植绿篱或乔、灌木林带，使校园与外界环境相对隔离，避免相互干扰。中小学绿化树种选择与幼儿园相同，树木应挂牌，标明树种名称，便于学生识别、学习。

三、大专院校植物造景

大专院校校园面积大，一般分为校前区、教学区和生活区，各区功能不同，对绿化的要求不同，绿化形式相应有所变化。

(1) 校前区植物造景。

学校出入口与行政办公区组成校前区，与工厂厂前区一样，是学校的门面和标志，表现学校面貌。校前区绿化应以观赏为主，以衬托大门及主体建筑，突出高等学府安静、优美、庄重、大方的校园环境。

校前区绿化设计以规则式绿地为主，以校门、办公楼入口为中心轴线，布置广场、花坛、水池、喷泉、雕塑和国旗台，两侧对称布置装饰或休息性绿地，或在开阔的草地上种植树丛，点缀花灌木，自然活泼；或种植绿篱、草坪、花灌木，低矮开朗，富有图案装饰性。校前区绿地中的常绿树应占较大比例。

(2) 教学区植物造景。

教学区的绿化首先要保证安静的教学环境，在不影响教学楼内通风、采光的前提下，多种植落叶乔、灌木。为满足学生课间休息场地要求，教学楼附近要留出小型活动场地或阳光草坪等。

大礼堂是集会的场所，正面入口前设置集散广场。其绿化同校前区，空间较小，内容相应简单。礼堂周围的基础栽植以绿篱和装饰性树种为主，礼堂外围可结合道路和场地大小布置草坪、树林或花坛，以便人流集散。

实验楼的绿化同教学楼，但还要根据不同实验室的特殊要求进行设计。在选择树种时，应综合考虑防火、防爆、净化空气等因素。农、林、医类专业的实验楼庭院绿地可结合专业特点和教学需要布置成实习场地。例如，园艺园林类专业的实验楼可将庭院绿地设计成植物园，供学生认识树种；医学类专业的实验楼可设计为康复花园，利用植物的各种属性进行合理搭配，形成既具有观赏性又具有疗养康复功效的花园。

实训五　屋顶花园植物造景与设计综合实训

屋顶花园植物造景是指在建筑物、构筑物的顶部、天台、露台之上进行的绿化装饰及造园活动的总称。屋顶花园是根据屋顶的结构特点及屋顶上的生境条件，选择生态习性与之相适应的植物材料，通过一定的配置设计，达到丰富园林景观的一种形式。

一、屋顶花园的生态因子分析

影响屋顶花园营造的生态因子包括土壤、温度、光照、空气湿度和风等。与传统种植不同，这些生态因子具有自身独特的特点。

(1) 土壤。

由于受建筑物结构的制约，屋顶花园的荷载必须控制在一定范围内，土层厚度不能超出荷载的标准。较薄的种植土层不但极易干燥，植物容易缺水，而且土壤养分含量较少，需定期添加土壤腐殖质。

(2) 温度。

建筑材料的热容量小，白天接受太阳辐射后迅速升温，晚上受气温变化的影响又迅速降温，因此屋顶上的最高温度要高于地面最高温度，而最低温度又低于地面最低温度，日温差和年温差均比地面温差变化大。过高的温度会使植物的叶片焦灼，根系受损，过低的温度又会给植物造成寒害和冻害。但是，一定范围内的温差变化能促使植物生长。夏季昼夜温差大，土壤温度高，肥料容易分解，对植物生长有利。

(3) 光照。

屋顶上光照充足，光照强，接受日照多，为植物光合作用提供了良好的环境，利于阳性植物的生长和发育。同时，建筑物屋顶上的紫外线较多，日照时长比地面显著增加，这就为某些植物，尤其为旱生植物的生长提供了较好的环境。但对于阴性植物，强烈的光照会造成植物生长、发育不良，甚至死亡。因此，树种的选择对屋顶花园的营造尤为重要。

(4) 空气湿度。

屋顶上空气湿度情况差异较大。一般而言，低层建筑屋顶上的空气湿度同地面差异很小，而高层建筑屋顶上的空气湿度由于受气流的影响大，往往明显低于地表。干燥的空气往往成为一些喜湿润植物生长的限制因子。

(5) 风。

屋顶上气流通畅，容易产生较强的风，而屋顶花园的土层较薄，乔木的根系不能向纵深处生长，因此在植物选择时，应以浅根系、低矮而又抗强风的植物为主。

二、屋顶花园植物的选择

屋顶生态因子与地面不同，日照、温度、湿度及风力等都随着楼层的增加而变化。屋顶上的风力大、土层薄，选用根系太浅的植物容易被风吹倒；若加厚土层，又会增加建筑自身的质量，造成安全隐患。同时，乔木或其他深根系植物的发达根系会影响楼层防水层，造成渗漏。

因此，屋顶花园在选择植物时应选用阳性、比较低矮、健壮、耐干燥气候、浅根性、抗风强、耐寒、耐旱、易移栽、生长缓慢的植物种类和品种。

(1) 灌木和小乔木的选择。

常用的灌木和小乔木有鸡爪槭、红枫、南天竹、紫薇、木槿、贴梗海棠、腊梅、月季、玫瑰、海棠、红瑞木、山茶、桂花、牡丹、八角金盘、金钟花、连翘、迎春、栀子花、金丝桃、紫叶李、绣球花、枸杞、石榴、六月雪、福建茶、变叶木、石楠、黄金榕、一品红、龙爪槐、龙舌兰、假连翘、桃花、樱花、小叶女贞、合欢、夹竹桃、无花果、番石榴、珍珠梅、黄杨、雀舌黄杨、紫竹等。

(2) 草本花卉，草坪草、地被植物及水生花卉。

草本花卉有天竺葵、球根秋海棠、菊花、石竹、金盏菊、一串红、风信子、郁金香、凤仙花、鸡冠花、大丽花、金鱼草、雏菊、羽衣甘蓝、翠菊、美女樱、马樱丹、太阳花、千日红、虞美人、美人蕉、萱草、鸳鸯、芍药、葱莲等。

草坪草、地被植物常用的有天鹅绒草、早熟禾、麦冬、吊竹梅、吉祥草等。

水生花卉有荷花、睡莲、菱角、凤眼莲等。此外，仙人掌科植物也常用于屋顶花园。

(3) 攀缘植物。

攀缘植物有爬山虎、紫藤、常春藤、常春油麻藤、炮仗花、凌霄、扶芳藤、葡萄、蔷薇、金银花、牵牛花、丝瓜、佛手瓜等。

三、屋顶花园的植物配置

(1) 种植层的厚度。

种植层的厚度一般依据所选用的植物种类而定，草坪和低矮的草花为 15～30 cm，小灌木为 30～45 cm，大灌木为 45～60 cm，小乔木为 60～90 cm，深根系大乔木为 90～150 cm。草坪和乔灌木之间以斜坡过渡。种植层厚度的低限值只能满足植物基本生存所需的最低土壤条件，所以种植层的厚度应大于低限值。

(2) 种植方式。

种植方式主要有地栽、盆栽、桶栽、种植池和立体种植(棚架、垂吊、绿篱、画廊、攀缘种植)等。选择种植方式时不仅要考虑功能和美观需要，还要尽量减轻非植物质量(如减少花盆、种植池用量)。采用垂直绿化可以充分利用空间，增加绿量。绿篱和棚架不宜过高，且其每行的延伸方向应与常年风向平行。如果当地风力常大于 20 m/s，则应该设置防风篱架，以免遭受风害。

(3) 植物配置形式。

根据植物造景的方式,屋顶花园配置形式如表6-4所示。

表6-4　　屋顶花园配置形式

分类	配置形式	备注
地毯式	在承载能力较小的屋顶上,以草坪、地被植物或其他低矮花卉、花灌木为主进行造园的一种形式	种植层厚度小于30 cm
群落式	根据乔、灌木,草坪的生态习性,按自然群落的形式营造复层人工群落	屋顶荷载不小于400 kg/m^2,种植层厚度大于70 cm
中国古典园林式	把我国传统的写意山水园林加以取舍,常见于一些宾馆茶楼的屋顶上	配置从意境着手,体现小中见大的成效

技能提升一　西昌市某居住区植物造景设计模拟训练

一、技能提升内容

对西昌市某居住区进行植物造景设计。

二、技能提升目的

了解居住区植物造景的方法和过程;掌握居住区植物造景的设计要点和技巧;通过对居住区环境的实地调查,结合实际绘制居住区植物配置图,提高对居住区植物造景的能力。

三、技能提升要求

(1) 踏勘设计对象基址,并对基址状况做全面分析。

(2) 能合理进行功能分区,完成确定地形及位置等主要设计内容。

(3) 根据当地气候环境条件,确定植物种类。

(4) 按照居住区绿化要求,合理配置植物。

(5) 绘制居住区植物配置图,包括乔木配置图、灌木配置图、地被配置图。

(6) 撰写简要设计分析和说明,绘制苗木配置表。

四、操作步骤

(1) 踏勘设计对象基址,准确把握基址的周围环境和地形地貌。

(2) 根据设计地块的地形地貌,绘出相应的地形图。

(3) 根据所设计绿地的功能要求,结合基址情况进行功能分区,确定设计主题。按照相应主题，合理布置和确定设计内容，绘制设计草图。

(4) 在设计草图基础上进一步确定设计细节，绘制总平面图正稿，并在图上备注设计说明。

五、评分标准

居住区植物造景设计评分表见表 6-5。

表 6-5　居住区植物造景设计评分表

序号	项目	内容	分数/分	等级标准/分				得分/分
				优	良	及格	不及格	
1	设计图纸	三幅概念性设计手绘草图，图面简洁、比例得当，线条表现流畅	8	7～8	5～6	3～4	0～2	
2	植物造景立意构思	能结合场地环境特点及项目要求进行设计，立意构思新颖、巧妙，主题明确	12	10～12	7～9	4～6	0～3	
3	使用功能与空间组合	功能布局合理，符合设计规范	12	10～12	7～9	4～6	0～3	
4	植物配置设计	能因地制宜、合理地进行植物造景设计，做到景观层次丰富、四季有景的植物群落效果	16	13～16	9～12	5～8	0～4	
5	植物种类选择	能够适应当地气候条件，并生长良好	12	8～12	5～7	3～4	0～2	
6	方案的可实施性	在保证功能的前提下，方案新颖，可实施性强(包括临时用地的处理方式)	15	11～15	7～10	4～6	0～3	
7	设计说明	对设计图和设计意向的分析、说明能够较好地表达设计构思	10	8～10	5～7	3～4	0～2	
8	方案汇报	汇报者思路清晰，语言流畅，能准确表达设计文件，制作的 PPT 文件美观、大方，答辩准确、合理	15	11～15	7～10	4～6	0～3	
总分								

六、现状图纸

某居住区现状如图 6-3 所示。

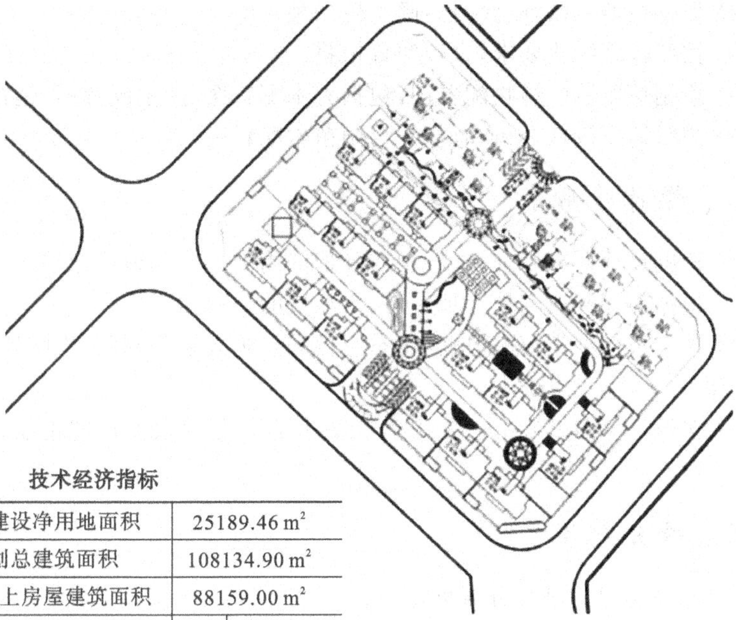

技术经济指标

一、	规划建设净用地面积	25189.46 m^2	
二、	规划总建筑面积	108134.90 m^2	
(一)	拟建地上房屋建筑面积	88159.00 m^2	
(二)	拟建地下建筑层数及面积	1层	19975.9 m^2
三、	容积率	3.50	
四、	建筑基底面积	10195.00 m^2	
五、	建筑密度	42%	
六、	总绿地面积	8950.00 m^2	
七、	绿地率	36%	
八、	停车位	539个	

图6-3　某居住区现状

技能提升二　西昌学院校园绿化设计综合训练

一、技能提升内容

对西昌学院工科实验大楼前空地进行植物造景设计。

二、技能提升目的

掌握校园植物造景的方法和过程，合理选择校园绿化树种并进行搭配；了解校园绿化植物造景的特点。

三、技能提升要求

(1) 踏勘设计对象基址，并对基址状况做全面分析。
(2) 能合理进行功能分区，完成确定地形及位置等主要设计内容。

(3) 根据当地气候环境条件,确定植物种类。

(4) 按照校园绿化要求,合理配置植物。

(5) 绘制该区域的植物配置图,包括乔木配置图、灌木配置图、地被配置图。

(6) 撰写简要设计分析和说明,绘制苗木配置表。

四、操作步骤

(1) 踏勘设计对象基址,准确把握基址的周围环境和地形地貌。

(2) 根据设计地块的地形地貌,做出相应的地形图。

(3) 选定植物种类,分析植物生态习性和景观效果,绘制植物配置草图并做好效果分析示意图。

(4) 在设计草图基础上进一步确定设计细节,绘制总平面图正稿,并在图上备注设计说明。

五、评分标准

校园植物造景设计评分表见表 6-6。

表 6-6 **校园植物造景设计评分表**

序号	项目	内容	分数/分	等级标准/分				得分/分
				优	良	及格	不及格	
1	设计图纸	三幅概念性设计手绘草图,图面简洁、比例得当,线条表现流畅	15	12～15	8～11	4～7	0～3	
2	植物造景立意构思	能结合场地环境特点及项目要求进行设计,立意构思新颖、巧妙,主题明确	12	10～12	7～9	4～6	0～3	
3	使用功能与空间组合	功能布局合理,符合设计规范	12	10～12	7～9	4～6	0～3	
4	植物配置设计	能因地制宜、合理地进行植物造景设计,做到景观层次丰富、四季有景的植物群落效果	16	13～16	9～12	5～8	0～4	
5	植物种类选择	能够适应当地气候条件,并生长良好	12	8～12	5～7	3～4	0～2	
6	方案的可实施性	在保证功能的前提下,方案新颖,可实施性强,植物配置成活率高,景观效果好	8	7～8	5～6	3～4	0～2	
7	设计说明	对设计图和设计意向的分析、说明能够较好地表达设计构思	10	8～10	5～7	3～4	0～2	
8	方案汇报	汇报者思路清晰,语言流畅,能准确表达设计文件,制作的 PPT 文件美观、大方,答辩准确、合理	15	11～15	7～10	4～6	0～3	
总分								

模块七 园林植物种植设计与施工

【知识目标】

1. 了解园林植物种植设计的步骤；
2. 熟悉园林植物种植设计的方法及施工的工序、技巧；
3. 掌握园林植物种植施工的步骤。

【知识重点】

园林植物种植设计的内容，如何进行施工图的绘制。

【知识难点】

园林植物现场施工的工序和方法。

实训一 植物种植设计的程序

在满足设计师的设计目的和处理各种环境问题上，植物与其他要素（地形、水体、建筑等）同等重要。在景观设计的过程中，在确定其他设计要素的功能、位置和结构的同时应尽早考虑植物的选择和布局，以确保它们在发挥其功能与观赏作用方面符合设计的要求。植物种植设计要与场地规划同时进行，并且按一定的程序和步骤进行。

一、现状调查与分析

明确绿地的性质，确定其功能、作用、布局、风格及种植形式，是整个植物种植设计程序的关键。该程序的初级阶段内容包括对园址的分析，认清问题和发现潜力及审阅工程委托人的要求。然后，园林设计师方能确定设计中需要考虑采用何种要素，了解需要解决的困难和明确预想的设计效果，完成现状分析。现场调查与分析具体来说可以分为以下几个步骤。

(1) 获取项目信息。

所需要的信息根据具体的设计项目而定，一般最先能够获取的信息取决于委托方对项目的认知度和具体要求。此外，委托方提供的图纸资料又是一个重要的信息来源，一般图纸资料包括测绘图（规划图），现状树木分布位置图，地下管线布局图，气象、水文资料，地质土壤情况，地域特色、民风民俗等方面的背景资料。

(2) 现场勘测。

无论何种项目，设计师都必须到现场进行实地踏勘。一方面，其可以核对、补充所收集的图纸资料，如建筑现状（包括建筑风格、大小、色彩、应用功能），树木的情况，水文、地质、地形等自然条件；另一方面，通过实地观察，熟悉场地环境、场地与周围区域的关系（包括场地土壤、土层、建筑垃圾存留状况及周边建筑物与植被现状的相关联系），全面了解场地状况，做好设计的准备工作。

（3）现状分析。

现状分析是设计的基础和依据，是将获得的项目信息进行有效分析、构图、使用的阶段。其目的是通过有效的分析，得出相关结论，从而更好地指导后续设计，使设计方案更加合理、完善。某庭院现状分析图如图 7-1 所示。

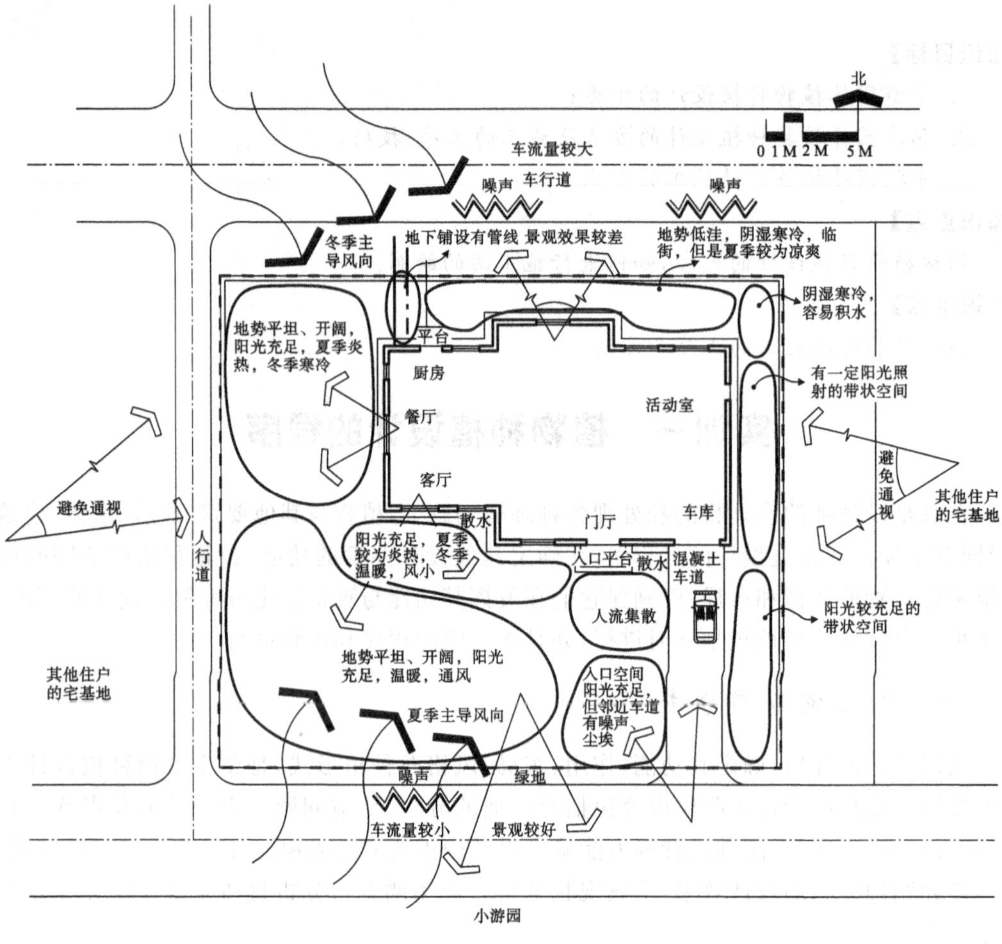

图 7-1　某庭院现状分析图

二、功能分区和种植规划

在初步构思阶段，设计师通常会借助图、表、符号等表现手段来表示空间（室外空间）、围墙、屏障、景物及道路等，以抽象的方式描述设计要素。不同环境空间的种植设计应相应地反映出环境的功能并发挥植物的作用。在这一阶段，一般不考虑需要使用何种植物，或各单株植物的具体分布和配置。此时，设计师所关心的只是植物种植区域的位置和相对面积及植物的功能，即构思与绘制功能分区图。特殊结构、材料或工程的细节在此刻均不重要。在许多情形中，为了估价和选择最佳的设计方案，往往需要拟订出几种不同的、可供选择的植物种植功能及景观分区图（图 7-2）。

只有对植物种植功能及景观分区图做出优先的考虑和确定，并使分区图更加完善、合

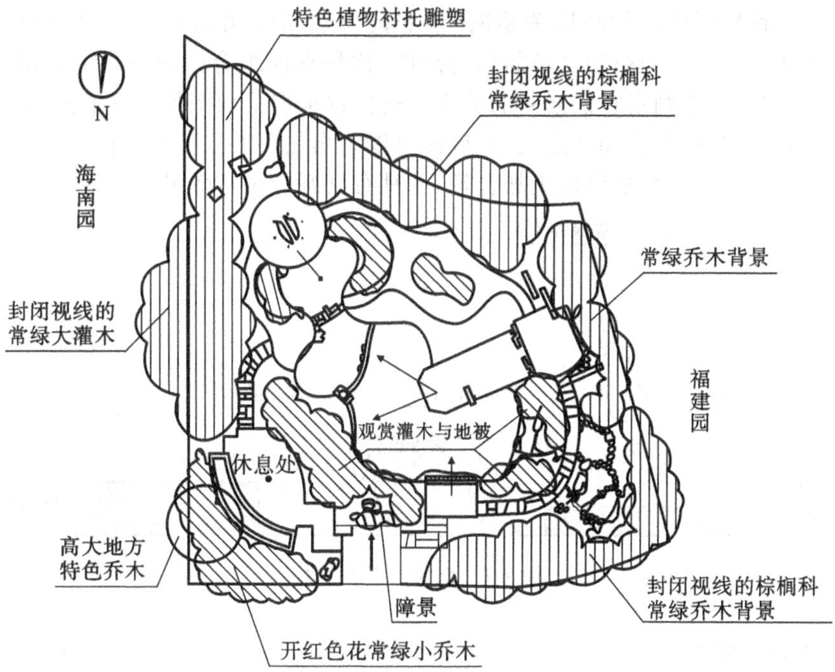

图 7-2　植物种植功能及景观分区图

理，才能考虑加入更多的细节和细部设计，有时我们将这种更深入、更详细的功能图称为植物种植规划图(图 7-3)。在这一阶段，应主要考虑种植区域内部的初步布局及植物群落的层次、关系等。此时，设计师应将种植区域划分成更小的，象征着各种植物类型、大小和形态的区域，并考虑乔木、灌木的组合方式、空间层次及立面效果等。

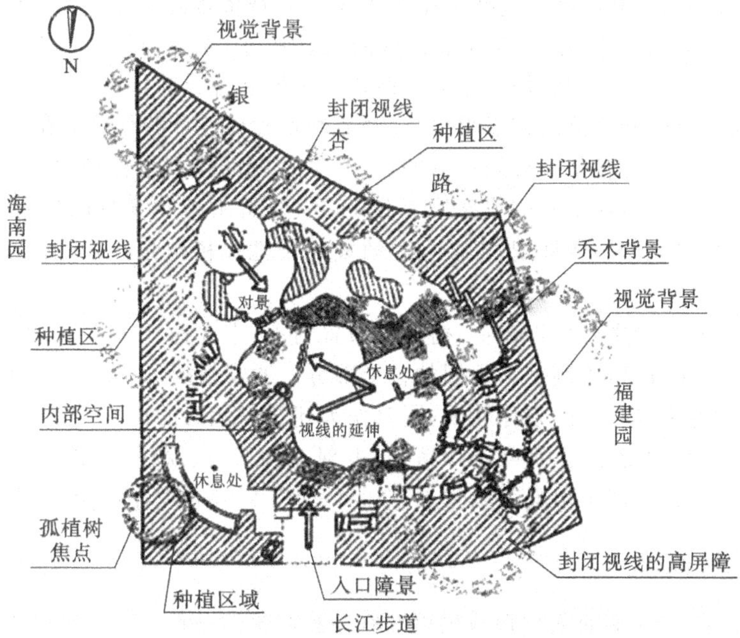

图 7-3　植物种植规划图

分析一个种植区域内的高度关系时，理想的方法是绘出植物立面组合图(图 7-4)。用概括的方法分析各不同植物区域的相对高度，这种立面组合图或投影分析图可使设计师看出实际高度，并能判定它们之间的关系。这比仅根据平面图推测它们的高度更有效。考虑不同的方向、视线距离和视点关系，应该可以画出更多的立面组合图。这样，综合性、多角度的分析组图能使种植设计更加合理，并具有良好的观赏效果。

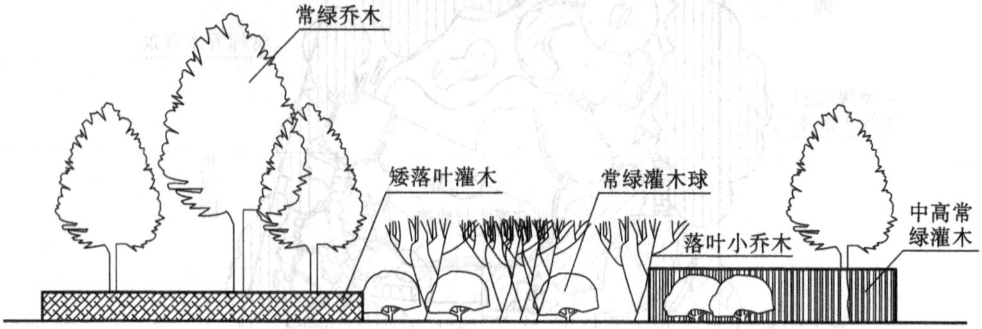

图 7-4　植物立面组合图

三、初步设计

确定景观风格和种植规划后，应对绿地所需选择的骨干树种、基调树种和主景树进行考虑。不同地域、不同文化背景、不同使用功能均会形成不同的植物景观群落和景观效果。因此，种植设计应考虑配合场地景观的需要，发挥栽植的功能，塑造场地景观独特的栽植意境，利用栽植塑造场地的空间意象等。骨干树种是指针对本地自然条件，从生长条件来看适合大量运用的树种，在营造林带或群植时选用。基调树种是指体现绿化功能、设计风格及理念的树种，其品种的选择根据景观风格和种植规划确定。主景树在种植设计中可以是独立的造景元素，本身应具备独特的观赏特性，如孤植树。但在一个设计项目中，主景植物不宜过多，否则将使注意力分散在众多形态各异的目标上。

设计师在完成植物群落的初步组合后，就能确定种植设计的程序。在这一步骤中，设计师可以开始着手进行各基本规划部分的设计，并在期间排列单株植物。在布置孤植树时，应了解苗木的大小，如苗木的成熟度不足 75%，应留出植物充分的生长空间，或者应充分考虑植物最终成行后的样貌，以便在种植设计中把孤植树景观正确地配置于群体中(图 7-5)。

当然，此时的植物主要仍以树丛、树群的布置为主，用 3 株、5 株及更多数量的树木成丛、成群、成片地布置，以填满基本规划的各个部分。通常情况下，大型标志性建筑物周围多用草坪、灌木等来烘托它的宏伟壮观，同时作为建筑与地面的过渡方式；休闲场所、居住区的环境设计就多用观花类、观叶类等植物，表现一种活泼、欢快、轻松的感觉。因此，在明确环境特征后，设计师可以通过确定基调树种、骨干树种来烘托环境。

四、详细设计

详细设计阶段是对前面各阶段成果再次修改和调整的过程。此阶段应从平面、立面构图的角度分析植物种植方式的合理性，调整树丛、树群的配置构成，确定最终的植物配置方

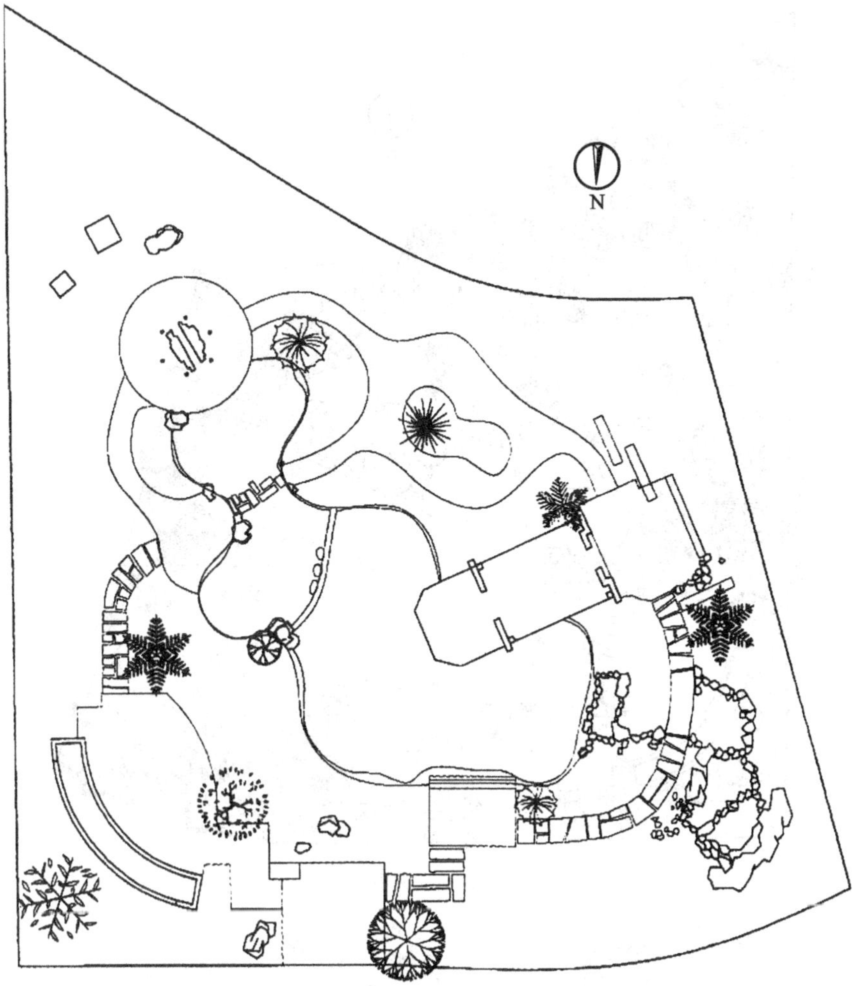

图 7-5 布置孤植树

式，以发挥植物景观的各种功能，同时应选定所有植物种类，画出详细种植设计图(图 7-6)。

在植物种类选择方面，应根据设计思想和对环境因素的分析，以及种植功能分区图、构思图和总体平面图，对植物不同生长期和季节的形态、质地、色彩、耐寒性、养护要求、需要的维护程度及植物与场地之间的兼容性进行了解，对植物的来源地、植物的获取方法、移植成活度、价格等问题进行综合考虑，圈定适用于该项目的植物范围。在实际工作中，比较有效的方法是根据项目的功能要求、栽培要求及成本投入情况等，制订本项目使用的苗木名录，并划分为乔木、灌木、藤本、多年生植物或地被植物，以及标明苗木高度和冠幅。

另外，还应考虑建成后的养护条件，考虑是否需要经常修剪才可以保持设计要求的植物形状，植物落果后是否会增加清理成本，树种或树种配置时是否容易产生病虫害等。例如，对于高速路的种植设计，因其土壤贫瘠，保水保肥能力较差，阳光强烈，水分难以满足，在设计概念阶段设计师应采用抗性强、耐干旱贫瘠的意向树种，以减少日后的维护难度。在详细设计阶段，进一步缩小植物选择范围，筛除之前不合理的意向树种，选择更适合的树种，最后在图纸上将最终选择的苗木用植物图例画出。

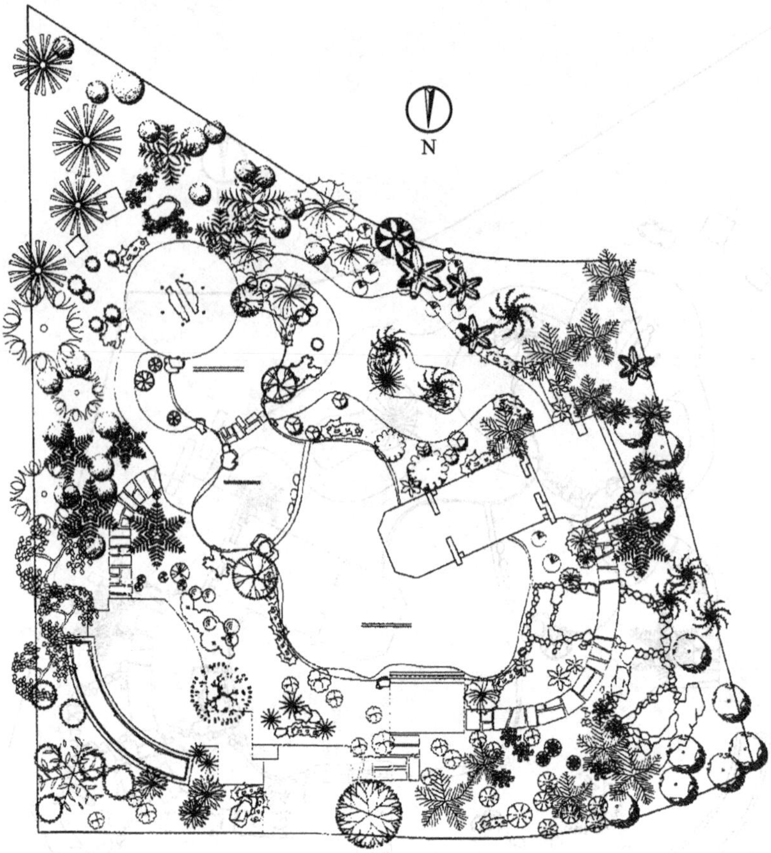

布置树丛、树群

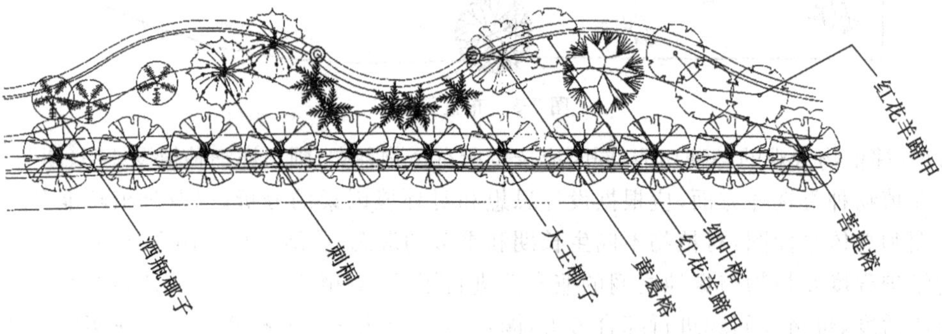

图 7-6　详细种植设计方案示例

总的来说，在选择植物时应综合考虑以下各种因素：① 基地自然条件、植物的生态习性（如光照、水分、温度、土壤、风等）及种植技术；② 设计主题和环境特点；③ 植物的观赏特性和使用功能；④ 当地的地域特色、民风民俗、人文喜好等；⑤ 项目造价；⑥ 苗木来源（本地苗圃、外地苗圃、野外移植）和苗木质量；⑦ 后期养护管理等。值得注意的是，在详细设计中植物的价格不能按照幼苗规格配置，而应按照成年植物（成熟度为 75%～100%）的规格加以考虑，图中的植物图例也要按照成年苗木的规格绘制。如果栽植规格与图中绘制的规格不符，则应在图纸中加以说明。

五、施工图设计

施工图设计阶段是植物种植设计的最后一个阶段。植物种植设计施工图是植物种植施工、工程预结算、工程施工监理和验收的依据，它应能准确地表达种植设计的内容和意图。绘制植物种植设计施工图时，应表现树木花草的种植位置、品种、种植类型、种植方式、种植面积等内容，根据图纸内容进行合理排版。如果施工图内容较少，可以全部在一张图纸上表现，否则应分别绘制乔木、灌木、地被等分项种植施工平面图。局部种植施工平面图如图 7-7 所示。

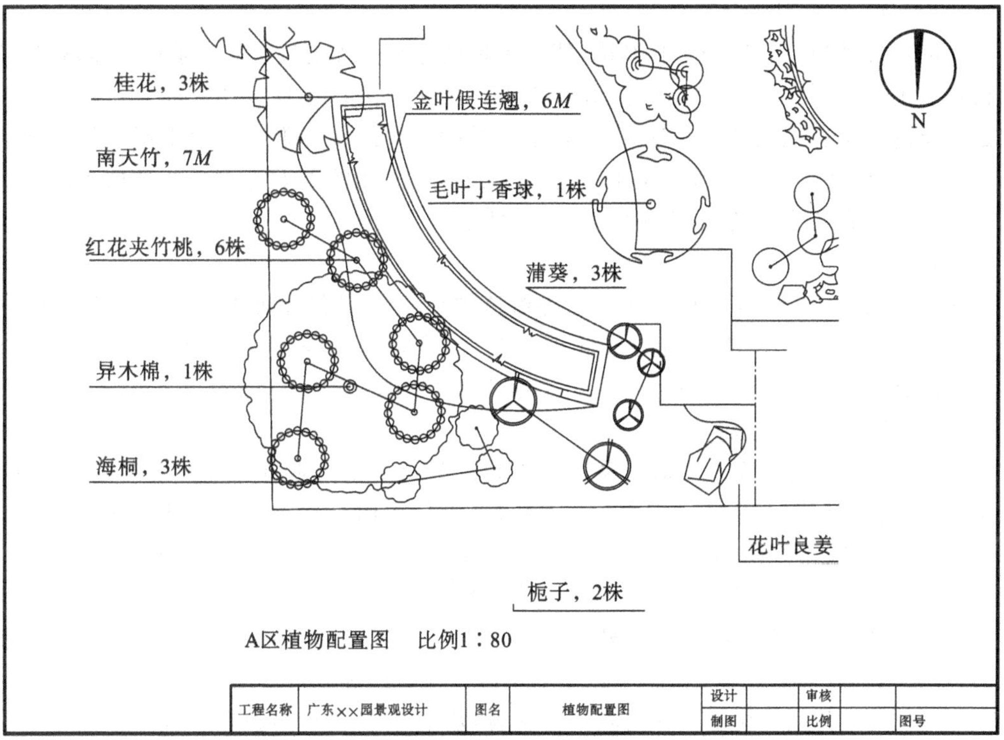

图 7-7　局部种植施工平面图

植物配置图的比例尺一般应采用 1∶500、1∶300、1∶200，根据具体情况而定。大样图可采用 1∶100、1∶50 的比例尺，也可根据图纸内容选择合适的比例，以便准确地表示重点的设计内容。

实训二　植物种植施工工序

一、物料要求

所选用的园林绿化苗木，除应符合图纸的要求外，还须符合以下要求：① 绿化土方应符合规定，且不含有盐、碱及垃圾等对植物生长有害的物质；② 用于植物生长和养护的水应不含有任何有害植物生长的酸、碱、盐等物质；③ 乔木应生长健壮，树冠开展，树枝、根系发育正常，根系茁壮，无病虫害，不得有直径为 2 cm 以上的未愈合的伤痕和截枝。棕榈类高度应符合设计规定，不应低于 1.5 m，栽植时剪除叶片顶部 1/2～2/3，防止栽后萎蔫。灌木高度应符合设计规定，所有灌木应是常绿、根蔓、树大、枝干丛生的阔叶灌木，并且符合本地区的生长特性。花卉、草本植物应具有耐旱力强，容易生长，根部发达，茎低矮，多年生的特性，花草应有观赏价值。

二、场地准备

（1）土质。

为使草坪植物有良好的生长基础，使其生长良好并保持较长时间的景观寿命，种植草坪植物的土壤必须为壤土类，黏土类和沙土类土壤必须进行改良。如目前采用的广东黄壤必须通过增施有机肥进行改良，以达到壤土类的颗粒组成标准。种植土层必须与地下土层连接，以保证土壤的毛细管上下贯通，保证液体、气体的上下连贯。如种植土层下有水泥板、沥青、石层等隔断层，必须将其铲除，使上下土壤连接。

（2）土层厚度。

在缺少表土或厚度不足的表土层上种植植物时，应撒铺经监理工程师批准的土壤，使土壤厚度达到植物生长所必需的最低土层厚度，土层厚度应满足《深圳市农业地方标准——园林绿化施工规范》(DB 440300/T8—1999)中的规定。

（3）土地的平整、耕翻。

① 杂草、杂物的清除。为避免草坪建成后有杂草生长而影响草坪纯度和景观效果，植草前必须彻底消灭杂草。可铲除杂草并深挖草根，或用草甘膦等灭生性的内吸传导型除草剂消灭杂草，草甘膦用量控制在 0.2～0.4 mL/m^3，使用 2 周后可开始植草。同时，必须将瓦块、石砾、建筑垃圾及杂物全部清出场地外。

② 换土应在耕翻过程中进行，若发现土质不符合要求，则必须换填合格种植土。换土后应压实，使密实度达 80%以上，以免因沉降产生坑洼和高低不平。

③ 整平、施基肥及耕翻。在清除杂草、杂物及压实后，地面应进行铲高填低的平整工作。平整要依据地形和周围环境整成龟背形、斜坡形等，坡度为 2.5%～3.0%，边缘要低于路面或道牙 3～5 cm，表面平整，无坑洼。平整后要撒施基肥。如用堆沤蘑菇肥、堆沤木屑等，必须加 3%的过磷酸钙和 4%的尿素进行堆沤后使用，用量宜控制在 10 m^3 左右。施肥后应进行 1 次约 30 cm 深的耕翻，使肥与土充分混匀，做到肥土相融，起到既提高土壤养分，又使土壤疏松、通气良好的作用。

（4）对于不良地质的处理。

对于不良土质，施工前应提出处理方案，报监理工程师批准后方可施工。

三、施工要求

① 道路两侧边坡和沿线空地等一切道路用地应按图纸要求规定种植植物，保护环境，美化路容。

② 栽植苗木要规整，直线路段要求树干成一条直线。个别树干如有弯曲，要将弯曲

部位朝向路线方向。行列树要求树干通直。一般在弯道外侧栽植乔木，在弯道内侧为了不影响行车视距，只宜栽植低矮的灌木及花草。

③ 平交道口、丁字路口的绿化必须符合道路停车视距的规定。

④ 植树密度及株行距应符合图纸规定。如无规定，采用速生树种绿化道路时，一般株距为 6 m，行距为 2 m，慢生树种应单行栽植。

四、苗木种植施工流程图

苗木种植施工流程图见图 7-8。

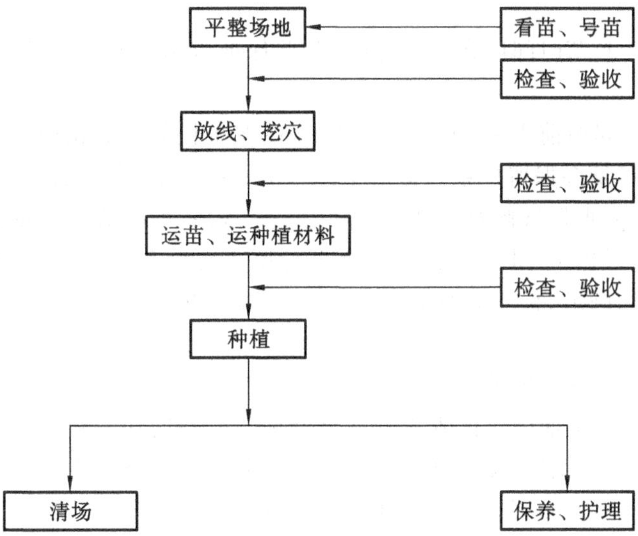

图 7-8　苗木种植施工流程图

五、乔木种植的施工方法

(1) 定点放线。

定点放线的方法包括坐标定点法、仪器测放法和目测法。

① 坐标定点法：根据植物配置的疏密度先按一定的比例在设计图及现场分别打好方格，在图上用尺量出树木在某方格的纵、横坐标，再按此位置用皮尺在现场量出相应的方格。

② 仪器测放法：用经纬仪或小平板仪根据地上原有基点或建筑物、道路，将树群或孤植树依照设计图上的位置依次定出位置。

③ 目测法：对于设计图上没固定点的乔、灌木(如树群、灌木丛等)，可用上述两种方法画出栽植范围，其中每株树的位置和排列可根据设计要求在所定范围内用目测法进行定点，定点时应注意植株的生态要求和自然美观。

定点后，宜采用白灰打点或打桩，标明树种、坑径、栽植数量(指灌木丛和树群)。

(2) 挖种植穴。

以定点为中心沿四周向下挖坑，坑的大小依土球规格及根系情况而定，带土球的应比土球大 16～20 cm，裸根苗的应保证根系充分舒展，坑的深度应比土球高度大 10～20 cm。除行道树的坑外，其余坑的开头一般宜用圆形，且须保证上下口径大小一致。

（3）除瓦砾，施放基肥。

挖穴后，若发现瓦砾多或土质差，则必须清除瓦砾，换新土。根据土质情况和植物生长特点施加基肥，基肥必须与泥土充分拌匀。

（4）乔木的种植工艺。

① 选苗。作为苗木的乔木，要求杆形通直，分枝均匀，树冠完整、匀称；茎体粗壮，无折断、折伤，树皮无损伤，土球完整，无破裂或松散；无病虫害。特殊形态的苗木要符合设计要求。

② 起苗时间。起苗时间应在苗木休眠期，并保证栽植时间与起苗时间紧密配合，做到随起随栽。

③ 起苗方法。起苗前 1～3 d 应适当淋水，使泥土松软。起苗时要保证苗木根系完整，裸根起苗时应尽量多保留根系并留宿土。若苗木掘出后不能及时运走，应埋土假植。带土球苗木起苗时应根据气候及土壤条件确定土球规格，难成活的树种要考虑加大土球。一般土球直径为胸径的 6～10 倍，土球的高度可比宽度小 5～10 cm；土球的形状可根据施工需要挖成方形、圆形、长方形的半球形等；土球应削光滑，包装严密，打紧草绳，确保土球不松散，底部不漏土。

（5）乔木修剪、运输及假植。

① 苗木修剪。种植前应对苗木进行适度修剪。修剪时应遵循各种树木自然形态的特点和生物学特性，在保持基本形态的前提下剪去阴枝、病弱枝、徒长枝、重叠或过密的枝条，并适当剪（摘）去部分叶片。对于断根、劈裂根、病虫根和过长的根，也应进行适当修剪。剪口均应平整而光滑，并及时涂抹防腐剂，以防止过分蒸发、干旱及病虫害。

② 苗木运输。进行苗木的装车、运输、卸车等各项工序时，应保证树木的树冠、根系、土球的完好，不应折断树枝、擦伤树皮或损伤根系。装运高度在 2 m 以下的苗木，可以立放；装运高度在 2 m 以上的苗木，应斜放，使苗木土球向前，树干向后，并用木架将树干架稳扎牢，垫牢挤严。苗木卸车时应双手抱苗木土球轻轻放下，或用网格兜着土球底部抬下。若苗木土球较大，宜借助木板将苗木土球从车上顺势慢慢滑下，不可滚动苗木土球。苗木土球直径超过 60 cm 的树苗，应用吊车装车，卸车时直接吊到树穴并辅助种植。

③ 苗木假植。苗木运到种植现场后若不能及时种植，应进行假植。裸植苗木时可先平放在地面上，然后覆土或盖湿草；也可事先挖好宽 1.5～2.0 m、深 0.4 m 的假植沟，将苗木排放整齐，逐层覆土。带土球的苗木应尽量集中，将其直立，将土球垫稳、排严，周围用土培好。若假植时间过长，则应适量浇水，保持土壤湿润，同时注意防治病虫害。

（6）乔木的栽植。

① 回填底部植土。以拌有基肥的土为树坑底部植土，使树穴深度与苗木土球高度相符，尽量避免深度不符时的来回搬动。

② 摆放苗木。将苗木土球放到树穴内，土球较小的苗木，应拆除包装材料后再放入树穴内；土球较大的苗木，宜先放入树穴内，把生长势好的一面朝外，竖直看齐后垫土以固定苗木土球，再剪除包装材料。行列树一般要求按从粗到细、从高到低的规则进行排列。

③ 填土、插实。在接触根部的地方应铺放一层没有拌肥的干净植土，填土至树穴的一半时，用木棍将土球四周的松土插实，然后继续用土填满种植沟并插实，使种植土均匀、密实地分布在土球的周围。

④ 淋定根水，立支架。苗木栽植后，必须在当天淋透定根水。行道树在种植时应同时立混凝土柱扶固。混凝土柱的一般规格为 250 cm(高)×10 cm×10 cm，其埋深为 70 cm，其内侧间距为 85 cm。护树板的一般规格为 110 cm(长)×(8～10) cm×(2.5～3.0) cm。树干与护树板之间用宽 2.5 cm、厚 0.5～0.8 cm 的黑色车轮胶带绑固，混凝土柱与护树板之间用铁丝绑固。若条件允许，也可采用方钢扶桩扶固。除行道树外，其他需扶固的乔木，一般要求每株乔木用长 3～5 m、直径大于 4 cm 的 3 根毛竹扶固。大型乔木要按照实际情况用铁箍箍住树干，四周用角铁拉住，并将角铁深深钉入地下，以固定其树干，确保树木不倾斜，不倒伏。

六、花卉栽植

从花圃挖起花苗之前，应先灌水浸湿圃地，这样起苗时根土才不易松散。同种花苗的大小、高矮应尽量保持一致，过于弱小或过于高大的花苗都不要选用。种植时要避开太阳暴晒。花苗运到后应即时栽种，不要放了很久才栽植。栽植花苗时，一般从种植区中央开始，栽完中部图案纹样后再向边缘部分扩展栽植下去。在栽植同一模纹的花卉时，若植株苗高矮不齐，应以矮植株为准，对较高的植株则应栽得深一些，以保持顶面整齐。

栽植完成后，要注意经常浇水，保持土壤湿润，浇水宜在早晚进行。花苗长到一定高度，出现了杂草时，要进行中耕除草，并剪除黄叶和残花。若发现有病虫滋生，要立即喷药杀除。如花苗有缺株，应及时补栽。模纹、图样、字形植物要经常整形修剪，保持整齐的纹样，不使图案杂乱。修剪时，为了不踩坏花卉图案，可利用长条木板凳，在长凳上进行操作。每年要施肥 2～3 次，对一般的一二年生草花，可不再施肥。如有必要，也可以进行根外追肥，具体方法是将水、尿素、磷酸二氢钾、硼酸按 15000∶8∶5∶2 的比例配制成营养液，喷洒在花卉叶面上。当大部分花卉都将凋谢时，可按照设计中所做的花卉轮替计划，换栽其他花卉。

技能提升一　西昌某园林建设项目植物种植施工图设计训练

一、技能提升内容

绘制西昌某园林建设项目植物种植施工图。

二、技能提升目的

掌握园林植物种植施工图绘制的流程和步骤，理解园林植物种植施工图的意义；掌握运用 AutoCAD 软件绘制园林植物种植施工图，进一步巩固绘图能力。

三、技能提升要求

(1) 踏勘设计对象基址,并对基址状况做全面分析,根据现场情况和绿化设计方案绘制施工图。

(2) 分析植物品种、规格、生态习性、群落关系,以保证植物生长和景观效果。

(3) 统计苗木数量并列表,适当加以文字说明。

(4) 绘制种植设计竖向分析图。

四、操作步骤

(1) 踏勘设计对象基址,准确把握基址的周围环境和地形地貌。

(2) 选定植物品种,确定主景树种、背景树种、基调树种。

(3) 分层绘制植物施工图,即按大乔木层、小乔木层、大灌木层、小灌木层、地被层、草坪的顺序绘制植物施工图。

(4) 绘制植物种植设计竖向分析图,并在平面施工图上调整不合理的植物。

(5) 绘制苗木统计表,如表 7-1 所示。

表 7-1 **苗木统计表**

序号	图例	植物名称	植物拉丁学名	规格/cm				数量	单位	备注
				胸径	冠幅	树高	分枝高			

(6) 打印出图。

五、评分标准

植物种植施工图设计训练评分表见表 7-2。

表 7-2 **植物种植施工图设计训练评分表**

序号	项目	内容	分数/分	等级标准/分				得分/分
				优	良	及格	不及格	
1	现场分析	有现场分析记录,能够准确分析现场情况,并做出合理方案	15	12～15	8～11	4～7	0～3	
2	植物选种	能根据现场情况进行合理的植物选择,既能适应植物生长,又能达到景观效果	12	10～12	7～9	4～6	0～3	
3	AutoCAD 软件操作技能	能熟练使用 AutoCAD 软件进行植物种植施工图绘制,操作规范,效率高	12	10～12	7～9	4～6	0～3	

续表

序号	项目	内容	分数/分	等级标准/分				得分/分
				优	良	及格	不及格	
4	分层绘制植物施工图	能根据植物特征，合理进行植物品种分类，并按照该分类进行分层绘制植物施工图	16	13～16	9～12	5～8	0～4	
5	施工图质量	能正确绘制植物种植施工图，绘图规范、整洁，能指导施工	12	8～12	5～7	3～4	0～2	
6	竖向分析图	能根据植物种植平面图绘制竖向分析图，并进行平面施工图的调整	8	7～8	5～6	3～4	0～2	
7	苗木统计表	能根据施工图种植要求，统计苗木种类、数量、规格等	15	11～15	7～10	4～6	0～3	
8	布局、打印	能够正确布局施工图纸，并按照适当比例打印	10	8～10	5～7	3～4	0～2	
总分								

技能提升二　西昌某园林建设项目植物种植施工工序模拟训练

一、技能提升内容

对西昌某园林建设项目植物种植施工工地进行模拟训练。

二、技能提升目的

掌握园林植物种植施工的流程和步骤；理解施工现场勘查的内容和意义；掌握定点放线的方法，并且在实际操作过程中能应对突发事件。

三、技能提升要求

(1) 踏勘设计对象基址，并对基址状况做全面分析。

(2) 分析本项目的施工工序和施工工艺。

(3) 按照图纸设计要求，安排植物种植。

(4) 做好施工记录、日志。

四、操作步骤

(1) 踏勘设计对象基址，准确把握基址的周围环境和地形地貌。

(2) 熟读图纸，查看苗木需求表，核算采购批次，合理安排最佳采购时间。

(3) 分析现场施工条件，合理安排施工工序和施工工艺。

(4) 定点放线→挖乔木树坑→施基肥→种植乔木→浇定根水→挖灌木树坑→施基肥→种植灌木→浇定根水→种植地被→养护。

五、评分标准

植物种植施工工序模拟训练评分表见表 7-3。

表 7-3 植物种植施工工序模拟训练评分表

序号	项目	内容	分数/分	等级标准/分				得分/分
				优	良	及格	不及格	
1	图纸分析	能认识图纸内容,并进行分析	15	12～15	8～11	4～7	0～3	
2	现场勘查	能准确将图纸内容与现场相比较,找准定位,对现场施工状况做出正确的施工判断	12	10～12	7～9	4～6	0～3	
3	施工工序	根据现场情况和图纸内容,合理设计施工工序	12	10～12	7～9	4～6	0～3	
4	施工工艺	能正确地进行施工,施工现场无明显错误	16	13～16	9～12	5～8	0～4	
5	植物修剪、养护	能正确判断植物生长状况,并做出相应解决方案,能操作园艺机械设备	12	8～12	5～7	3～4	0～2	
6	施工日志	准确记录当日施工状况,且施工日志完整	8	7～8	5～6	3～4	0～2	
7	仪器设备应用	能正确使用全站仪、水准仪等仪器,进行现场施工放样	10	8～10	5～7	3～4	0～2	
8	施工现场应变能力	能正确处理施工现场随机事件	15	11～15	7～10	4～6	0～3	
总分								

附录一　各地常用园林植物选择参考表

附表 1-1

常绿乔木

序号	植物名称	科名	适用地区	生长习性	观赏特性	园林用途
1	樟树（*Cinnamomum camphora*）	樟科	长江流域及其以南大部分地区	弱阳性，喜温暖湿润气候，喜微酸土，不耐旱、瘠、积水和盐碱土，对有害气体抗性较强，抗臭氧能力极强	树姿雄伟，冠大荫浓，叶色亮绿；株高20～50 m	庭荫树，行道树，风景林，沿海及工厂区用材，能提炼樟脑油
2	红楠（*Machilus thunbergii*）	樟科	长江流域及其以南地区	耐阴，稍耐寒，喜湿、酸性土壤，耐盐性强	树形优美，枝叶浓密，花期为 4 月；株高 20 m	庭荫树，工厂绿化，防风林
3	杜英（山杜英，*Elaeocarpus sylvestris*）	杜英科	长江流域及其以南地区	阳性，稍耐阴，喜温暖湿润气候，耐寒性不强，喜酸性、排水良好的土壤	新叶、霜后老叶鲜红，花为黄白色，花期为 7 月；株高 15～20 m	庭荫树，行道树，绿篱
4	广玉兰（*Magnolia grandiflora*）	木兰科	长江流域及其以南地区	阳性，稍耐阴，喜温暖湿润气候，较耐寒，不耐干旱、积水及碱土，抗烟，有一定抗毒和吸硫能力，滞尘能力强	树姿优美，枝叶浓密，叶厚光亮，花大而色白，有芳香，花期为 5—8 月；株高 15～30 m	庭荫树，行道树，长江以北地区多盆栽；叶可入药，花、叶能提炼芳香油
5	乐昌含笑（*Michelia chapensis* Dandy）	木兰科	长江流域及其以南地区	喜光，喜温暖湿润气候，生长迅速，适应性强，抗大气污染并能吸收有毒气体	树冠呈圆锥状塔形，花期长，芳香；株高 10～20 m	庭荫树
6	深山含笑（*Michelia maudiae* Dunn）	木兰科	华东、华南、西南	喜光，喜温暖湿润气候，耐轻碱，较耐寒，生长旺盛	树干通直，树冠呈圆锥伞形，花多而大，花期长，花色洁白，馥郁留香；株高 10～20 m	终年深绿亮泽的叶面与灰白色的叶背相衬，显得和谐而脱俗

续表

序号	植物名称	科名	适用地区	生长习性	观赏特性	园林用途
7	白兰花（*Michelia alba*）	木兰科	华南、西南	喜光，喜肥沃酸性土，不耐碱土，不耐寒，忌积水	花为白色，浓香，花期为4—9月；株高8～15 m	庭荫树，行道树，长江流域及其以北地区多盆栽
8	木莲（*Manglietia fordiana*）	木兰科	长江流域及其以南地区	喜光，也耐阴，不耐寒，喜酸性土	叶革质，花大美丽	园景树
9	黄兰（*Michelia champace* Linn.）	木兰科	华南、西南	阳性，不耐碱土	花淡黄，浓香；株高10 m	庭荫树，行道树
10	桂花（*Osmanthus fragrans*）	木樨科	黄河流域以南、西南地区	强阳性，喜温暖湿润气候，对 Cl_2 抗性较强，还有滞尘、消声作用	树冠卵形，花黄、白色，浓香，花期为8—10月；株高10～12 m	庭荫树，盆栽，丛植，片植；花做香料，可入药
11	女贞（*Ligustrum lucidum*）	木樨科	长江流域及其以南地区	阳性，稍耐阴，耐修剪，喜湿热，抗性及吸收有害气体强，滞尘能力较强	枝叶茂密，初夏白花，微香，深秋黑果；株高6～12 m	绿篱，行道树，工厂绿化
12	台湾相思（*Acacia richii*）	含羞草科	华南	阳性，喜暖热气候，耐干旱、瘠，抗风	花黄色，微香，花期为6月；株高6～15 m	庭荫树，行道树，防护林
13	蚊母（*Distylium racemosum*）	金缕梅科	长江中下游至东南部	阳性，喜暖热气候，抗有害气体	花紫红色，花期为4月；株高5～15 m	街道及工厂绿化、庭荫树
14	木麻黄（*Casuarina equisetifolia*）	木麻黄科	华南	阳性，喜暖热气候，耐干旱、瘠及盐碱土，不耐寒、荫，喜生于海边，对多种毒气污染抗性强，对 SO_2 抗性强，抗风	小枝线形，叶呈鳞片状，灰绿色；株高10～20 m	行道树，防护林，海岸造林；树皮可入药，根能提制栲胶
15	黄葛榕（*Ficus lacor*）	桑科	华南、西南	喜湿润、肥沃土壤，耐烟性强，对 SO_2 等有毒气体抗性强	树冠开展，树皮为褐色；株高15～25 m	庭荫树，行道树
16	细叶榕（*Ficus microcarpa*）	桑科	华南	喜暖热、多雨气候及酸性土，耐烟性强，对 SO_2 等抗性强，速生，寿命长	树冠大而圆整，枝叶茂密，气根悬挂；株高15～20 m	庭荫树，行道树，风景林
17	印度橡胶树（*Ficus elastica*）	桑科	华南	喜光，稍耐阴，不耐寒，耐湿热，喜温暖湿润土壤，抗酸性强	树冠直径可达6～8 m，叶大，厚革质，托叶鲜红；株高30～40 m	庭荫树，乳叶可制橡胶

续表

序号	植物名称	科名	适用地区	生长习性	观赏特性	园林用途
18	银桦 (*Grevillea robusta*)	山龙眼科	华南、西南	阳性，喜暖热，喜排水良好、微酸性、肥沃沙土，耐旱、湿、瘠，不耐寒，生长快，吸收和抗有害气体能力强	干直冠大，花呈黄色，花期为5月，叶被银白；株高20～25 m	庭荫树，行道树，用材树，叶可入药
19	羊蹄甲 (*Bauhinia purpurea*)	苏木科	华南	阳性，耐热、湿、旱、瘠，耐修剪，不耐寒	树冠开展，秋冬开放，花玫瑰红色，大而香；株高7～8 m	庭荫树，行道树，宜水边堤岸种植
20	洋紫荆 (*Bauhinia variegata*)	苏木科	华南	阳性，耐热、湿、旱、瘠，耐修剪，不耐寒	树冠清秀，花色艳丽，春季开放；株高6～8 m	庭荫树，行道树，风景树
21	青冈栎(壳斗科，*Cyclobalanopsis glauca*)	山毛榉科	秦岭以南	中性，较耐阴，喜暖热气候，喜钙质土，也耐中性、酸性土，耐修剪	树枝优美，枝叶茂密；株高15 m	庭荫树，行道树，绿篱
22	苦槠(壳斗科，*Castanopsis sclerophylla*)	山毛榉科	长江以南地区	中性，耐阴、旱、瘠，喜酸性土，抗有害气体	树冠呈圆球形，枝叶繁密；株高15 m	园景树，防护林，工厂绿化，风景林
23	红千层 (*Melaleuca leucadenera*)	桃金娘科	华南、西南	阳性，喜热，耐干旱、瘠薄、水湿，耐阴，不宜移植	树姿优美，花色鲜红，花形奇特，花期在春夏；株高3 m	园景树，行道树，防护林
24	大叶桉 (*Eucalyptus robusta*)	桃金娘科	华南、西南	阳性，抗风寒，生长快	树冠呈圆形，叶深绿，卵状披针形；株高25～30 m	庭荫树，行道树
25	蓝桉 (*Eucalyptus globulus*)	桃金娘科	华南、西南	喜光，不耐阴，喜暖热气候，不耐寒，喜肥沃酸性土，生长快	叶蓝绿，常被白粉，叶异形，大树之叶为镰状披针形；株高30 m	庭荫树，行道树，优良的防污树种
26	柠檬桉 (*Eucalyptus citriodora*)	桃金娘科	华南	阳性，喜暖热气候，生长快	树干洁净，树姿优美，树高30 m	行道树，风景林
27	芒果 (*Mangifera indica*)	漆树科	华南、福建、云南	阳性，能耐海水，对 SO_2 抗性强，对 Cl_2 抗性中等	树冠呈球形，嫩叶红色，花黄色，果淡黄；株高18 m	庭荫树，行道树
28	扁桃 (*Amygdalus communis* L.)	漆树科	华南、云南	喜温暖，对 SO_2 抗性强，对 Cl_2 抗性中等	树干挺直，树冠茂密，呈球形或卵形；株高20 m	庭荫树，污染地区优良的行道树

续表

序号	植物名称	科名	适用地区	生长习性	观赏特性	园林用途
29	棕榈（*Trachycarpus fortunei*）	棕榈科	黄河流域以南	中性，耐阴，耐寒，喜排水良好的土壤，适应性强，抗有毒气体能力强，对 SO_2 抗性中等，对 Cl_2 抗性强	树形挺拔秀丽，叶大扇形，突显热带风光，花期为5—6月；株高5～10 m	庭荫树，行道树，污染区绿化，对植，丛植，盆栽
30	蒲葵（*Livistona chinensis*）	棕榈科	华南	喜光又耐阴，喜温暖，对 SO_2 抗性中等，对 Cl_2 抗性强	树姿美观，大型叶阔，呈肾状扇形；株高15～20 m	庭荫树，行道树，对植，丛植，盆栽
31	海枣/伊拉克蜜枣（*Phoenix dactylifera*）	棕榈科	秦岭以南	喜高温，耐寒，可耐短期－18℃气候，耐湿、碱、旱，易移植	树干挺拔，树冠整齐，呈球形	园景树
32	加拿利海枣/长叶刺葵（*Phoenix canariensis* Hort EX Chaub）	棕榈科	华南	喜高温多湿的热带气候	树干粗壮，羽片密而伸展，为优美的热带风光树；花期为5—7月，果期为8—9月；株高8～12 m	园景树，行道树
33	美丽针葵/软叶刺葵（*Phoenix roebelenii* O'Brien）	棕榈科	华南	喜光，能耐阴	姿态纤细、柔美，叶甚柔软；株高2～4 m	园景树，行道树，盆栽作室内摆设
34	皇后葵（*Arecastrum romanzoffianum*）	棕榈科	华南	阳性，喜暖热气候，不耐寒	树形优美，株高10～15 m	园景树，行道树，丛植
35	假槟榔（*Archontophoenix alexandrae*）	棕榈科	华南	阳性，喜暖热气候，不耐寒	树形优美，株高15 m	行道树，丛植
36	鱼尾葵（*Caryota ochlandra*）	棕榈科	华南	耐阴，不耐寒，喜湿、酸性土	树姿优美，叶形奇特，花色鲜黄，果实如圆珠成串	行道树
37	王棕（大王椰子，*Roystonea regia*）	棕榈科	华南	喜光，喜热，稍耐寒，耐旱、湿、碱，抗风，抗污染	树姿雄伟，树干粗壮、高大；株高15～20 m	园景树，行道树，丛植
38	红豆树（*Ormosia hosiei*）	蝶形花科	长江流域及其以南地区	喜光，耐阴，喜肥沃、湿润土壤，不耐旱，耐寒性不强	树冠呈伞形开张，叶大，种子鲜红，有光泽	庭荫树，珍贵用材树种

附表 1-2

常绿小乔木及灌木

序号	植物名称	科名	适用地区	生长习性	观赏特性	园林用途
1	苏铁（*Cycas revoluta*）	苏铁科	华南、西南	喜光，喜温暖、湿润气候及酸性土，不耐寒，生长慢	树冠呈棕榈状，花黄褐色；株高 2～5 m	庭植，长江流域及北方均盆栽
2	大叶黄杨（正木，*Euonymus japonica*）	卫矛科	华北及其以南地区	喜光，耐阴，耐旱、瘠，较耐寒，耐修剪，抗有毒气体能力强	枝叶繁茂，叶色深绿，有光泽；株高 5～9 m	庭植，绿篱，丛植，盆栽，优良抗污染树种
3	黄杨（瓜子黄杨，*Buxus sinica*）	黄杨科	华东、华中	喜半阴，畏烈日，较耐寒，生长慢，耐修剪，吸收和抗有毒气体能力强	枝叶细密，极易造型；株高 2～3 m	庭植，丛植，绿篱，盆栽
4	雀舌黄杨（*Buxus bodinieri*）	黄杨科	长江流域及其以南地区	中性，喜温暖，生长慢，不耐寒	枝叶细密，株高 0.5～1.0 m	庭植，丛植，绿篱，盆栽
5	锦熟黄杨（*Buxus sempervirens*）	黄杨科	华北、华东至华南	耐阴，畏烈日，对有害气体抗性中等或较强	枝叶紧密	庭植，绿篱，盆栽
6	白杜鹃（*Exochorda racemosa*）	杜鹃花科	东北、华北、华中、华东	喜光，耐半阴，耐寒	花白色，花期为 4—5 月，总状花序 6～10 朵；株高 5 m	庭植，盆栽
7	杜鹃（映山红，*Rhododendron simsii*）	杜鹃花科	长江流域至珠江流域	喜半阴，喜温暖湿润气候及酸性土，不耐寒	花红色至玫瑰红色，有紫斑，花期为 4—6 月；株高 3 m	庭植，盆栽
8	云锦杜鹃（天目杜鹃，*Rhododendro fortunei*）	杜鹃花科	长江流域至珠江流域	喜半阴，酸性土	花为淡玫瑰红色，花期为 5 月；株高 4 m	庭植，盆栽
9	山茶花（*Camellia japonica*）	山茶科	长江流域及其以南地区	喜半阴，不耐寒，喜温暖湿润气候及酸性土，抗有毒气体（Cl_2）能力强	花白、紫、红色，花期为 2—4 月；株高 2～5 m	庭植，盆栽，污染区绿化树种
10	云南山茶（南山茶，*Camellia reticulata*）	山茶科	长江流域以南地区，主产云南	喜半阴及湿润空气，不耐碱土，不耐酷热，耐寒性差，要求酸性土	花红白或深紫色，花期为 2—4 月；株高 15 m	庭植，行道树

续表

序号	植物名称	科名	适用地区	生长习性	观赏特性	园林用途
11	茶梅 (*Camellia sasanqua*)	山茶科	长江流域及其以南地区	喜半阴,不耐寒,喜温暖湿润气候及酸性土	花小白色(红色较少),无柄,稍有香气,花期为11月至翌年1月;株高3～6 m	庭院观赏植物,绿篱
12	油茶 (*Camellia oleifera*)	山茶科	长江流域及其以南地区	喜半阴,不耐寒,喜酸性土,抗SO_2和吸收Cl_2能力强	花白色,1～3朵簇生,无花梗,花期为10—12月,树高8 m	庭院观赏植物,绿篱
13	木荷 (*Schima superba*)	山茶科	华东、中南、西南	喜光,喜温暖湿润气候及酸性土,耐旱、瘠,深根性,寿命长	树冠为广卵形,叶革质,苍翠荫浓	园景树,重要用材树
14	六月雪 (*Serissa japonica*)	茜草科	长江流域及其以南地区	阳性,生长速度中至慢,生性强健,耐热、旱,不耐阴,耐瘠,耐修剪,易移植	叶色深绿,开花雪白,花期为5—8月,略淡粉红;株高0.5～1 m	庭园、校园或公园列植
15	栀子花 (*Gardenia jasminoides*)	茜草科	长江流域及其以南地区	喜光,稍耐阴,喜温暖湿润气候及酸性黏壤土,不耐寒,耐修剪	花大白色,浓香,花期为6—8月;株高2～3 m	庭植,花篱
16	海桐 (*Pittosporum tobira*)	海桐科	长江流域及其以南地区	喜光,耐阴,不耐寒,抗有毒气体能力强,吸尘、隔音效果好	叶革质,浓绿而有光泽;花白,芳香,花期为4月;株高2～4 m	庭植,绿篱,防尘、隔音林和污染区绿化
17	枸骨 (*Ilex cornuta*)	冬青科	华中、华东、西南	喜光,稍耐阴,喜湿润酸性土,对有毒气体抗性强,生长慢	叶形奇特,鸟不宿,革质;果球形,红色;株高1.5～3 m	基础种植,丛植,盆栽
18	冬青 (*Ilex chinensis*)	冬青科	长江流域及其以南地区	喜光,稍耐阴,喜湿、酸性土,耐修剪,对SO_2抗性较强	秋叶紫红,果深红;株高10 m	庭荫树,绿篱,污染区绿化树种
19	大叶冬青 (*Ilex latifolia*)	冬青科	长江流域及其以南地区	耐阴,喜湿、酸性土,不耐寒	卵形叶青翠亮丽,圆形果密红颂秋	庭荫树,绿篱

续表

序号	植物名称	科名	适用地区	生长习性	观赏特性	园林用途
20	含笑（*Michelia figo*）	木兰科	长江以南地区	喜半阴，不耐旱、寒、暴晒，喜温暖湿润气候及酸性土	花小，淡黄色，具有香蕉的浓香味，花期为3—7月；株高2～5 m	庭植，盆栽
21	夹竹桃（*Nerium indicum*）	夹竹桃科	长江以南地区	阳性，喜温暖湿润气候，对有毒气体抗性及吸收能力均强	花粉红、白色，具香气，花期为5—11月；株高9 m	庭植，花篱，盆栽，抗污染绿化树种
22	黄花夹竹桃（*Thevetia peruviana*）	夹竹桃科	珠江流域	阳性，喜干热，耐旱，在湿润肥沃土中生长良好	花大，黄色，花期为6—10月，有香味；株高2～3 m	庭植，花篱，盆栽
23	鸡蛋花（*Plumeria rubra* Linn. *cv. Acutifolia*）	夹竹桃科	华南	喜湿热，耐干旱，喜生石灰岩山地	树冠呈半圆形，花黄白，浓香，花期为8月；株高3～8 m	庭植
24	石楠（*Photinia serrulata*）	蔷薇科	长江流域及其以南地区	喜光，稍耐阴，耐干旱、瘠薄	嫩叶红色，花白色，秋冬红果；株高12 m	庭植，绿篱
25	珊瑚树（*Viburnum odoratissinum*）	忍冬科	长江流域及其以南地区	稍耐阴，不耐寒，耐修剪，耐火力强，吸收和抵抗有毒气体能力强	叶革质；花白，花期为6月；果红，果期为9—10月；株高4～8 m	庭植，绿篱，防火、防尘、隔音林
26	洒金东瀛珊瑚（*Aucuba japonica var. variegata*）	山茱萸科	长江流域及其以南地区	极耐阴，喜肥沃、排水良好土壤，不耐寒	叶有黄斑点，秋果深红色；株高2～3 m	彩叶模纹篱
27	十大功劳（狭叶，*Mahonia fortunei*）	小檗科	长江流域以南地区	耐阴，喜温暖湿润气候，不耐寒	叶革质，光亮；花黄色；果绿蓝色；株高1～1.5 m	庭植，丛植，绿篱
28	阔叶十大功劳（*Mahonia bealei*）	小檗科	华东、华中、华南、西南	耐阴，喜温暖湿润气候，不耐寒	花黄色，花期为4—5月；果黑色，果期为9—10月；株高4 m	庭植，绿篱，盆栽

续表

序号	植物名称	科名	适用地区	生长习性	观赏特性	园林用途
29	南天竹（*Nandina domestica*）	小檗科	华北、华中	喜半阴，不耐寒，喜温暖湿润气候	枝叶秀丽，花白，果红，秋冬不落；株高1～2 m	庭植，丛植，盆栽
30	袖珍椰子（*Chamaedorea elegans*）	棕榈科	华南、西南	喜温湿、半阴环境，不耐强光，耐寒性不强	株形小巧，叶片浓绿，羽片细裂；花期为3—4月；株高1～3 m	室内盆栽
31	棕竹［*Rhapis excelsa*（*Thunb.*）*Henry ex* Rehd.］	棕榈科	华南、西南	阴性，喜湿润的酸性土，不耐严寒	观叶，庭园观赏植物；株高1.5～3 m	丛植，基础种植，盆栽
32	枇杷（*Eriobotrya japonica*）	蔷薇科	南方各地	弱阳性，喜温暖湿润气候，不耐寒	叶大荫浓，初夏黄果；株高4～6 m	庭园观赏植物，果树
33	丝兰（*Yucca smalliana* Fern.）	百合科	华北南部至华南	阳性，喜亚热带气候，不耐严寒	花乳白色，花期为6—7月；株高0.5～2 m	庭园观赏植物，丛植
34	凤尾兰（*Yucca gloriosa*）	龙舌兰科	华北南部至华南	阳性，喜亚热带气候，不耐严寒	花乳白色，株高1.5～3 m	庭园观赏植物，丛植
35	胡颓子（*Elaeagnus pungens*）	胡颓子科	长江流域	阳性，耐干旱、水湿，对有毒气体抗性强	花银白，芳香，花期为10—12月；果红，果期为次年5月；叶背银白色；株高2～4 m	基础种植，盆景
36	云南黄馨（*Jasminum mesnyi Hance*）	木樨科	长江流域及其以南地区	喜光，不耐寒，对土壤要求不严	枝呈拱形下垂，花黄色，花期为3—4月；株高1.5～3 m	庭植，盆栽
37	茉莉（*Jasminum sambac*）	木樨科	长江流域及其以南地区	阳性，稍耐阴，喜温暖湿润气候及酸性土，不耐寒	花白色，芳香；株高1 m	庭植

续表

序号	植物名称	科名	适用地区	生长习性	观赏特性	园林用途
38	小叶女贞(*Ligustrum quihoui*)	木樨科	华东、华中、西南	喜光,稍耐阴,较耐寒,耐修剪,对有毒气体抗性强	花小白色,有香气,8—9月;株高2～3 m	庭植
39	金叶女贞(*Ligustrum vicaryi*)	木樨科	长江流域及其以南地区	喜光,耐半阴,耐修剪,土壤适应性强	枝叶茂盛,春夏金黄	彩叶模纹篱,境界篱
40	迎春(*Jasminum nudiflorum* Lindl.)	木樨科	北部、西北、西南各地	喜光,较耐寒,对土壤要求不严	多分枝,拱形下垂;花黄色,花期为6—8月	湖边、溪畔、桥头、墙隅或在草坪、林缘、坡地种植
41	火棘(*Pyracantha fortuneana*)	蔷薇科	华东、华中、西南	喜光,耐旱,不耐寒,耐修剪	春花(5月)白如雪,秋冬结红果,经久不落;株高2～3 m	庭植,篱植
42	狭叶火棘(*Pyracantha angustifolia*)	蔷薇科	中部、西南	强阳性,不耐寒,耐修剪	花白,花期为5—6月;果红,花果为9—10月;株高3 m	庭院丛植或孤植,绿篱
43	瑞香(*Daphne odora*)	瑞香科	长江流域以南地区	喜荫,忌暴晒,不耐寒,喜酸性土	花紫或淡粉红,芳香,花期为3—4月;株高2 m	庭植,盆栽
44	金丝桃(*Hypericum chinense*)	金丝桃科	华北以南地区	喜光,稍耐阴,不耐寒,不择土壤	花金黄色,花期为6—9月;在北方落叶;株高0.6 m	庭植,盆栽,花境
45	金丝梅(*Hypericum patulum*)	金丝桃科	华东、华中、西南	阳性,不耐积水	花金黄色,花期为6—8月;株高1 m	庭植,盆栽,花境
46	七里香[月橘,*Murraya paniculata* (L.)Jack.]	芸香科	全国大部分地区	阳性,生长速度中至快;耐热、寒、旱、湿,不耐阴,耐空气污染,耐修剪,抗风,易移植,寿命长	叶色深绿,富有光泽;开花白色,具香气;果色由绿转红	盆栽、花槽、绿篱修剪造型,庭院、校园或公园、道路分向带绿化
47	九里香(*Murraya exotica* L.)	芸香科	华南、西南	喜光,耐半阴,耐旱	花白,芳香,果熟鲜红	观赏、境界篱

续表

序号	植物名称	科名	适用地区	生长习性	观赏特性	园林用途
48	柑橘 (*Citrus reticulata*)	芸香科	长江流域及其以南地区	喜温暖、湿润气候，不耐寒，喜肥沃、排水良好的土壤，抗性强	花黄白，花期为4—5月，有香气；秋果呈扁球形，橙红至橙黄	庭荫树，盆栽
49	柚 (*Citrus grandis*)	芸香科	长江流域及其以南地区	喜温暖、湿润气候，不耐寒	花白色，花期为4—5月；秋果呈球形或梨形，特大，香味持久	庭荫树
50	佛手 (*Citrus medica sarcodactylis*)	芸香科	长江流域及其以南地区	喜温暖、湿润气候，不耐寒	花开三季，香味袭人，果橙黄。春花果夏熟，顶端分裂如伸指；夏花果秋熟，顶端闭合如握拳	庭荫树
51	红花檵木 (*Loropetalum chinense var.* Rubrum)	金缕梅科	长江流域及其以南地区	耐半阴，喜温暖气候及酸性土壤，适应性强	叶色紫红，花红色	模纹整形篱
52	黄槐 (*Cassia surattensis*)	蝶形花科	华南、西南	喜热，耐旱、荫、瘠，耐修剪，抗污染，易移植	树冠圆形，花期全年，花色金黄，花朵繁盛	园景树
53	一品红 (*Euphorbia pulcherrima*)	大戟科	华南	阳性，不耐旱，喜温暖	冬季顶生小叶，鲜红色	庭植，盆栽
54	红背桂 (*Excoecaria cochinchinensis* Lour)	大戟科	华南	半阴性，不耐旱，对 SO_2、Cl_2 抗性较强	叶面绿色，叶背紫红色；株高1 m	庭植，下木，花篱
55	扶桑 (*Hibiscus rosa-sinensis*)	锦葵科	华南	阳性，稍耐阴	花有粉、红、紫、黄、白色，花期四季；株高4～9 m	庭植，花篱
56	白花羊蹄甲 (*Bauhinia acuminata*)	苏木科	华南	喜湿润肥土	花白，花期为5月；株高4～9 m	庭植，行道树

续表

序号	植物名称	科名	适用地区	生长习性	观赏特性	园林用途
57	朱蕉（*Cordyline fruticosa*）	龙舌兰科	华南	阴性，喜湿润	叶青绿或深红；株高 1～3 m	庭植，盆栽
58	米仔兰（*Aglaia odorata*）	楝科	华南、福建、四川、云南	喜湿润，忌干旱，对 SO_2 或 Cl_2 抗性中等或较强	花黄，极香，花期在夏秋；株高 4～7 m	庭植，盆栽
59	满天星（细叶萼距花，*Gypsophila paniculata* L.）	石竹花科	华南	喜光，能耐半阴，不甚耐寒	茎直立，多分枝；叶深绿而亮泽；春、夏、秋三季为开花期，花多而密，宛如散落在落叶丛中的繁星	花坛，花境
60	八角金盘（*Fatsia japonica*）	五加科	华南	喜半阴，喜温暖、湿润气候，抗大气污染	植丛密，呈圆伞形；冬季开花，种子于次年夏初成熟；株高约 1 m	优良的木本观叶植物
61	福建茶（满福木，*Carmona microphylla*）	紫草科	华南	阳性，生长速度中至快；耐热、寒、旱、瘠，不耐阴，耐修剪，萌芽强，成株难移植	枝叶细致，叶为灰绿至深绿色，小花白色，果实由淡绿转红	盆栽、绿篱，庭院、公园、校园单植、列植或 3～5 株群植美化
62	夜香树（*Cestrum nocturnum*）	茄科	华南	喜温暖，忌寒冷	花黄绿，芳香，花期为 9 月	庭植，花篱

附表 1-3　**落叶阔叶乔木**

序号	植物名称	科名	适用地区	生长习性	观赏特性	园林用途
1	银杏（*Ginkgo biloba*）	银杏科	沈阳以南，广州以北	阳性，喜中性至微酸性土，稍耐阴，耐旱、寒，不耐水湿，有吸收 SO_2 和抗臭氧能力	树干通直，树体雄伟，扇形叶奇特，秋叶金黄；株高 20～30 m	庭荫树，行道树，孤植，对植
2	乌桕（*Sapiun sebiferum*）	大戟科	长江流域至珠江流域	喜光，喜温暖气候，耐热、旱、湿，稍耐寒，不耐阴，抗风	树冠呈圆球形，秋叶红艳，种子白色；株高 15 m	庭荫树，堤岸树

续表

序号	植物名称	科名	适用地区	生长习性	观赏特性	园林用途
3	重阳木 (*Bischofia polycarpa*)	大戟科	长江流域及其以南地区	喜光，稍耐阴，耐湿、寒、旱，生长快，抗风能力强	树冠呈伞形，春、秋季叶为红色；株高 15 m	庭荫树，堤岸树
4	油桐 (*Vernicia fordii*)	大戟科	长江以南	阳性，不耐阴，喜温暖气候，不耐水湿	树冠呈扁球形，花白，花期为 4—5 月；株高 8 m	庭荫树，行道树
5	杜仲 (*Eucommia ulmoides*)	杜仲科	华北南部至华中、西南	喜光，耐寒、盐碱，不耐阴	树冠呈圆球形；株高 15～20 m	庭荫树，行道树
6	糠椴 (*Tilia mandshurica*)	椴树科	东北、华北、华中	弱阳性，喜冷冻、湿润气候，耐寒、荫，不耐烟、碱	树冠卵圆形至扁球形，花黄色，花期为 7 月，芳香；果期为 9 月；株高 20 m	庭荫树，行道树
7	蒙椴 (*Tilia mongolica*)	椴树科	东北、华北	阳性，喜冷冻、湿润气候，耐寒、荫，喜生于湿润的阴坡	树形优美，枝叶茂盛；花期为 7 月，果期为 9 月；株高 10 m	庭荫树，行道树
8	紫椴 (*Tilia amurensis*)	椴树科	东北、华北	中性，耐寒性强，抗污染	树形优美，枝叶茂盛；株高 15～20 m	庭荫树，行道树
9	合欢 (*Albizia julibrissin*)	含羞草科	黄河流域至珠江流域	喜光，喜湿润气候，耐干旱、瘠薄，不耐水湿，耐寒性不强	花粉红色，花期为 6—7 月；株高 10～15 m	庭荫树，行道树，园景树
10	核桃 (*Juglans regia*)	胡桃科	东北南部至云南（主产于北方）	喜光，喜深厚肥沃土壤，抗性不强，防尘能力强	树冠庞大，呈广卵形至扁球形；株高 30 m	庭荫树，行道树，防尘林
11	薄壳山核桃 (*Carya iilinoinensis*)	胡桃科	华东至长江流域	喜光，喜温暖、湿润气候，耐寒、水湿，不耐旱、瘠	树体高大，树干端直，树冠开展；株高20～25 m	庭荫树，行道树，干果树
12	核桃楸 (*Juglans mandshurica*)	胡桃科	东北、华北	阳性，耐寒性强	株高 20 m	庭荫树，行道树

续表

序号	植物名称	科名	适用地区	生长习性	观赏特性	园林用途
13	枫杨（*Pterocarya stenoptera*）	胡桃科	长江、淮河流域	喜光，耐寒、水湿，适应性强，速生	树冠宽广，枝叶繁茂，果序下垂；株高 20～30 m	庭荫树，行道树，护岸树
14	胡桃（*Juglans regia*）	胡桃科	华北、西北至西南	阳性，耐干冷气候，不耐湿热	株高 15～25 m	庭荫树，行道树，干果树
15	沙枣（*Elaeagnus angustifolia*）	胡颓子科	西北、华北、东北	阳性，耐干旱、低湿及盐碱	叶银白色，花黄色，花期为 7 月；株高 5～10 m	庭荫树，风景树
16	白桦（*Betula platyphylla*）	桦木科	东北、华北	阳性，耐严寒，喜酸性土，速生	树冠呈卵圆形，树干白色；株高 25 m	庭荫树，行道树，风景林
17	枫香（*Liquidambar formosana*）	金缕梅科	秦岭以南	喜光，喜温暖、湿润气候，耐旱、瘠	秋叶红艳，株高 30 m	庭荫树，风景林
18	臭椿（椿树，*Ailanthus altissima*）	苦木科	华北，西北至长江流域	喜光，耐寒、旱、瘠、盐碱，不耐积水，抗烟和有害气体能力强	树干通直、高大，树冠圆整，秋季红果满树；株高 20～30 m	庭荫树，行道树，工厂绿化
19	香椿（*Toona sinensis*）	楝科	华北至华南	喜光，不耐阴，耐寒，不耐干旱，喜肥、湿，对土壤要求不严	树冠高大，树皮条状剥落，嫩叶红艳	庭荫树，行道树，特种经济用材
20	楝树（苦楝，*Melia azedarach*）	楝科	全国大部分地区	喜光，不耐阴，耐旱、湿、瘠，抗有害气体能力强，生长快	紫花，花期为 5 月；黄果经冬不落；株高 20 m	庭荫树，行道树，四旁绿化
21	喜树（*Camptotheca acuminata*）	蓝果树科	长江流域以南地区	喜光，稍耐阴，耐水湿，不耐寒、旱，生长快	树形高大、通直，果序球状奇特；株高20～40 m	庭荫树，行道树
22	鹅掌楸（*Liriodendron chinensis*）	木兰科	华北以南	喜光，耐热，喜微酸性土壤，不耐旱、积水	树干通直，叶形奇特，花淡黄，花期为 4—5 月，秋叶金黄；株高 20～25 m	庭荫树，行道树

续表

序号	植物名称	科名	适用地区	生长习性	观赏特性	园林用途
23	厚朴 (*Magnolia officinalis*)	木兰科	秦岭、淮河以南地区	喜光，耐侧方庇荫，不耐严寒，喜酸性土，忌积水	叶大浓荫；花白色，芳香；株高15～20 m	行道树，庭荫树
24	流苏树 (*Chionanthus retusus*)	木樨科	黄河中下游及其以南地区	阳性，耐寒，喜温暖	花白色、美丽，花期为5月；株高6～15 m	庭荫树，丛植，孤植
25	白蜡树 (*Fraxinus chinensis*)	木樨科	东北、华北至长江流域	喜光，稍耐阴，耐寒、旱，耐低湿，抗烟尘	枝叶繁茂，秋叶橙黄；株高10～15 m	庭荫树，行道树，堤岸树
26	绒毛白蜡 (*Fraxinus velutina*)	木樨科	华北	阳性，耐低洼，耐盐碱地，抗污染	枝叶繁茂，株高8～12 m	庭荫树，行道树，工厂绿化
27	洋白蜡 (*Fraxinus pennsylvanica*)	木樨科	东北南部、华北	阳性，耐寒，耐低湿	枝叶繁茂，株高10～15 m	庭荫树，行道树，护林树
28	水曲柳 (*Fraxinus mandshurica*)	木樨科	东北、华北	喜光，耐寒、水湿，喜肥，耐碱，适生长于温带地区，抗污染、抗风能力强	树干端直，秋叶橙黄；株高10～20 m	庭荫树，行道树，湖岸树
29	木棉(攀枝花，*Gossampinus malabarica*)	木棉科	华南、西南	喜光，喜暖热气候，耐旱、瘠，不耐寒，深根性，萌芽力强，树皮厚，耐火烧	先叶后花，花大，红艳如火，花期为2—3月；株高25～35 m	行道树，庭荫观赏树
30	七叶树 (*Aesculus chinensis*)	七叶树科	黄河中下游至华东	喜光，稍耐阴，不耐严寒，深根性，生长慢，寿命长	树冠开阔，叶形奇特，开花繁盛；花白色，花期为5—6月；株高20 m	庭荫树，行道树，造林树种
31	茶条槭 (*Acer ginnala*)	槭树科	东北、华北至长江流域	弱阳性，耐寒，抗烟尘	秋叶红色，翅果成熟前为红色；株高6 m	庭荫树，风景林
32	黄连木 (*Pistacia chinensis*)	漆树科	华北至华南、西南	喜光，耐旱、瘠，稍耐寒，抗污染	早春嫩叶，雌花鲜红；秋叶橙红或红色；株高15～20 m	庭荫树，行道树

续表

序号	植物名称	科名	适用地区	生长习性	观赏特性	园林用途
33	火炬树（*Rhus chinensis*）	漆树科	华北、西北、东北南部	阳性，适应性强，抗旱，耐盐碱	秋叶红艳，株高 4～6 m	风景林，荒山造林
34	南酸枣（*Choerospondias axillaris*）	漆树科	长江以南及西南各地	阳性，喜温暖，耐干、瘠，生长快	冠大荫浓，株高 20 m	庭荫树，行道树
35	三角枫（*Acer buergerianum*）	槭树科	华北至华南、西南	喜光，喜温湿气候、酸性或中性土，较耐水湿	卵形叶，秋叶火红；株高 10～15 m	庭荫树，行道树，护岸树，绿篱
36	复叶槭（*Acer negundo*）	槭树科	东北、华北、华东、西北	阳性，喜冷凉气候，耐烟尘，耐干冷，不耐湿	秋叶变黄，株高 20 m	庭荫树，行道树，护林树
37	元宝枫（平基槭，*Acer truncatum*）	槭树科	辽宁南部至华北、西北	喜温凉气候，可耐半阴，耐旱，不耐湿，能耐烟尘及有害气体	嫩叶红色，秋叶橙黄或红色；株高 8～10 m	庭荫树，行道树，工矿区绿化
38	大花紫薇（*Lagerstroemia speciosa*）	千屈菜科	华南	阳性，喜暖热气候，不耐寒	树冠不整齐，枝干多扭曲；花淡紫红，花期在夏秋；株高 8～12 m	庭荫树，行道树
39	构树（*Broussonetia papyrifera*）	桑科	华北至华南	阳性，适应性强，耐干、瘠，抗病虫害能力强，能耐烟尘及有害气体	树冠广倒卵形，株高 16 m	工矿区绿化
40	黄葛树［*Ficus virens* Ait. var. *sublanceolata*(Miq.) Corner］	桑科	华南、西南	阳性，喜温热气候，不耐寒，耐热	冠大荫浓，株高 15～25 m	庭荫树，行道树
41	桑树（*Morus alba*）	桑科	南北各地	阳性，抗风，抗烟尘，耐水湿，吸收有毒气体能力强	树冠广倒卵形，株高 10～15 m	庭荫树，工矿区绿化
42	板栗（*Castanea mollissima*）	山毛榉科	辽、华北至华南、西北、西南	阳性，耐寒、旱，不耐低温，对有害气体抗性较强，适应性强，深根性	树冠呈扁球形，枝叶稠密；株高 20 m	庭荫树，干果树，工矿区、丘陵地绿化

续表

序号	植物名称	科名	适用地区	生长习性	观赏特性	园林用途
43	麻栎（*Quercus acutissima*）	山毛榉科	全国大部分地区	喜光，喜湿润气候，适应性强，耐寒、旱，不耐碱土	树冠广卵形，秋叶橙褐色；株高 25 m	庭荫树，防护林
44	栓皮栎（*Quercus variabilis*）	山毛榉科	辽、华北至华南、西北、西南	阳性，耐干旱、瘠薄，不耐积水，适应性强	树冠广卵形，树皮木栓层发达；株高 25 m	庭荫树，工矿区绿化树种
45	柿树（*Diospyros kaki*）	柿树科	全国大部分地区	喜光，喜温，耐寒、旱，不耐钙质土，萌蘖强，寿命长	秋叶红色，果橙红色，入冬不落；株高10～15 m	庭荫树，果树
46	枳椇（拐枣，*Hovenia acerba*）	鼠李科	黄河流域至长江流域	喜光，耐寒，不耐积水，在肥沃湿润地上生长迅速，抗性较弱	叶大荫浓；花淡绿，花期为 6 月；株高 10 m	庭荫树，行道树
47	酸枣（*Zizyphus jujuba*）	鼠李科	黄河及淮河流域（华北多野生）	阳性，适应性强，抗烟尘，抗有毒气体能力强	树冠呈长圆形，花黄绿，花期为 4—5 月，果期为 9 月；株高 10 m	庭荫树，绿篱，污染较轻地区的绿化树种
48	槐树（国槐，*Sophora japonica*）	蝶形花科	全国大部分地区	喜光，稍耐阴，耐干冷气候，不耐积水，抗逆性强，抗污染，耐修剪	树冠呈卵球形，枝叶茂密，花黄绿，花期为 7—8 月；株高 15～25 m	庭荫树，行道树
49	刺槐（*Robinia pseudoacacia*）	蝶形花科	南北各地	强阳性，吸收及抗有害气体能力强，耐寒、旱、瘠	树冠呈椭圆状、倒卵形，花白，花期为 5 月；株高 25 m	庭荫树，行道树防护林及污染区绿化
50	乔木刺桐（鹦哥花，*Erythrina arborescens*）	蝶形花科	华南、西南	阳性，不耐烟尘	树皮有刺，花朱红色，春季开花；株高 20 m	庭荫树，行道树
51	凤凰木（*Delonix regia*）	豆科	华南，热带各地	喜光，耐旱、瘠，不耐寒，耐烟，不耐尘土，速生	树冠伞形开展，花红色，美丽，花期为 5—8 月；株高 15～20 m	庭荫树，行道树
52	山皂荚（*Glditsia japonica*）	豆科	东北、华北至华东	阳性，耐寒，耐干旱，抗污染能力强	树冠广阔，叶密荫浓；株高 15～25 m	庭荫树，行道树

续表

序号	植物名称	科名	适用地区	生长习性	观赏特性	园林用途
53	皂荚 (*Gleditsia sinensis*)	豆科	全国大部分地区	喜光,稍耐阴,喜温暖、湿润气候,耐寒、旱,抗污染能力强	树冠呈扁球形,叶密荫浓;株高 20 m	庭荫树,工矿区绿化
54	栾树 (*Koelreuteria paniculata*)	无患子科	辽、华北至长江流域	喜光,耐半阴,耐寒、旱、瘠,喜钙质土,抗烟尘	春季红叶,夏季黄花,花期为6—8月;秋果橘红,果期为9月;株高10～12 m	庭荫树,行道树,观赏树
55	全缘叶栾树 (*Koelreuteria integrifoliola*)	无患子科	长江以南地区	阳性,喜温暖气候,不耐寒	花金黄色,花期为8—9月;果淡红;株高15 m	庭荫树,行道树
56	无患子 (*Sapindus mukorossi*)	无患子科	长江流域及其以南地区	喜光,稍耐阴,喜温暖气候,喜干燥沙质土,耐寒	树冠呈广卵形,秋叶金黄;株高15 m	庭荫树,行道树
57	梧桐 (*Firmiana platanifolia*)	梧桐科	华北至华南	喜光,耐酸、碱、旱,怕涝,对有毒气体抗性及吸收能力均强	枝干端直、青翠,叶大荫浓;株高10～15 m	庭荫树,行道树
58	珙桐 (*Davidia involucrata*)	珙桐科	华中、华东、西南	喜半阴、温凉气候,稍耐寒,不耐碱、旱	树冠呈圆锥形,花白似和平鸽,花期为4—5月	庭荫树,行道树,高山
59	刺楸 (*Kalopanax septemlobus*)	五加科	东北至华南	阳性,稍耐阴,适应性强,深根性,速生	树干通直,具有宽大皮刺;花白,花期为7—9月;株高20～25 m	庭荫树,行道树
60	毛泡桐(紫花泡桐, *Paulownia tomentosa*)	玄参科	华东、华中、西南	阳性,深根性,耐盐碱,较耐寒,速生	花紫色,花期为4—8月;株高10～15 m	庭荫树,行道树
61	泡桐(白花泡桐, *Paulownia fortunei*)	玄参科	黄河至长江流域及其以南地区	喜光,稍耐阴,耐瘠薄,不耐寒,滞尘,吸收有害气体及抗性强,速生	花白色,花期为4月;株高15～20 m	庭荫树,行道树
62	悬铃木(法国梧桐, *Platanus acerifolia*)	悬铃木科	华北南部至长江流域	喜光,耐寒、旱,耐修剪,不耐阴,速生,抗污染	冠大荫浓,树皮灰绿,薄片状剥落;株高15～25 m	行道树,庭荫树,可作隔音材料

续表

序号	植物名称	科名	适用地区	生长习性	观赏特性	园林用途
63	垂柳（*Salix babylonica*）	杨柳科	全国大部分地区	喜光，喜温暖及水湿环境，耐寒、旱，速生	枝细长下垂，株高 18 m	庭荫树，观赏树，护岸树
64	金丝垂柳（*Salix X aureo-pendula*）	杨柳科	全国大部分地区	喜光，耐寒、旱、水湿，对土壤要求不严，速生	冬季枝条金黄，春季无柳絮飞扬	庭荫树，护岸树
65	绦柳（*Salix matsudana f. pendula.*）	杨柳科	东北、华北、西北	阳性，不耐阴，喜水湿，耐寒、旱，速生	枝长而下垂，株高 18 m	庭荫树，行道树，护岸树
66	旱柳（*Salix matsudana*）	杨柳科	东北、华北、西北、长江流域	阳性，耐寒、湿、旱，不耐阴，速生	树冠呈卵形或倒卵形，株高 15～20 m	庭荫树，行道树，护岸树，工矿区绿化
67	加杨（*Populus X canadensis Moench*）	杨柳科	东北南部、华东	阳性，喜温凉气候，耐水湿、盐碱，不耐旱	树冠呈卵形，株高 25～30 m	庭荫树，行道树，污染较轻地区防护林
68	箭杆杨［*Populus. nigra cv. thevestina(Dode) Bean*］	杨柳科	西北	阳性，适应干冷气候，稍耐盐碱土	树冠呈圆柱形，形态优美；株高 30 m	行道树，风景林，防护林
69	龙爪柳（*Salix matsudana f. tortuosa*）	杨柳科	东北、华北、西北、长江流域	阳性，不耐阴，喜水湿，生长势较弱，寿命短，对 SO_2、HF 有一定抗性	树冠呈长圆形，枝条扭曲如游龙；株高 10 m	庭荫树，观赏树
70	馒头柳（*Salix matsudana f.umbraculifera* Rehd.）	杨柳科	东北、华北、西北、长江流域	阳性，耐寒、水湿、旱，不耐阴，速生	树冠近半圆球形或呈伞状，整齐美观；株高 18 m	庭荫树，行道树，护岸树
71	毛白杨（*Populus tomentosa*）	杨柳科	黄河至长江流域、西南	喜光，喜温凉气候及肥厚土壤，耐寒、旱、湿，不耐积水，抗污染，速生	树干灰白、端直，树形高大、雄伟；株高 40 m	庭荫树，行道树，防护林
72	青杨（*Populus cathayana*）	杨柳科	黄河流域、辽宁、四川	阳性，稍耐阴，耐寒、湿、旱，速生，抗性弱（虫害等）	树干灰色，树冠为卵形；株高 30 m	庭荫树，行道树，防护林

续表

序号	植物名称	科名	适用地区	生长习性	观赏特性	园林用途
73	新疆杨（*Populus alba var. pyramidalis* Bunge）	杨柳科	西北、华北	阳性，耐干旱及盐渍土	树冠呈圆柱形，形态优美；株高 20～25 m	行道树，风景林，防护林
74	银白杨（*Populus alba*）	杨柳科	西北、华北、辽宁、西藏	阳性，适应寒冷干燥气候	树冠呈卵圆形，叶背银白色；株高 35 m	庭荫树，行道树，风景林，防护林
75	钻天杨［*Populus nigra var. italica* （Moench） *Koehne*］	杨柳科	东北、华北、华中、西北	阳性，喜温凉气候，耐水湿，不耐大风	树冠呈狭圆柱形，形态优美；株高 30 m	庭荫树，行道树，风景林，防护林
76	小叶杨（*Populus simonii*）	杨柳科	东北、华北、华中	阳性，抗风，固沙	树冠呈广卵形，株高 20 m	庭荫树，行道树，护堤树
77	榉树（*Zelkova serrate*）	榆科	秦岭、淮河以南	喜光，耐烟尘，抗风，忌积水，不耐瘠	树冠呈开张伞形，枝叶细美，秋叶鲜红；株高 15 m	庭荫树，街道树，盆景
78	榔榆（*Ulmus parvifolia*）	榆科	华北、长江流域及其以南地区	喜光，稍耐阴，耐寒、旱、瘠，抗烟尘及毒气能力强	树冠呈圆球形至卵形，枝叶细密，树皮如鳞片状剥落；株高 25 m	庭荫树，街道树，盆景
79	朴树（*Celtis sinensis*）	榆科	东北南部至华中、西南、华南	喜光，稍耐阴，耐寒、盐碱，抗烟尘及有害气体能力强	树冠为扁球形，果为橙红色；株高 25 m	庭荫树，行道树，防护林，盆景
80	珊瑚朴（*Celtis julianae*）	榆科	长江流域	阳性，稍耐阴	冬季及早春枝上满生红褐色花序，状似珊瑚；株高 23 m	庭荫树
81	榆树（白榆，*Ulmus pumila*）	榆科	东北、华北至长江流域	喜光，耐寒、旱、瘠、盐碱，喜肥，不耐水湿	树冠呈圆球形，高大通直；株高 25 m	庭荫树，行道树，防护林

续表

序号	植物名称	科名	适用地区	生长习性	观赏特性	园林用途
82	蓝花楹（*Jacaranda acutifolia*）	紫葳科	华南	阳性，喜暖热气候，不耐寒	花蓝色，美丽，花期为5月；株高10～15 m	庭荫树，行道树
83	楸树（*Catalpa bungei*）	紫葳科	黄河至长江流域	喜光，不耐寒、水湿，多萌蘖	树冠为长圆形，花白色，内有紫斑，花期为5月；株高30 m	庭荫观赏树，行道树
84	梓树（*Catalpa ovata*）	紫葳科	黄河中下游	阳性，较耐寒，喜深厚、肥沃的湿土，对SO_2、Cl_2抗性均强	树冠为球形，花黄白色，花期为5—6月；株高15～20 m	庭荫树，行道树
85	黄金树（*Catalpa speciosa*）	紫葳科	华中、华东	喜光，不耐寒，对土壤要求不严	树冠开展，秋叶金黄	行道树，园景树
86	山茱萸（*Cornus officinalis*）	山茱萸科	华北、华中、华东	喜阴湿、肥沃土壤，不耐瘠薄、旱	簇果如珠，绯红欲滴，经冬不落	观果植物
87	檫木（*Sassafras tzumu*）	樟科	长江流域及其以南地区	喜光，不耐阴，喜温暖、湿润气候及酸性土，不耐积水	春季黄花，秋季红叶	庭荫树，用材树
88	苹果（*Malus pumila*）	蔷薇科	华北、东北、西北南部至长江流域	阳性，喜冷凉、干燥气候	树冠呈卵圆扁球形，花白带红，花期为4—5月；株高15 m	庭荫树，果树
89	杏（*Prunus armeniaca*）	蔷薇科	南北各地	阳性，耐寒、旱，不耐涝，抗有毒气体能力弱	树冠为球形，花白、粉色，花期为3—4月；果黄，果期为6月；株高10 m	庭荫树，果树
90	稠李（*Prunus padus*）	蔷薇科	东北、华北、西北	阳性，稍耐阴，耐寒，喜湿润	花白色，小朵，成串下垂；株高15 m	庭荫树
91	海棠果（*Malus prunifolia*）	蔷薇科	东北南部、华北	喜光，耐寒、旱、碱、湿	花白，花期为4月，秋果红色；株高5～10 m	庭植，果树

续表

序号	植物名称	科名	适用地区	生长习性	观赏特性	园林用途
92	海棠花（*Malus spectabilis*）	蔷薇科	华北南部、华中、华东	喜光，耐寒、旱，忌水湿	花粉红，花期为4—5月；花梗较长，果近球形，色黄；株高5～8 m	庭荫树，行道树
93	梅（*Armeniaca mume* Sieb.）	蔷薇科	黄河流域以南地区	喜光，耐寒、旱，喜温暖、湿润气候，怕涝，寿命长	花粉、白色，芳香，花期为2—3月，先叶开放；株高10 m	庭植，片植
94	木瓜（*Chaenomeles sinensis*）	蔷薇科	华东、华中、华南	阳性，喜温暖，不耐低温、湿和盐碱土，多生于深厚、肥沃、湿润之地	花粉红，花期为4—5月；秋果黄色，浓香；株高10 m	庭植
95	日本晚樱（*Prunus serrulata* var. *lannesiana*）	蔷薇科	华北至长江流域	喜光，较耐寒	花粉红，芳香，花期为4—5月，花期较晚，延续长；株高5～10 m	庭院观赏树，丛植，行道树
96	东京樱花（*Cerasus yedoensis*）	蔷薇科	华北至长江流域	喜光，较耐寒，不耐烟尘	先花后叶，花粉白，花期为4月，花期很短；株高5～8 m	庭植，行道树，丛植
97	梨（*Pyrus bretschneideri*）	蔷薇科	东北南部及其以南地区	阳性，喜冷凉、干燥气候，耐湿	树冠呈卵圆形、长圆形，花白色，花期为3—4月；株高10～15 m	庭荫树，果树
98	沙梨（*Pyrus pyrifolia*）	蔷薇科	东北南部、华北、华东	阳性，喜温暖、湿润气候	花白，花期为3—4月；株高5～8 m	庭荫树，果树
99	紫叶李（红叶李，*Prunus ceraslfera*）	蔷薇科	华北、华东、华中、西北、西南	喜光，喜温暖、湿润气候，较耐寒	叶紫红色，花淡粉红，花期为4月；株高4～8 m	庭荫树，行道树

附表 1-4

落叶小乔木及灌木

序号	植物名称	科名	适用地区	生长习性	观赏特性	园林用途
1	柽柳 （*Tamarix chinensis*）	柽柳科	全国大部分地区	喜光，较耐寒，耐湿、盐碱，抗涝，耐修剪，抗有害气体能力强	枝叶细小、柔软，花粉红色，花期为 5—8 月；株高 2～3 m	庭植，绿篱
2	胡枝子 （*Lespedeza bicolor*）	豆科	东北至黄河流域	中性，耐寒，耐干旱、瘠薄	花紫红，花期为 8 月；株高 1～2 m	庭植，护坡，林带下木
3	马银花 （*Rhododendron ovatum*）	杜鹃花科	华东	喜半阴、酸性土壤、湿润气候	枝叶光滑无毛，叶革质；花浅紫色，有红色斑点，花期为 5 月	庭植，盆栽
4	秋胡颓子 （*Elaeagnus umbellata*）	胡颓子科	长江流域及其以北地区	阳性，喜温暖气候，不耐寒	秋果橙红色，株高 3～5 m	庭植，绿篱，林带下木
5	山梅花 （*Philadelphus incanus* Koehne）	虎耳草科	华北、华中、西北	喜光，耐寒、旱，忌水湿	花白色，花期为 6—7 月；株高 3～5 m	庭植，花篱
6	溲疏 （*Deutzia scabra*）	虎耳草科	华北南部至长江流域	喜光，稍耐阴，耐寒性不强，萌芽能力强	花白色，花期为 6—7 月；株高 2.5 m	庭植，花篱，岩石园种植树种
7	太平花 （*Philadelphus pekinensis*）	虎耳草科	华北、华中	阳性，耐半阴，耐寒，怕涝	花乳白色，芳香，花期为 5—6 月；株高 1～2 m	庭植，花篱，可丛植草坪、林缘
8	木芙蓉 （*Hibiscus mutabilis* Linn.）	锦葵科	黄河流域至华南	喜光，稍耐阴，不耐寒，喜沙质土壤，喜温湿气候及酸性土	花大，有白、红、紫三色，花期为8—11 月；株高 5～9 m	庭植，丛植，列植
9	木槿 （*Hibiscus syriacus*）	锦葵科	全国大部分地区	喜光，耐半阴，耐修剪，吸收及抗有毒气体能力较强	花为紫、白、粉红色，花期为 6—9 月；株高 3～4 m	丛植，花篱，污染区绿化树种
10	蜡梅 （*Chimonanthus praecox*）	蜡梅科	全国各地	喜光，稍耐阴，较耐寒，耐干旱，忌水湿，畏 SO_2 气体	花黄色，浓香，花期为 1—2 月，为冬季观花圣品；株高 1.5～3 m	庭植，盆栽；花可入药

续表

序号	植物名称	科名	适用地区	生长习性	观赏特性	园林用途
11	海州常山（*Clerodendrum trichotomum*）	马鞭草科	华北至长江流域	中性，喜温暖气候，耐干旱、水湿	白花，花期为7—8月；紫萼蓝果，果期为9—10月；株高2～4 m	庭植
12	紫珠（*Callicarpa bodinieri*）	马鞭草科	华北、华东、中南	中性，喜温暖气候，较耐寒	果紫色美丽，果期在秋冬；株高1～2 m	庭植，草坪丛植
13	醉鱼草（*Buddleja lindleyana*）	马钱科	长江流域及其以南地区	阳性，喜温暖气候，不耐水湿	花紫色，花期为6—8月；株高2～3 m	庭植，草坪丛植
14	牡丹（*Paeonia suffruticosa*）	毛茛科	华北、西北	阳性，耐寒，不耐积水，要求土壤排水良好	花为紫、白、红、黄色，花期为4—5月；株高1～2 m	庭植，花台，专类花园
15	玉兰（*Magnolia denudata*）	木兰科	全国大部分地区	喜光，稍耐阴，颇耐寒，喜湿润土壤，pH值为5～8时均可生长，怕积水	先叶开放，花大洁白，芳香，花期为3—4月；株高10～15 m	庭院观赏植物，对植，列植
16	紫玉兰（木兰，*Magnolia liliflora*）	木兰科	华北至华南、西南	喜光，耐寒，喜肥沃沙壤土，不耐旱，忌碱、黏土，怕积水	落叶大灌木，先花后叶，花外紫内白，芳香，花期为3—4月；株高3～5 m	庭院观赏植物，丛植
17	二乔玉兰（*Magnolia soulangeana*）	木兰科	华北及其以南大部	喜光，耐寒、旱，怕积水	先叶开放，花大，外紫内白，芳香，花期为3—4月；株高3～6 m	庭院观赏植物
18	暴马丁香（*Syringa reticulata var. amurensis*）	木樨科	东北、华北、西北	阳性，耐寒，喜湿润土壤	花白色，花期为6月；株高5～8 m	庭院观赏植物，庭荫树，园路树
19	紫丁香（*Syringa oblata*）	木樨科	东北、华北、华中、华东、西北	喜光，稍耐阴，耐寒、旱、瘠，忌低湿	花为紫、白色，花期为4—5月；株高3～5 m	庭院观赏植物，草坪丛植

续表

序号	植物名称	科名	适用地区	生长习性	观赏特性	园林用途
20	垂丝丁香（*Syringa komarowii var. reflexa*）	木樨科	华中	喜光，稍耐阴，不耐涝	花外红内白，花期为4—5月，为丁香中最美的一种	庭院观赏植物，草坪丛植
21	金钟花（*Forsythia viridissima*）	木樨科	长江流域及其以南地区	喜光，喜温暖、湿润气候，较耐寒	枝直立，花黄色，花期为3—4月，叶前开放；株高1.5～3 m	庭院观赏植物，草坪丛植
22	连翘（*Forsythia suspensa*）	木樨科	全国大部分地区	喜光，稍耐阴，耐寒、旱、瘠，不耐水湿	枝条弯曲下垂，花金黄色，花期为4月，叶前开放；株高3～4 m	庭植，草坪丛植，河岸栽植
23	小蜡（*Ligustrum sinen*）	木樨科	长江流域及其以南地区	中性，喜温暖气候，耐修剪	花小而白，花期为5—6月；株高2～3 m	庭园观赏植物，绿篱
24	雪柳（*Fontanesia fortunei*）	木樨科	东北南部至长江流域	阳性，稍耐阴，有一定的耐寒性，适应性强，耐修剪	花小而白，花期为5月，芳香；株高3～5 m	绿篱，庭植，林带下木
25	迎春（*Jasminum nudiflorum*）	木樨科	华北以南	喜光，稍耐阴，耐寒、旱、碱，怕涝	枝细小，拱形；花金黄色，花期为2—4月，先叶开放	庭院观赏植物，丛植
26	鸡爪槭（*Acer palmatum*）	槭树科	华东、华中	喜光，喜湿润气候，喜酸性或中性土，耐旱，不耐水湿，不耐寒	树形开展，单叶对生，掌状7裂，秋叶红色；株高5～10 m	庭荫树，行道树，盆栽
27	红枫（*Acer palmatum* Thunb. F.）	槭树科	华东、华中	喜光，喜温湿气候，喜酸性或中性土，耐旱，不耐水湿，不耐寒	掌状叶7～9裂，终年紫红色；株高1.5～2 m	庭院观赏植物，盆栽
28	羽毛枫（*Acer palmatum* cv. Dissectum）	漆树科	华东、华中	喜光，喜温湿气候，喜酸性或中性土，耐旱，不耐水湿，不耐寒	树冠开展，叶片细裂如羽毛，叶形奇特，极为美观	庭院观赏植物，盆栽

续表

序号	植物名称	科名	适用地区	生长习性	观赏特性	园林用途
29	黄栌 (*Cotinus coggygria*)	漆树科	我国北部、中部、西南	喜光,耐寒、旱、碱、瘠,耐半阴及较干燥的山地	树冠为球形,花黄绿,花期为 4—5 月;秋叶紫红;株高 3~5 m	庭荫树,行道树,风景林,片植
30	紫薇 (*Lagerstroemia indica*)	千屈菜科	华北至华南、西南	喜光,稍耐阴,耐旱,喜肥沃、碱性土,有滞尘及吸收有害气体的能力	花为紫、红、白色,花期为 6—10 月;株高 7 m	庭植,盆栽,污染地区绿化树种
31	白鹃梅 (*Exochorda racemosa*)	蔷薇科	华北至长江流域	弱阳性,喜温暖气候,较耐寒	花白色美丽,花期为 4 月;株高 2~3 m	庭植,丛植
32	碧桃 (*Amygdalus persica var. persica f. duplex*)	蔷薇科	东北南部、华北至华南	喜光,耐寒,耐干旱,不耐水湿、黏土	花粉红色,重瓣,花前开放,花期为 3—4 月;株高 3~5 m	庭植,片植,列植
33	垂丝海棠 (*Malus halliana*)	蔷薇科	华北以南	喜光,稍耐阴,喜温暖湿润气候,耐寒性不强	花呈玫瑰红色,花期为 4—5 月;花梗细长下垂,为紫色;株高 3~5 m	庭荫树,丛植
34	贴梗海棠 (*Chaenomeles speciosa*)	蔷薇科	全国大部分地区	喜光,稍耐阴,耐寒,不耐积水	花大,有粉色、红色、朱红色、白色,花期为 3—4 月;秋果黄色,芳香;株高1~2 m	庭植,花篱
35	西府海棠 (*Malus micromalus*)	蔷薇科	华北以南	喜光,稍耐阴,耐寒、旱	花粉红,花期为 4—5 月;果红色,果期为 8—9 月	庭植,花篱
36	黄刺玫 (*Rosa xanthina*)	蔷薇科	东北、华北、西北	喜光,耐寒、旱、瘠薄,少病虫害	叶片细小,花黄色,花期为 4—5 月;株高 1.5~3 m	庭植,丛植,花篱
37	鸡麻 (*Rhodotypos scandens*)	蔷薇科	北部至中部、东部	中性,喜温暖气候,较耐寒	花白色,花期为 4 月;株高 1~2 m	庭植,丛植
38	棣棠 (*Kerria japoneca*)	蔷薇科	华北南部至华南	喜半阴、温暖、略湿之地,较耐寒	花金黄色,花期为 4—5 月,枝条翠绿;株高 1~2 m	丛植,花篱

续表

序号	植物名称	科名	适用地区	生长习性	观赏特性	园林用途
39	绣线菊(日本绣线菊, *Spiraea japonica*)	蔷薇科	长江流域	喜光,稍耐阴,耐寒、旱	花粉红色,花期为6—7月;株高1～2 m	庭植,丛植,花篱
40	菱叶绣线菊[*Spiraea vanhouttei* (Briot)Carriere]	蔷薇科	华北南部至长江流域	中性,喜温暖气候,较耐寒	花小,白色,美丽,花期为4—5月;株高1～2 m	庭植,丛植
41	麻叶绣线菊(*Spiraea cantoniensis* Lour.)	蔷薇科	秦岭以南地区	喜光,耐寒,喜湿润气候	花小,白色,花期为4月;株高1～1.5 m	庭植,花境,丛植
42	笑靥花(李叶锈线菊, *Spiraea prunifolla*)	蔷薇科	华东、西北、西南	喜光,耐寒,适应性强	花小,白色,重瓣,与叶同时开放,花期为4—5月,秋叶橙黄色;株高1.5～3 m	庭植,丛植
43	麦李(*Prunus glandulosa*)	蔷薇科	华北至长江流域	阳性,较耐寒,适应性强	花粉红色、白色,花期为4月;果红色;株高1～1.5 m	庭植,丛植
44	玫瑰(*Rosa rugosa*)	蔷薇科	华北、华东、华中、西北、东北	喜光,耐寒、旱,不耐积水	花紫红、粉红、白色,花期为5—6月,芳香;株高1～2 m	庭植,丛植,花篱,花坛,专类花园
45	平枝栒子(*Cotoneaster horizontalis*)	蔷薇科	华北、西北至长江流域	阳性,耐寒,适应性强	匍匐状,秋冬果鲜红;株高0.5 m	基础种植,岩石园
46	山桃(*Prunus davidiana*)	蔷薇科	黄河流域	阳性,耐寒,耐干旱,耐碱土,忌湿	树冠呈广卵形,花粉红或白色,花期为3—4月;株高4～6 m	庭植,片植
47	山楂(*Crataegus pinnatifida*)	蔷薇科	东北、华北、华中	喜光,稍耐阴,耐寒、旱、瘠,吸收SO_2和抗有毒气体能力较强	春白花,秋红果;株高4～6 m	庭植,园路树,果树

续表

序号	植物名称	科名	适用地区	生长习性	观赏特性	园林用途
48	桃（*Prunus persica*）	蔷薇科	东北南部、华北至华南	阳性，稍耐阴，耐旱，忌水湿，喜夏季高温，有一定抗寒能力	树冠呈球形至扁球形，花粉红色，花期为4—5月；株高3～5 m	庭植，片植，果树
49	月季（*Rosa chinensis*）	蔷薇科	东北南部至华南、西南	阳性，喜温暖气候，较耐寒	花为红、紫色，花期为5—10月；株高1～1.5 m	庭植，丛植，盆栽
50	杂交茶香月季	蔷薇科	全国大部分地区	喜光，耐旱，不耐水涝	花形优美，花色艳丽，花香袭人，花期为4—10月	庭植，专类园，盆栽
51	丰花月季（*Rosa hybrida*）	蔷薇科	全国大部分地区	喜光，耐旱、瘠，不耐水涝	花色丰富，花期长久	庭植，专类园，盆栽
52	樱花（*Prunus serrulata*）	蔷薇科	东北、华北、长江流域	阳性，较耐寒，不耐烟尘和毒气	花粉白色，花期为4月；株高3～5 m	庭植，丛植，行道树
53	榆叶梅（*Amygdalus triloba*）	蔷薇科	华北至长江流域	喜光，耐寒、旱、碱，忌涝	叶似榆，花粉红色，花期为4—5月，叶先开放或同时开放；株高2～5 m	庭植，丛植，列植
54	郁李（*Prunus japonica*）	蔷薇科	东北、华北、华中、华南	喜光，耐寒，耐干旱	花为粉、白色，花期为4月，花梗较长；果小似球形，深红色；株高1～1.5 m	庭植，丛植
55	珍珠花（*Spiraes thunbergii*）	蔷薇科	东北南部、华北至华南	阳性，喜温暖气候，较耐寒	花小而白，花期为4月；株高1.5～2 m	庭植，丛植
56	珍珠梅（*Sorbaria kirilowii*）	蔷薇科	华北、西北	极耐阴，耐寒，耐修剪，对土壤要求不严	花小而白，花期为6—8月，蕾时如珍珠；株高1.5～2 m	庭植，丛植，花篱

续表

序号	植物名称	科名	适用地区	生长习性	观赏特性	园林用途
57	海仙花(*Weigela coracensis*)	忍冬科	东北、华北、华中	弱阳性,喜温暖气候,颇耐寒	花由黄白变红,花期为5—6月;株高2～3 m	庭植,草坪丛植
58	蝴蝶树(*Heritiera parvifolia* Merr. et Chun)	忍冬科	华北南部至华中、华南、华东、西南	阳性,稍耐阴,耐寒,耐干旱	花白,颇大,花期为4—5月,秋果红色;株高2～3 m	庭植
59	接骨木(*Sambucus williamsii*)	忍冬科	东北、华北、华中、华东	喜光,稍耐阴,喜肥沃、松沙壤土,耐烟尘	花小,黄白色,花期为4—5月,秋果红;株高2～4 m	庭植,防护林
60	金银木(*Lonicera maackii*)	忍冬科	南北各地	阳性,耐阴,耐寒,耐干旱,萌蘖性强	树冠为球形、扁球形;花黄白色,花期为5月;秋果红色;株高3～5 m	庭植,防护林
61	锦带花(*Weigela florida*)	忍冬科	东北、华北、华中、华东	喜光,耐寒、瘠,怕涝	树冠呈球形,花玫瑰红色,花期为4—6月;株高1～2 m	庭植,草坪丛植,花篱
62	糯米条(*Abelia chinensis*)	忍冬科	长江流域至华南	中性,喜温暖气候,较干旱,耐修剪	花白带粉,芳香,花期为8—9月;株高1～2 m	庭植,花篱
63	木绣球(*Viburnum macrocephalum*)	忍冬科	华北南部至长江流域	喜光,稍耐阴,耐寒	花白且大,成绣球形,花期为5—6月;株高2～4 m	庭植
64	琼花(*Viburnum macrocephalum*)	忍冬科	华北南部至长江流域	喜光,稍耐阴,耐寒	花白色,花期为4月,外围为不孕花,中部为可孕花;果鲜红色,果期为9—10月	庭植
65	天目琼花(*Viburnum sargentii*)	忍冬科	东北、华北至长江流域	喜光,耐阴,耐寒,对土壤要求不严	花乳白色,花期为5—6月;秋果为红色;株高2～3 m	庭植,观花类、观果类植物

续表

序号	植物名称	科名	适用地区	生长习性	观赏特性	园林用途
66	猬实（*Kolkwitzia amabilis*）	忍冬科	中部及西部、华北至长江流域	阳性，耐寒，耐干旱、瘠薄	花粉红色，花期为5—6月；果实为卵形，密生针刺，形似刺猬；株高2～3 m	庭植，花篱
67	香荚蒾（*Viburnum farreri* W. T. Stearn）	忍冬科	华北、西北	中性，耐寒，耐干旱	花白色，芳香，花期为4月；株高2～3 m	庭植，观花类植物
68	郁香忍冬（*Lonicera fragrantissima*）	忍冬科	华北、华东、中南	喜光，耐旱，忌涝，生性强健	花冠呈唇形，白色或带淡紫色，花期为2—4月，芳香；浆果鲜红	庭植，观花类植物
69	结香（*Edgeworthia chrysantha*）	瑞香科	中部、东部及西南	喜半阴、湿润环境及沙质壤土，抗旱、涝、盐碱及沙荒	枝常三叉状，棕红色；花黄色，芳香，花期为3—4月，先叶开放；株高2 m	庭植
70	无花果（*Ficus carica*）	桑科	全国大部分地区	喜光，喜温暖湿润气候，较耐旱，不耐寒，耐盐碱，抗污染	叶多毛，能吸尘；隐花果呈倒卵形，绿黄色；株高1～2 m	庭植，盆栽，污染区绿化树种
71	红瑞木（*Cornus alba*）	山茱萸科	东北、华北	阳性，耐寒，耐湿，耐干旱，喜湿润土	茎枝鲜红色，秋叶红色，果蓝色，果期为8—9月；株高1.5～3 m	庭院观赏植物，草坪丛植
72	四照花（*Dendrobenthamia japonica* var. *chinensis*）	山茱萸科	陕西、甘肃地区及长江流域	阳性，稍耐阴，略耐寒	花黄白，花期为5—6月，秋果粉红；株高9 m	庭院观赏植物
73	石榴（花石榴，*Punica granatum*）	石榴科	黄河流域及其以南地区	喜光，稍耐阴，耐寒、旱，适应性强，有一定的抗性和滞尘能力	花红色，花期为6—8月；浆果近球形，古铜黄色；株高3～5 m	庭植，果树

续表

序号	植物名称	科名	适用地区	生长习性	观赏特性	园林用途
74	毛刺槐 (*Robinia hispida*)	苏木科	东北、华北	阳性，耐寒，喜排水良好土壤	花紫粉色，花期为6—7月；株高2 m	庭植，草坪丛植，盆栽，污染区绿化树种
75	紫荆 (*Cercis chinensis*)	苏木科	华北、西北、华南	喜光，较耐寒，忌水湿	树冠为长圆形，花紫红色，花期为4—5月，先叶开放；株高3～5 m	庭植，丛植
76	紫穗槐 (*Amorpha fruticosa*)	蝶形花科	南北各地	阳性，耐水湿、干瘠和轻盐碱土，耐烟尘，吸收有毒气体能力强	花暗紫色，花期为5—6月；株高4 m	绿篱，护坡固堤，林带下木
77	龙爪槐 (*Sophora japonica* Linn. *var. japonica f. pendula* Hort.)	蝶形花科	南北各地	阳性，稍耐阴，耐寒，适生长于肥沃湿润土壤	树冠呈伞形，枝条扭转下垂，花黄白色；株高3～5 m	庭植，门旁对植，路边列植
78	锦鸡儿 (*Caragana sinica*)	蝶形花科	东北、华东、华中	喜光，耐寒，耐干旱、瘠薄，适应性强	花冠黄色，常带红，花期为4月；株高1～1.5 m	庭植，岩石园，盆景
79	金丝桃 (*Hypericum chinense*)	藤黄科	长江流域及其以南地区	中性，喜温暖气候，耐干旱	花金黄色，花期为6—7月；株高2～5 m	庭植，草坪丛植
80	文冠果 (*Xanthoceras sorbifolia*)	无患子科	华北、华北、西北	阳性，耐半阴，耐寒、旱，不耐涝	树冠为球形至长圆形，花白色，花期为4—5月；株高5～8 m	庭植，片植
81	小檗 (*Berberis thunbergii*)	小檗科	华北、西北至长江流域	耐半阴，耐寒，耐修剪	花淡黄色，花期为5月；果红，秋叶红色；株高1～2.5 m	庭植，刺篱
82	紫叶小檗 (*Berberis thunbergii var. atropurpurea* Chenault)	小檗科	华北、西北至长江流域	喜光，稍耐阴，耐寒	叶常年紫红色，秋果红色；株高1～2 m	庭植，丛植，模纹

续表

序号	植物名称	科名	适用地区	生长习性	观赏特性	园林用途
83	枸橘（*Poncirus trifoliata*）	芸香科	华东、华中、华南及华北南部	阳性，耐修剪，耐寒，耐干旱及盐碱土，抗有毒气体能力强	花白色，花期为 4 月；果黄绿，香，果期为 10 月；株高 5～7 m	丛植，刺篱
84	花椒（*Zanthoxylum bungeanum*）	芸香科	辽宁南部以南及西北	阳性，稍耐阴，不耐严寒	花期为 6—7 月；株高 3～5 m	丛植，刺篱
85	卫矛（*Euonymus alatus*）	卫矛科	南北各地	喜光，耐半阴，耐旱、寒、瘠薄，适应性强	嫩叶及霜叶均为紫红色，花绿白色，花期为 5—6 月；果红，果期为 9—10 月；株高 3 m	庭植，绿篱
86	丝棉木（*Euonymus bungeanus*）	卫矛科	南北各地	阳性，稍耐阴，适应性强，深根性	花绿白色，花期为 5 月；果期为 10 月；株高 6 m	庭植，湖岸、溪边、工矿区绿化树种
87	（东陵）八仙花（*Hydrangea bretschneideri*）	八仙花科	华北、长江流域及其以南地区	喜半阴、酸性土壤，耐寒	花为蓝、红、白色，花期为 6—7 月	庭植，盆栽
88	金缕梅（*Hamamelis mollis*）	金缕梅科	长江流域	阳性，稍耐阴	花金黄色，花期为 1—3 月；株高 9 m	庭植
89	蜡瓣花（*Corylopsis sinensis*）	金缕梅科	长江流域及其以南地区	阳性，稍耐阴，忌干旱	花黄色，芳香，花期在早春；株高 5 m	庭植
90	枸杞（*Lycium chinense*）	茄科	华北南部至福建、广东、西南	阳性，耐阴，耐碱	花紫色，花期为 5—10 月；果红，果期为 7—11 月；株高 1～2 m	庭植，桩景，棚架

附表 1-5　　常绿针叶树

序号	植物名称	科名	适用地区	生长习性	观赏特性	园林用途
1	香柏（*Thuja occidentalis*）	柏科	华东、华中	喜光，稍耐阴，抗寒，耐碱	树冠为圆锥形，鳞叶芳香	观赏植物，境界篱
2	侧柏（*Platycladus orientalis*）	柏科	华北、西北及华南	阳性，耐修剪，耐湿、寒，耐干旱、瘠薄，是常绿针叶树中抗烟尘和有害气体最强的树种	树冠为圆锥形、圆球形、倒卵形，株高 15～20 m	庭荫树，行道树，绿篱，风景林
3	桧柏（*Sabina chinensis*）	柏科	东北南部及其以南地区	稍耐阴，有一定抗性，是吸收有害气体最强的树种	树冠幼时为圆锥形，老年时为圆球形或扁球形，干粗壮，侧枝水平或下垂	孤植树，片植，对植，污染区绿化树种
4	刺柏（*Juniperus formosana*）	柏科	长江流域、西南、西北	中性，喜凉湿多雨气候及钙质土	树冠为狭圆锥形，枝下垂；株高 12 m	列植，丛植，绿篱
5	杜松（*Juniperus rigida*）	柏科	华北、东北、西北	阳性，耐寒，耐干旱、瘠薄，生长慢，抗海潮风	树冠为圆柱形，株高 10～15 m	庭荫树
6	龙柏［*Sabina chinensis*（L.）Ant. cv. *Kaizuca*］	柏科	全国大部分地区	喜光，稍耐阴，耐寒性不强，对土壤适应性强，耐修剪	树冠为圆柱形，似龙体	庭荫树，对植，绿篱
7	鹿角柏（*Sabina chinensis* cv. Pfitzeriana）	柏科	长江流域、华北	阳性，耐寒	丛生状，干枝向四周斜展；株高 0.5～1 m	庭院点缀
8	翠柏（翠蓝柏，*Calocedrus macrolepis* Kurz）	柏科	全国各地，华北盆栽较多	喜光，要求土壤排水良好，耐瘠薄，喜凉润气候，耐寒性强	直立灌木，多分枝，刺叶，两面均被白粉	庭院点缀，盆栽
9	铺地柏（*Sabina precumbens*）	柏科	全国大部分地区	阳性，要求土壤排水良好，耐瘠薄、寒、干旱，喜石灰质肥土	匍匐状灌木，全为刺叶；株高 0.5～0.8 m	布置岩石园、盆景及地被

续表

序号	植物名称	科名	适用地区	生长习性	观赏特性	园林用途
10	洒金千头柏(*cv. Aurea Mana*)	柏科	全国大部分地区	喜光,耐寒、旱,适应性强	树冠紧密,近球形,外观金黄色;株高 2～3 m	孤植树,对植,列植
11	日本扁柏(*Chamaecyparis obtusa*)	柏科	长江流域	中性,喜凉湿气候,不耐寒	株高 20 m	园景树,丛植
12	日本花柏(*Chamaecyparis pisifera*)	柏科	长江流域	中性,耐寒性不强	株高 25 m	园景树,丛植,列植
13	沙地柏(*Sabina vulgaris*)	柏科	西北、内蒙古、华北	阳性,耐寒,耐干旱性强	匍匐状灌木,枝斜向上;株高 0.5～1.0 m	地被,绿篱
14	圆柏(*Sabina chinensis*)	柏科	全国大部分地区	喜光,耐阴,耐寒、碱、酸,适应性强,寿命长,耐修剪	幼年树冠为狭圆锥形,老树奇姿百态;株高 15～20 m	庭荫树,园景树,列植,绿篱
15	云片柏[*Chamaecyparis obtusa* (*Sieb. et Zucc.*) *Endl.*]	柏科	长江流域	中性,喜凉湿气候,不耐寒	树冠为窄塔形,株高 5 m	园景树,丛植,列植
16	红豆杉[*Taxus Chinensis* (Pilger) Rehd.]	红豆杉科	秦岭以南	耐阴,稍耐寒,喜肥、湿土壤	树冠为倒卵形,枝叶繁密	行道树,园景树
17	矮紫杉(*Taxus cuspidata var. nana* Rehd.)	红豆杉科	东北、华北	阴性,耐寒,耐修剪	枝叶密生,株高 1.5～2 m	庭院点缀,盆景,绿篱
18	紫杉(*Taxus cuspidata*)	红豆杉科	东北	阴性,喜冷凉、湿润气候,耐寒	树冠为广卵形、圆形;株高 10～20 m	孤植,丛植,绿篱
19	南洋杉(*Araucaria cunninghamii*)	南洋杉科	华南	喜光,耐阴,不耐寒、干燥	树冠为狭圆锥形,姿态优美;株高 30 m	行道树,园景树,风景林

续表

序号	植物名称	科名	适用地区	生长习性	观赏特性	园林用途
20	罗汉松（*Podocarpus macrophyllus*）	罗汉松科	长江以南	半阴性，喜半湿润土壤，不耐寒，抗有毒气体能力较强	种子呈卵圆形，熟时为紫红色，着生于肥厚肉质种托上，似罗汉；株高 10～20 m	庭荫树，孤植，对植，丛植；观叶、果植物
21	柳杉（*Cryptomeria fortunei*）	杉科	长江流域及其以南地区	喜光，稍耐阴，略耐寒，喜温暖、湿润气候及酸性土，不耐积水	树冠为圆锥形，株高 20～30 m	列植、丛植，风景林
22	巨杉（*Sequoiadendron giganteum*）	杉科	华东（原产美国）	喜光，喜温暖、湿润气候，生长迅速	树形高大，干基有垛柱状膨大物	庭荫树
23	日本柳杉（*Cryptomeria japonica*）	杉科	长江以南地区	中性，喜温暖、湿润气候	树冠为圆锥形，株高 40 m	孤植、列植，风景林
24	日本金松（*Sciadopitys verticillata*）	杉科	华东、中南	耐阴，喜温暖、湿润气候，稍耐寒，不耐旱、涝，忌石灰质土壤	冰川孑遗树种，树形端丽，叶两型	园景树，行道树
25	白杆（*Picea meyeri*）	松科	华北	耐阴，喜冷凉、湿润气候，生长慢	树冠为圆锥形，针叶粉蓝色；株高 15～25 m	园景树，风景林
26	白皮松（*Pinus bungeana*）	松科	华北、西北、长江流域	喜光，喜冷凉气候，耐温湿，生长慢，抗有毒气体能力较强	我国特有三针松，树皮白色、雅净；株高 20～30 m	庭荫树，行道树，园景树
27	赤松（*Pinus densiflora*）	松科	华东及北部沿海地区	强阳性，耐寒，要求海岸气候	株高 20～30 m	庭荫树，行道树，防潮林，风景林
28	黑松（*Pinus thunbetgii*）	松科	华东、华北、华南	喜光，耐寒，不耐碱土，抗海潮风，宜生长于海滨，缓生	树冠为广卵形，枝叶强劲有力；株高 30～35 m	庭荫树，行道树，防潮林，风景林
29	云杉（*Picea asperata*）	松科	东北、华北	稍耐阴，喜冷凉、湿润气候，对有毒气体有一定抗性，生长较慢	树冠为圆锥形，株高 45 m	园景树，风景林，孤植树
30	红松（*Pinus koraiensis*）	松科	东北地区	弱阳性，喜冷凉、湿润气候及酸性土	株高 20～30 m	庭荫树，行道树，风景林

续表

序号	植物名称	科名	适用地区	生长习性	观赏特性	园林用途
31	华山松 (*Pinus armandii*)	松科	中西部、华北、华中	喜温凉、湿润气候,在阴坡生长良好.不耐碱	树冠为广圆锥形,株高35 m	庭荫树,行道树,园景林,风景林
32	辽东冷杉 (*Abies holophylla*)	松科	东北、华北	阴性,喜冷凉、湿润气候,耐寒	树冠为圆锥形,株高25 m	园景树,风景林
33	马尾松 (*Pinus massoniana*)	松科	华东、华中、华南、西南	强阳性,喜温湿气候,宜用酸性土,对有毒气体抗性弱	树冠为狭圆锥形,株高40 m	庭荫树,行道树,造林绿化树种
34	平头赤松 (*Pinus densifloracv. Umbraculifera*)	松科	华东地区	阳性,喜温暖气候,生长慢	树冠呈伞形,平头状;株高3～5 m	孤植,对植
35	日本冷杉 (*Abies firma*)	松科	中南(原产日本)	喜光,喜冷凉、湿润气候及酸性土,耐阴,较耐寒	树冠呈广卵形,叶为扁平条形;株高30 m	园景树,风景林
36	日本五针松 (*Pinus parviflora*)	松科	长江中下游地区	中性,较耐阴,不耐寒,生长慢	针叶短细,蓝绿色;株高5～15 m	盆景,盆栽,假山园
37	湿地松 (*Pinus elliottii*)	松科	长江流域至华南	喜光,不耐阴,耐寒、旱、瘠,较耐水湿,速生	树形高大,树体苍劲;株高25 m	庭荫树,行道树,造林绿化树种
38	雪松 (*Cedrus deodara*)	松科	华北及其以南地区	喜光,稍耐阴,耐寒,不耐积水,抗污染能力弱	树冠为塔形,姿态优美;株高15～25 m	行道树,园景树,风景林,孤植树
39	油松 (*Pinus tabulaeformis*)	松科	华北、东北、西北	喜光,耐寒,耐干旱、瘠薄,不耐湿,对有毒气体抗性不强	树干挺拔苍劲,树冠为伞形;株高25 m	庭荫树,行道树,园景树,风景林
40	落叶松 (*Larix gmelini*)	松科	华北	喜光,不耐海潮,忌大风	树冠幼年呈塔状,老树则较开阔;株高30 m	庭荫树
*41	金钱松 (*Pseudolarix amabilis*)	松科	长江流域	喜光,喜温暖、湿润气候,不耐碱、旱、积水	树形高大端直,秋叶金黄色;株高40 m	庭荫树,园景树

续表

序号	植物名称	科名	适用地区	生长习性	观赏特性	园林用途
*42	池杉 (*Taxodium ascendens*)	杉科	黄河流域以南地区	喜光,极耐水湿,耐旱,喜酸性土,不耐碱,可生于沼泽地上	树冠呈窄尖塔形,秋叶棕褐色,水中干基膨大;株高15～25 m	水边护坡,行道树,水滨湿地绿化
*43	落羽杉 (*Taxodium distichum*)	杉科	黄河流域以南地区	喜光,极耐水湿,不耐寒,对有毒气体抗性不强	树形整齐美观,秋叶古铜色,水中干基膨大;株高50 m	护岸树,行道树,风景林
*44	水杉 (*Metasequoia glyptostroboides*)	杉科	全国大部分地区	喜光,耐微酸性土壤,耐寒、湿,不耐旱,抗性较强	树干通直,树冠为圆锥形,秋叶红褐色;株高35～50 m	庭荫树,行道树,风景林;列植,丛植
*45	水松 (*Glyptostrobus pensilis*)	杉科	我国特产,长江流域以南地区	喜光,喜温暖、湿润气候,耐水湿,不耐寒、碱土	树冠为圆锥形,秋叶红褐色;株高25 m	庭荫树,防风、护堤树

注:表中标"*"为落叶类。

附表1-6 **藤本植物**

序号	植物名称	科名	适用地区	生长习性	观赏特性	园林用途
1	多花紫藤 (*Wisteria floribunda*)	蝶形花科	长江流域及其以南地区	阳性,喜温暖;落叶性	花紫色,花期为4月;株高4～8 m	攀缘棚架、枯树,盆栽
2	紫藤 (*Wisteria sinensis*)	豆科	全国大部分地区	阳性,耐寒、旱,适应性强,忌积水,勾连缠绕;落叶性	羽状复叶繁茂,春花花序下垂,花堇紫色,烂漫芳香	攀缘棚架、枯树
*3	常春油麻藤 (*Mucuna sempervirens*)	豆科	浙、闽、鄂、云、贵、川	喜光,耐阴,喜温,稍耐寒,抗旱,喜石灰质土壤;常绿性	花序下垂,春花紫红	攀缘棚架,廊荫

续表

序号	植物名称	科名	适用地区	生长习性	观赏特性	园林用途
*4	络石（*Trachelospermum jasminoides*）	夹竹桃科	全国大部分地区	耐阴、旱，不耐寒，萌蘖强，气根吸附；常绿性	叶色浓绿，春花繁密，白色，芳香，花期为4—5月	攀缘墙垣、山石，盆栽，地面覆盖
5	铁线莲（*Clematis florida*）	毛茛科	华东、华中、华南	喜光，耐半阴，喜排水良好的石灰质土壤，不耐寒；半常绿	夏季开花，大而白；株高4 m	攀缘篱垣、棚架、山石，地被覆盖
6	五味子（*Schisandra chinensis*）	五味子科	东北、华北	阳性，耐半阴，耐寒性强；落叶性	花乳白，花期为5—6月；果猩红色，果期为8—9月；树高8 m	攀缘篱垣、棚架
7	南五味子（*Kadsura longipedunculata*）	五味子科	华东、华南	阳性，耐半阴，不耐寒；常绿性	花淡黄、白色，浆果深红至暗蓝色，聚合成串	攀缘篱垣、棚架、山石
8	木通（*Akebia quinata*）	木通科	长江流域	中性，喜温暖、湿润气候，不耐寒；落叶性	掌状复叶，伞状花序；花暗紫色，花期为4月；株高10 m	攀缘篱垣、棚架、山石
9	三叶木通（*Akebia trifoliata*）	木通科	华北至长江流域	中性，喜温暖，较耐寒；落叶性	花暗紫色，花期为5月；株高8 m	攀缘篱垣、棚架、山石
10	大血藤（*Sargentodoxa cuneata*）	木通科	长江流域至华南地区	喜光，略耐阴，喜温暖、湿润气候；落叶性	花芳香，果蓝色，枝叶扶疏	攀缘棚架，廊荫
11	葡萄（*Vitis vinifera*）	葡萄科	东北、西北至长江流域	阳性，喜夏季高温气候，耐干旱，怕涝；落叶性	果紫红或黄白色，果期为8—9月	攀缘篱垣、棚架、栅篱
12	五叶地锦（*Parthenocissus quinquefolia*）	葡萄科	全国大部分地区	喜阴湿，耐寒，攀缘能力稍弱，对Cl_2和HCl抗性强；落叶性	秋叶红色	攀缘墙面、山石、栅篱

续表

序号	植物名称	科名	适用地区	生长习性	观赏特性	园林用途
13	木香（*R. banksiae*）	蔷薇科	华北至长江流域	阳性，喜温暖，不耐寒；半常绿	花白或淡黄色，芳香，花期为4—5月；株高6 m	攀缘篱架，花可提炼芳香油
14	蔷薇（*Rosa multiflora*）	蔷薇科	华北至华南	阳性，稍耐阴，耐寒；落叶性	花白、粉红色，花期为5—6月；株高3～4 m	攀缘篱垣、山石、棚架，花、果可入药
15	十姐妹（*Lonchura striata*）	蔷薇科	华北至华南	阳性，喜温暖，较耐寒；落叶性	花深红色，重瓣，花期为5—6月；株高3～4 m	攀缘篱垣、棚架
16	金银花（*Lonicera japonica*）	忍冬科	全国大部分地区	喜光，耐阴，耐寒、湿，不择土壤，抗 SO_2、HF；半常绿	花黄、白色，芳香，花期为5—7月	墙面攀缘，棚架廊荫
*17	薜荔（*Ficus pumila*）	桑科	华东、华中、西南	稍耐阴，喜暖湿气候，不耐寒，适应酸性土；常绿性	叶多形，色碧绿，果奇特	攀缘假山、棚垣、墙荫
*18	扶芳藤（*Euonymus fortunei*）	卫矛科	黄河中下游及长江流域	耐阴，耐旱、瘠，不耐寒；常绿性	叶色油绿光亮，入秋果美红艳	攀墙垣、小型花架，廊荫
19	胶东卫矛（*Euonymus kiautschovicus*）	卫矛科	华北至长江中下游地区	耐阴，喜温暖，稍耐寒；半常绿	绿叶红果，株高3～5 m	攀附棚架、墙面、山石、老树干
20	南蛇藤（*Celastrus orbiculatus*）	卫矛科	东北、华北至长江流域	喜光，耐半阴，耐寒；落叶性	秋叶红、黄色，花黄绿，果红，果期为9—10月	攀缘棚架、墙垣
*21	常春藤（*Hedera helix*）	五加科	我国中部、南部	极耐阴，稍耐寒，适应性强，抗烟尘；常绿性	枝叶稠密，叶形美丽，终年常绿	攀缘墙垣、山石，盆栽
22	爬山虎（地锦，*Parthenocissus tricuspidata*）	葡萄科	全国大部分地区	喜荫，耐寒，适应性强，生长快，落叶，对 SO_2、Cl_2、HCl、HF抗性均强	秋叶红或橙色，株高25 m	攀缘墙壁、山石、树干等；根茎可入药，果可酿酒
*23	中华常春藤（*Hedera nepalensis var. sinensis*）	五加科	我国中部、南部	耐阴性强，忌强光；常绿性	花期为8—9月，果黑色，叶三角形	攀缘墙垣、山石

续表

序号	植物名称	科名	适用地区	生长习性	观赏特性	园林用途
*24	叶子花 (*Bougainvillea spectabilis*)	紫茉莉科	华南、西南(原产巴西)	喜光,喜湿润气候,不耐寒、荫,有枝刺;常绿性	花色有红、紫、白,3朵聚生枝头,苞片形状似叶,颜色似花,大而美丽,花期为冬春	攀缘山石、围墙、围柱
*25	凌霄 (*Campsis grandiflora*)	紫葳科	华北及其以南各地	喜光,稍耐寒,适应性强,气根吸附;常绿性	花大,橘红或鲜红,花期为7—8月;株高10 m	攀缘墙垣、山石
26	美国凌霄 (*Campsis radicans*)	紫葳科	华北及其以南各地	阳性,喜湿润、肥沃、排水良好的土壤,耐寒;落叶性	花较凌霄稍小,橘红、鲜红,花期为7—8月;株高10 m	攀缘墙垣、山石、棚架,花可入药
*27	炮仗花 [*Pyrostegia ignea* (Ker-Gawl.) Miers]	紫葳科	华南	中性,喜肥沃湿润土,不耐寒;常绿性	花橙红,花期在春季;花冠外翻,形如炮仗	攀缘墙垣、山石等

注:表中标“*”为常绿树种。

附表1-7 **竹类植物**

序号	植物名称	科名	适用地区	生长习性	观赏特性	园林用途
1	斑竹 (*Phyllostachys bambussoides cv. tanakae*)	禾本科	华北南部至长江流域	阳性,喜温暖、湿润气候,稍耐寒	竹秆有紫褐色斑,株高10 m	庭植
2	慈竹 (*Neosinocalamus affinis*)	禾本科	华中、西南	阳性,喜温暖、湿润气候及肥沃土壤,不耐寒	秆丛生,枝叶细密;株高5~10 m	庭植,宜植于房前屋后、亭廊周围及围墙内外,具有防风、观赏、用材作用
3	淡竹(毛金竹,*Phyllostachys glauca*)	禾本科	黄河流域以南至长江流域	阳性,喜肥沃、排水良好的湿润土壤,稍耐寒	秆淡黄或灰绿色,株高6~21 m	庭植,笋可食

续表

序号	植物名称	科名	适用地区	生长习性	观赏特性	园林用途
4	菲白竹 [*Sasa fortunei* (*Van Houtte*) *Fiori*]	禾本科	长江中下游地区	中性,喜温暖、湿润气候,不耐寒	叶有白色纵条纹,株高0.5~1.0 m	绿篱,地被,盆栽
5	凤尾竹 (*Bambusa multiplex*)	禾本科	长江流域以南地区	中性,喜排水良好的湿润土壤,喜温暖,不耐寒	秆密丛生,矮而细,枝叶小型;株高1~2 m	庭植,篱垣
6	桂竹 (*Phyllostachys bambusoides*)	禾本科	淮河流域至长江流域	阳性,适应性强,耐寒,耐盐碱	秆散生,新秆无蜡粉;株高20 m	庭植,风景区竹林
7	黄槽竹 (*Phyllostachys aureosulcata*)	禾本科	华北	阳性,喜温暖、湿润气候,较耐寒	竹秆节间纵槽内黄色,株高3~5 m	庭植
8	方竹 (*Chimonobambusa* *quadrangularis*)	禾本科	华东	喜水肥,可四季出笋	秆散生,深绿色,下方上圆,基部数节常有刺状气根一圈;株高3~8 m	我国特产,可庭植于中心景点
9	毛竹 (*Phyllostachys pubescens*)	禾本科	山东、河南、长江以南地区	喜肥沃、湿润、排水良好的壤土或沙壤土	秆散生,乔木状;株高10~25 m	庭植,风景林
10	孝顺竹 (*Bambusa multiplex*)	禾本科	长江流域以南地区	中性,喜温暖气候,喜排水良好的湿润土,喜肥,不耐寒	秆丛生,小枝上小叶5~9枚,叶线状,披针形,排成两列;株高2~4 m	庭植,篱垣
11	早园竹 (*Phyllostachys propinqua*)	禾本科	华北至长江流域	阳性,喜温暖、湿润气候,较耐寒	枝叶青翠,株高5~8 m	庭植
12	紫竹 [*Phyllostachys nigra* (Lodd. ex Lindl.) Munro]	禾本科	华北南部至长江流域	阳性,喜温暖、湿润气候,稍耐寒,多砾石之处生长不良	秆新竹时为绿色,后变紫黑色;株高10 m	庭植

续表

序号	植物名称	科名	适用地区	生长习性	观赏特性	园林用途
13	佛肚竹 (*Bambusa ventricosa* McClure)	禾本科	华南地区	喜光，喜温暖、排水良好的肥土，耐半阴	常绿灌木型丛生竹；株高 2～4 m，有 2 种：一种秆高，节间长；另一种畸形，秆矮而粗，节间短，下部节间膨大，似花瓶	庭植，盆栽
14	阔叶箬竹 [*Indocalamus latifolius* (Keng) McClure]	禾本科	江苏、浙江、安徽、河南、陕西等地	多生于低山、丘陵向阳坡	秆散生，叶宽，株矮潇洒，富野趣	庭植，地被植物
15	黄金间碧竹 (*Bambusa vulgaris* *Schrader ex Wendland* *cv.* Vittata McClure)	禾本科	华南地区	阳性，喜温暖、湿润气候，稍耐寒	丛生竹，竹秆黄色，有绿色条纹	庭植
16	青皮竹 (*Bambusa textilis* McClure)	禾本科	华南地区	阳性，喜温暖、湿润气候，稍耐寒	丛生竹，秆亮绿，节间较长，幼时被毛和白粉	庭植

附表 1-8 **草坪地被植物**

序号	植物名称	科名	适用地区	生长习性	观赏特性	园林用途
1	连钱草 [*Glechoma longituba* (*Nakai*) *Kupr.*]	唇形科	全国各地	喜阴湿，阳处也可生长，耐寒，忌涝	花淡蓝紫色，花期为 3—4 月；株高 0.1～0.2 m	疏林或泥叶地被
2	白车轴草 (*Trifolium repens* L.)	豆科	东北、华北至西南	耐半阴，耐寒、旱、酸性土，喜温暖、湿润气候	花白色，花期为 6 月；株高 0.3～0.6 m	地被
3	地毯草[大叶油草，*Axonopus compressus* (Sw.) Beauv.]	禾本科	华南	多年生，阳性，要求温暖、湿润气候，侵占力强	宽叶低矮，株高 0.15～0.5 m	庭院，运动场，固土护坡草坪

续表

序号	植物名称	科名	适用地区	生长习性	观赏特性	园林用途
4	狗牙根[爬根草，*Cynodon dactyion*（Linn.）Pers.]	禾本科	华北、西北、华东、华南	阳性，耐旱、热，不耐阴、寒，喜黏土及壤土，蔓延续	匍匐茎蔓延能力强，叶绿低矮；株高 0.1～0.4 m	草坪、固土植物，可作饲料
5	结缕草（*Zoysia japonica* Steud.）	禾本科	东北、华北、华南、西北	耐阴、寒、旱、践踏，适应性强，有防尘、净化空气的作用	匍匐茎，叶宽硬；株高 0.25～0.70 m	运动场、高尔夫球场草坪
6	匍匐翦股颖（*Agrostis stolonifera*）	禾本科	华北、华东、华中	稍耐阴，耐寒，喜湿润肥沃土，忌旱、碱	绿色期长，株高 0.3～0.6 m	为潮湿地区或疏林下草坪
7	细叶结缕草[天鹅绒草，*Zoysia*（*Goudswaard*）M. Hotta et S. Kuroki]	禾本科	长江流域及其以南地区	多年生，耐潮湿、践踏、旱，不耐阴、寒	匍匐茎较发达，叶极细，低矮；株高 0.1～0.15 m	观赏、游憩、固土护坡草坪
8	野牛草（*Buchloe dactyloides*）	禾本科	我国大部分地区	耐旱、热，耐寒性强，耐踩，耐半阴，不耐湿，具有净化空气作用	匍匐茎，叶细，灰绿色；株高 0.1～0.4 m	为我国北方应用最多的草坪植物
9	羊胡子草（白颖苔草，*Carex rigescens*）	莎草科	东北、华北	耐阴，耐寒、旱、瘠薄，耐踩踏差，可常生长于山坡上	细绳索状根茎，末端成束，密生茎丛，叶鲜绿；株高 0.1～0.2 m	观赏或人流少的庭院草坪
10	二月兰（*Orychophragmus violaceus*）	十字花科	东北南部至华东	宜半阴，耐寒，喜湿润	花淡蓝紫色，花果期为春夏；株高 0.1～0.5 m	疏林地被，林缘绿化
11	假俭草[*Eremochloa ophiuroides*（Munro）Hack.]	禾本科	华东、华南、西南	喜温暖，日光充足，根深，耐旱，耐踏	匍匐茎蔓延能力强，叶黄绿至蓝绿色；株高 0.08～0.30 m	草坪植物，固土护坡，可作牧草

附表 1-9 **水生植物**

序号	植物名称	科名	适用地区	生长习性	观赏特性	园林用途
1	千屈菜（*Lythrum salicaria* L.）	千屈菜科	全国各地	阳性，耐寒，浅水或地植，管理粗放	花紫色，花期为 7—9 月；株高 0.8～1.2 m	庭院水池边、滩岸散植及盆栽，切花
2	水葱（*Scirpus validus* Vahl）	莎草科	全国各地	适应性强，耐寒，夏宜半阴，喜湿润、凉爽、通风	茎圆形，直立，花呈穗状，花期为 6—8 月；株高 1～2 m	岸边配置，丛植，盆栽，也可露地栽植
3	睡莲（*Nymphaea* L.）	睡莲科	全国各地	阳性，喜温暖通风之静水，宜肥土，浮于水面	花白或黄、粉色，花期为 6—8 月	静水面栽植及水盆栽种
4	荷花（*Nelumbo nucifera*）	睡莲科	全国各地	阳性，极耐寒，又耐热，喜湿润而多有机质处	花大，单生，粉红或白色，芳香，花期为 6—8 月；株高 1.8～2.5 m	观赏花叶，盆栽，水池栽种，切花
5	萍蓬草［*Nuphar pumilum* (Hoffm.) DC.］	睡莲科	东北、华北、华南	阳性，喜生浅水中，高约 0.15 m	花黄色，花期在春夏	宜美化水面和盆栽
6	凤眼蓝［*Eichhornia crassipes* (Mart.) Solms］	雨久花科	全国各地	阳性，喜生于浅水而泥土肥厚处，南方终年生长，可净化水体和吸收水中的铁、锌、铜等重金属	花堇蓝色，具蓝斑或黄点，花期为 8—9 月；株高 0.2～0.3 m	庭院水池中，盆栽，切花；全株可入药
7	菖蒲（*Acorus calamus* L.）	天南星科	全国各地	多年生，喜光，耐寒	叶细长，剑形，顶生	水景园，石旁，溪流；根茎可入药

附表 1-10 **一二年生花卉**

序号	植物名称	科名	适用地区	生长习性	观赏特性	园林用途
1	醉蝶花（*Cleome spinosa* Jacq.）	白花菜科	全国各地	喜肥沃，向阳，耐半阴	花粉红、白色，花期为 6—9 月；株高 1 m	花坛，丛植，切花

续表

序号	植物名称	科名	适用地区	生长习性	观赏特性	园林用途
2	一串红 (*Salvia splendens* Ker-Gawler)	唇形科	全国各地	阳性，稍耐半阴，不耐寒，喜疏松肥沃土壤，抗 HCl	花红色，花期为 7—10 月；株高 0.3～0.8 m，有矮型和高型	花坛，花带，盆栽
3	银边翠 (*Euphorbia marginata* Pursh.)	大戟科	全国各地	阳性，喜温暖，耐干旱，直根性	稍叶白或镶白边，株高 0.5～0.8 m	林缘地被或切花
4	凤仙花 (*Impatiens balsamina* L.)	凤仙花科	全国各地	阳性，喜暖畏寒，宜疏松肥沃土壤，抗 SO_2	花色多，花期为 6—9 月；株高 0.3～0.8 m	花坛，盆栽，切花，花篱
5	福禄考 (*Phlox drummondii* Hook.)	花葱科	全国各地	阳性，喜温暖，耐寒力弱，忌碱、涝，抗 SO_2	花有白、粉红、红、深红、紫红、蓝、紫等色，花期为 5—9 月；株高 0.15～0.4 m	花坛，花境，岩石园，切花
6	三色堇 (*Viola tricolor* L.)	堇菜科	全国各地	稍耐半阴，耐寒，喜凉爽	每朵花有蓝、黄、白三色，花期为 4—6 月；株高 0.15～0.3 m	花坛，花境，镶边
7	百日草(百日菊，*Zinnia elegans* Jacq.)	菊科	全国各地	阳性，耐干旱，喜深厚肥沃土壤，忌水涝	花大色艳，花期为 6—10 月；株高 0.2～0.9 m	花坛，花境，丛植，切花
8	波斯菊 (*Cosmos bipinnata* Cav.)	菊科	全国各地	阳性，耐干旱、瘠薄，忌肥，否则徒长而不开花，易倒伏	枝干丛生，叶片细，花色多，花期为 6—10 月；株高 1～1.5 m	花坛，花境，花群，花篱，地被，切花
9	雏菊 (*Bellis perennis* L.)	菊科	全国各地	较耐寒，喜凉爽气候，忌炎热	花白、粉、紫色，花期为 3—6 月；株高 0.07～0.15 m	花坛，花境，镶边，盆栽
10	翠菊 [*Callistephus chinensis* (L.) Nees]	菊科	全国各地	阳性，喜肥、沃湿、润排水良好的土壤，忌连作和水涝	花色丰富，花期为 6 月至霜冻；株高 0.2～0.8 m，有矮、中、高三种类型	各种花卉布置和切花，花坛，花境

续表

序号	植物名称	科名	适用地区	生长习性	观赏特性	园林用途
11	金盏菊（*Calendula officinalis*）	菊科	黄河及长江流域	阳性，较耐寒，宜凉爽，抗 SO_2、SO_3 等	花黄至橙色，花期为5—7月；株高0.3～0.6 m	春季花坛，花境，盆栽，切花
12	滨菊（*Leucanthemum vulgre* Lam.）	菊科	黄河及长江流域	阳性，要求肥沃湿润土壤	花白色，花期自春到秋；株高0.3～0.6 m	花坛，花境
13	孔雀草（*Tagetes patula* L.）	菊科	全国各地	阳性，对土壤要求不严，耐旱能力强，抗早霜，耐移植	舌状花，黄带褐斑，花期为7—9月；株高0.2～0.4 m	花坛，镶边，地被
14	蛇目菊（*Sanvitalia procumbens* Lam.）	菊科	全国各地	阳性，耐寒，耐瘠薄和干燥，喜冷凉，忌过肥土壤	花黄、红褐，花期为6—10月；株高0.5～1.0 m	花坛，花群，花篱，地被
15	矢车菊（*Centaurea cyanus* L.）	菊科	全国各地	阳性，喜冷凉，宜排水良好，不耐涝，忌炎热，直根性	花有蓝、紫、粉、红、白色，花期为5—8月；株高0.2～0.8 m	大片自然丛植或花坛，盆栽，切花
16	万寿菊（*Tagetes erecta* L.）	菊科	全国各地	阳性，对土壤要求不严，喜温暖，抗早霜，抗逆性强	花黄、橙色，花期为6—10月；株高0.5～0.9 m	花坛，篱垣，花丛
17	心叶藿香蓟（*Ageratum houstonianum* Miller）	菊科	全国各地	阳性，适应性强	花蓝色，花期在夏秋；株高0.15～0.25 m	花坛，花径，丛植，地被
18	扫帚草（*Kochia scoparia*）	藜科	全国各地	阳性，耐干热、瘠薄，不耐寒	株丛圆整、翠绿，株高1～1.5 m	自然丛植，花坛中心，绿篱
19	待霄草（*Oenothera stricta Ledeb. et Link*）	柳叶菜科	全国各地	喜阳光充足，地势高燥	花黄色，芳香，花期为6—9月；株高0.5～0.8 m	丛植，花坛，地被
20	月见草（*Oenothera biennis* L.）	柳叶菜科	全国各地	喜阳光充足，地势高燥	花黄色，芳香，花期为6—9月；株高1～1.5 m	丛植，花坛，地被

续表

序号	植物名称	科名	适用地区	生长习性	观赏特性	园林用途
21	美女樱 (*Verbena hybrida* Voss)	马鞭草科	全国各地	阳性，喜湿润肥沃土，稍耐寒	茎匍匐地面，花除黄、橙色外各色均有，花期为4—11月；株高0.2～0.5 m	丛植，花坛，地被
22	半支莲 (*Portulaca grandiflora*)	马齿苋科	全国各地	喜暖畏寒，耐干旱、瘠薄	花色丰富，艳丽，花期为6—9月，花在阴天或傍晚闭合；株高0.15～0.2 m	花坛镶边，盆栽
23	飞燕草 [*Consolida ajacis* (L.) Schur]	毛茛科	华北、华中、西北	阳性，较耐旱，喜高燥凉爽，忌积涝，直根性	花序长，花堇蓝色，也有紫红、粉白色，花期为4—6月；株高0.4～1.2 m	花坛，花境，切花
24	矮牵牛 [*Petunia hybrida* (J. D. Hooker) Vilmorin]	茄科	全国各地	阳性，喜温暖、干燥，畏寒，忌雨涝	花有白、粉、红、紫、堇等色，花期为6—8月；株高0.2～0.4 m	花坛，花境，自然式栽植，盆栽
25	七里黄 (*Cheiranthus allionii*)	十字花科	全国各地	阳性，较耐寒	花橙黄，花期为4—5月；株高0.25～0.50 m	花坛，花境
26	桂竹香 (*Cheiranthus cheiri* L.)	十字花科	全国各地	阳性，较耐寒	花橙黄、褐黄两色混杂，花期为4—6月，浓香；株高0.25～0.70 m	花坛，花境，切花
27	香雪球 (*Lobularia maritima*)	十字花科	全国各地	阳性，忌凉、忌热，稍耐寒，耐旱	花白或紫色，花期为6—10月；株高0.15～0.3 m	花坛，岩石园
28	羽衣甘蓝 (*Brassica oleracea* var. *acephala* f. *tricolor*)	十字花科	全国各地	阳性，耐寒，喜肥沃，宜凉爽	叶色丰富，有蓝、紫红、粉红、牙红、蓝绿等；株高0.3～0.4 m	凉爽季节花坛，盆栽
29	紫罗兰 [*Matthiola incana* (L.) R. Br.]	十字花科	全国各地	阳性，耐半阴，耐寒，喜冷凉肥沃土，忌燥热	花带紫或黄色，芳香，花期为4—5月；株高0.2～0.8 m	花坛，盆栽，切花

续表

序号	植物名称	科名	适用地区	生长习性	观赏特性	园林用途
30	高雪轮（*Silene armeria* L.）	石竹科	全国各地	阳性，耐寒能力强，夏季高温期生长不良	花粉红、玫瑰或白色，花期为4—5月；株高0.60～0.9 m	花坛
31	矮雪轮（*Silene pendula*）	石竹科	全国各地	阳性，耐寒能力强，夏季高温期生长不良	花粉红、玫瑰或白色，花期为4—5月；株高0.60 m	花坛
32	锦团石竹（*Dianthus chinensis cv. heddewigii*）	石竹科	全国各地	阳性，耐寒，喜肥，要求通风好，抗SO_2、SO_3	花色变化丰富，花期为5—10月；株高0.2～0.3 m	春季花坛，岩石园
33	凤尾鸡冠（*Celosia cristatavar. pyramidalis*）	苋科	全国各地	阳性，喜干热，不耐寒，宜肥忌涝	花色多，花期为8—10月；株高0.6～1.5 m	花坛，盆栽，干花
34	鸡冠花（*Celosia cristata* L.）	苋科	全国各地	阳性，喜干热，不耐寒，宜肥忌涝，抗HCl	花有白、红、橙黄色，花期为8—10月；株高0.3～0.9 m	花坛，花境，盆栽，干花
35	千日红（*Gomphrena globosa* L.）	苋科	全国各地	阳性，喜干热，不耐寒，不择土壤	花有深红、紫红、淡红或白色，花期为6—11月，花色、花形经久不变；株高0.2～0.6 m	花坛，盆栽，干花
36	三色苋（雁来红，*Amaranthus tricolor*）	苋科	全国各地	喜湿润、向阳、排水良好的环境，耐寒、旱，忌湿热、积水	初秋顶部叶变为鲜红，也有深黄或橙色品种；株高1 m以上	秋季花坛
37	金鱼草（*Antirrbinum majus* L.）	玄参科	华北、华中、西北	阳性，稍耐阴，较耐寒，宜凉爽，喜肥沃，抗SO_2、HF	花色丰富，除蓝色外各色均有，花期长；株高0.2～1.2 m	春季花坛，镶边，切花

续表

序号	植物名称	科名	适用地区	生长习性	观赏特性	园林用途
38	圆叶牵牛 [*Pharbitis purpurea* (L.)Voigt]	旋花科	华北、华中、华东、西南、西北	一年生蔓性草本，阳性，耐干旱、瘠薄土壤	花蓝紫色，栽培品种有白、红、紫、青等，花期为6—9月；株高3 m以上	攀缘花架、墙垣及竹篱
39	圆叶茑萝 [*Quamoclit coccinea* (Linn.) Moench]	旋花科	华北、华中、西北	一年生蔓性草本，喜温暖、疏松、肥沃土壤	花腋大，大红，喇叭状，花期为7—9月；株高3 m以上	篱栅，盆栽，棚架
40	羽叶茑萝 [*Quamoclit pinnata* (Desr.)Bojer]	旋花科	华北、华中	一年生，茎蔓生，阳性，喜温暖、疏松、肥沃土壤	花腋大，喇叭状，洋红色(有白色变种)，花期为6—9月；株高3～6 m	篱栅，盆栽，棚架
41	花菱草 (*Eschscholtzia californica* Cham.)	罂粟科	全国各地	阳性，耐寒，喜冷凉，直根性	叶秀花繁，多黄色，花期为5—6月；株高0.3～0.6 m	花带，丛植
42	虞美人 (*Papaver rhoeas* L.)	罂粟科	全国各地	阳性，喜干燥，忌湿热，直根性	艳丽多彩，花期为6月；株高0.3～0.6 m	花坛，宜花带、花丛、花群
43	紫茉莉 (*Mirabilis jalapa* L.)	紫茉莉科	全国各地	喜温暖、向阳，不耐寒，直根性	花色丰富，芳香，花期夏至秋；株高0.8～1.2 m	林缘，草坪边，庭院

附表 1-11　**宿根花卉**

序号	植物名称	科名	适用地区	生长习性	观赏特性	园林用途
1	火炬花 (*Kniphofia uvaria*)	百合科	华北、华东	耐半阴，耐寒，宜湿润，排水好	花黄，晕红色，夏花；株高0.6～1.2 m	花坛，花境，切花
2	麦冬 [*Ophiopogon japonicus* (Linn. f.) Ker-Gawl.]	百合科	我国中部及南部	喜阴湿、温暖，长江流域至鲁、豫带可露地越冬	常绿草本，叶多数簇生，线形，浓绿色；株高0.3 m	地被植物，花坛，花境边缘，盆栽

续表

序号	植物名称	科名	适用地区	生长习性	观赏特性	园林用途
3	萱草［*Hemerocallis fulva*（Linn.）Linn.］	百合科	全国各地	阳性，耐半阴，耐寒，适应性强，抗HF	花有橙黄、橘红、黄等色，花期为6—8月；株高1.2 m	丛植草坪，花境，疏林地被
4	万年青［*Rohdea japonica*（Thunb.）Roth］	百合科	华北南部至长江流域以南	要求土壤阴湿、深厚，但不耐积水，有一定耐寒力	叶斜出簇生，倒披针形，硬厚革质，常绿而有光泽；株高0.2～0.4 m	盆栽，丛林下栽植
5	吉祥草［*Reineckia carnea*（Andr.）Kunth］	百合科	我国中部、南部	喜半阴及温暖湿润环境	叶狭长，端尖，簇生；株高0.2～0.4 m	地被植物，大片栽植，盆栽
6	沿阶草（*Ophiopogon bodinieri* Levl.）	百合科	华北南部及其以南地区	喜半阴湿环境，稍耐寒	常绿草本，叶丛生，狭线形；株高0.2～0.4 m	树丛低植，宜地被，花坛，花境边缘，盆栽
7	玉簪［*Hosta plantaginea*（Lam.）Aschers.］	百合科	全国各地	喜湿环境和漫射光，耐阴，耐寒又耐热	花洁白，清香，花期为7—9月；株高0.3～0.5 m	林下、建筑物背面、庭院隅处及盆栽
8	紫萼［*Hosta ventricosa*（Salisb.）Stearn］	百合科	全国各地	喜阴湿环境和漫射光，耐阴	花紫色至淡紫色，花期为6—9月；株高0.2～0.4 m	路旁，草地边缘，建筑物荫处
9	随意草［*Physostegia virginiana*（L.）Benth.］	唇形科	华北	阳性，耐寒，喜疏松、肥沃、排水良好的土壤	花白、粉紫色，花期为7—9月；株高0.6～1.2 m	花坛，花境
10	宿根福禄考（*Phlox paniculata* L.）	花葱科	华北、华东、西北	阳性，宜温和气候，喜排水良好的土壤	花色多，花期为7—8月；株高0.6～1.2 m	花坛，花境，切花，盆栽

续表

序号	植物名称	科名	适用地区	生长习性	观赏特性	园林用途
11	芙蓉葵（*Hibiscus moscheutos* Linn.）	锦葵科	华北、华东	阳性，喜温暖、湿润环境，耐寒，喜排水好的土壤	花色多，花期为6—8月；株高1～2 m	丛植，花境背景
12	蜀葵［*Althaea rosea* (Linn.) Cavan.］	锦葵科	全国各地	阳性，耐寒，宜肥沃、排水良好的土壤，抗 SO_2、SO_3、HF	花色多，花期为5—10月；株高2～3 m	花坛，花境，花带背景
13	八宝［*Hylotelephium erythrostictum* (Miq.) H. Ohba］	景天科	华北、华东	阳性，多浆类，耐寒，忌水湿	花淡红色，花期为7—9月；株高0.3～0.5 m	花境，岩石园，地被
14	费菜（*Sedum aizooz* L.）	景天科	华北、西北	阳性，多浆类，耐寒，忌水湿	花橙黄色，花期为6—7月；株高0.2～0.4 m	花境，岩石园，地被
15	桔梗［*Platycodon grandiflorus* (Jacq.) A. DC.］	桔梗科	全国各地	阳性，喜凉爽、湿润环境，宜排水好	花蓝、白色，花期为6—9月；株高0.3～1.0 m	花坛，花境，岩石园
16	大金鸡菊（*Coreopsis lanceolata* L.）	菊科	华北、华东	阳性，耐寒，不择土壤，宜为野生	花黄色，花期为6—8月；株高0.3～0.6 m	花坛，花境，切花
17	大天人菊（*Gaillardia aristata*）	菊科	华北、东北、华东	阳性，宜排水好	花黄色或瓣基褐色，花期为6—10月；株高0.7～0.9 m	花坛，花境
18	荷兰菊（*Aster novi-belgii*）	菊科	全国各地	阳性，喜湿润、肥沃、通风、排水良好环境，耐寒	花紫、蓝色，花期为7—10月；株高0.5～1.5 m	花坛，花境，盆栽，花境
19	黑心菊（*Rudbeckia hirta* L.）	菊科	东北、华北、华东	阳性，干旱，喜肥沃，通风好	花金黄色或瓣基暗红色，花期为5—9月；株高0.8～1 m	花境

续表

序号	植物名称	科名	适用地区	生长习性	观赏特性	园林用途
20	金光菊(*Rudbeckia laciniata* L.)	菊科	全国各地	阳性,耐阴,耐寒	花黄色,花期为7—8月,经久不谢;株高3 m	花境,切花,大片丛植
21	菊花[*Dendranthema morifolium* (Ramat.)Tzvel.]	菊科	全国各地	阳性,多为短日性,很耐寒,喜凉爽、湿润、肥沃环境	花色繁多,花期为10—11月;株高0.8~2.5 m或2.5 m以上	花坛,花境,盆栽,自然式栽植,切花
22	木茼蒿(*Argyranthemum frutescens*)	菊科	全国各地	阳性,常绿,喜凉惧热,畏寒	花白色,周年开花;株高0.8~1 m	花坛,花篱,切花,盆栽
23	千叶蓍(*Achillea millefolium*)	菊科	东北、西北、华北	阳性,耐半阴,耐寒,宜排水好	花白色,花期为6—8月;株高0.3~0.6 m	花境,群植,切花
24	蓍草(*Achillea sibirica*)	菊科	东北、华北、华东	阳性,耐半阴,耐寒,宜排水好	花白色,花期在夏秋;株高0.5~1.5 m	花境,群植,切花
25	耧斗菜(*Aquilegia viridiflora* Pall.)	毛茛科	东北、华北、西北	耐寒,炎夏喜半阴,宜湿润、排水好,抗SO_2	花色丰富,花形独特,自春至秋持续开放;株高0.5~1.0 m	自然式栽植,花境,花坛
26	芍药(*Paeonia lactiflora* Pall.)	芍药科	全国各地	阳性,耐寒,喜深厚、肥沃沙质土	花大,花色丰富,花期为4—5月;株高1~1.5 m	专类园,花坛,花台,花境,群植,切花
27	石碱花(*Saponaria officinalis*)	石竹科	华北	阳性,不择干湿,地下茎发达	花白、淡红、鲜红色,花期为6—8月;株高0.2~1.0 m	地被
28	皱叶剪夏罗(*Lychnis chalcedonica*)	石竹科	华北、华东	阳性,耐寒,喜凉爽、湿润环境	花序半球状,砖红色,花期为6—7月;株高0.6~0.8 m	花境,花坛

续表

序号	植物名称	科名	适用地区	生长习性	观赏特性	园林用途
29	荷包牡丹 [*Dicentra spectabilis* (L.) Lem]	罂粟科	东北、华北、西北、西南	喜光，稍耐半阴，宜沙质壤土，耐寒，惧热	花呈心形，粉红或白色，花期为4—5月；株高0.5～1.0 m	花坛，花境，疏林地被，切花
30	鸢尾类 （*Iris tectorum* Maxim.）	鸢尾科	全国各地	阳性，耐半阴，耐寒、旱，喜湿润、排水好，但球根类耐寒性差	花色丰富，清香，花期为6—7月；株高0.3～0.7 m	花坛，庭院丛植，花境，切花
31	兰花类 （*Cymibidium spp.*）	兰科	黄河以南至台湾	喜阴湿和通风良好的环境，喜排水良好而含腐殖质的沙土，若干种类有一定的耐寒力	叶姿优美，花香袭人，其中若干种类有色无香；株高0.2～0.4 m	盆栽，温暖地区可引入林下作地被

附表 1-12　　**球根花卉**

序号	植物名称	科名	适用地区	生长习性	观赏特性	园林用途
1	百合 （*Lilium brownii*）	百合科	全国各地	阳性，耐半阴，要求空气湿润、排水良好，喜酸性土	花形变化大，花色丰富，常具斑点、条纹及镶边，花期为5—8月；株高0.3～2.0 m	庭院栽培，配栽，切花
2	风信子 （*Hyacinthus orientalis* L.）	百合科	华北、华中、华东部分地区、华南	阳性，不耐寒，喜温暖湿润、排水良好的沙质土壤	花色丰富，芳香，花期为4—6月；株高0.3～0.5 m	毛毡花坛，盆栽，切花
3	郁金香 （*Tulipa gesneriana*）	百合科	全国各地	耐寒性强，宜凉爽、湿润、疏松、肥沃环境	花大，艳丽多彩，春花；株高0.2～0.4 m	花境，花坛，切花
4	卷丹 （*Lilium lancifolium* Thunb.）	百合科	全国各地	阳性，稍耐阴，宜湿润、肥沃环境，忌连作	花橙色，花期为7—8月；株高0.5～1.5 m	丛植，花坛，花境，切花

续表

序号	植物名称	科名	适用地区	生长习性	观赏特性	园林用途
5	大丽花（*Dahlia pinnata* Cav.）	菊科	全国各地	阳性，畏寒、惧热，需水怕涝，宜干燥、凉爽	花形、花色丰富，花期为6—10月；株高0.4～2.0 m	花坛，花境，切花
6	花毛茛［*Ranunculus asiaticus* (L.) Lepech.］	毛茛科	华东、华中、西南	阳性，喜凉、忌热，宜肥沃而排水好的土壤	花色丰富，花期为5—6月；株高0.2～0.4 m	丛植，切花
7	美人蕉（*Canna indica* L.）	美人蕉科	全国各地	阳性，喜温暖、炎热气候，有一定的抗寒力，宜肥沃而排水好的土壤	叶大，花鲜，花期为5—10月；株高0.6～2 m	花带，花坛，花境，盆栽
8	葱兰［*Zephyranthes candida* (Lindl.) Herb.］	石蒜科	全国各地	阳性，耐半阴，宜肥沃而排水好的土壤	花白色，花期在夏、秋；株高0.15～0.2 m	花坛镶边，疏林地被，花植
9	水仙类（*Narcissus spp.*）	石蒜科	华东、华中、华北、华南、西南	适应性强，背风向阳处生长好，抗HF	叶姿清秀，花大，白、黄色，具清香，花期为4月；株高0.25～0.4 m	林下地被，花境，盆栽，水培切花
10	鹿葱（*Lycoris squamigera* Maxim.）	石蒜科	华东、华北、华中	阳性，宜凉爽、湿润、疏松、排水好环境	花粉红色，花期为8月；株高0.6 m以上	林下地被，丛植，切花
11	晚香玉（*Polianthes tuberosa*）	石蒜科	全国各地	阳性，不耐寒，宜凉爽、湿润、肥沃环境，忌积水	花白色，浓香，花期为8—10月；株高0.5～1.0 m	花坛，切花
12	唐菖蒲（*Gladiolus gandavensis*）	鸢尾科	全国各地	阳性，喜温暖，忌闷热、冷湿，抗SO_2	花大，叶剑形，花期为6—10月；株高1～1.4 m	切花，花坛，盆栽
13	西班牙鸢尾（*Iris xiphium*）	鸢尾科	华东、华北	阳性，稍耐阴，喜凉、忌热且宜排水好	花色丰富，春花；株高0.45～0.6 m	花坛，花境，丛植，切花

附表 1-13 **不同地区抗有毒气体名录**

地区	抗 SO_2	抗 HF	抗 Cl_2
东北、华北、西北	构树、皂荚、华北卫矛、榆树、白蜡、沙枣、柽柳、臭椿、旱柳、侧柏、瓜子黄杨、紫穗槐、加杨、刺槐、枣树、槐树、泡桐、紫薇、火炬树	构树、皂荚、华北卫矛、榆树、白蜡、沙枣、柽柳、臭椿、侧柏、云杉、桧柏、杜松、山杏、胡杨、复叶槭、枣树、白桦、泡桐、丁香、月季	构树、皂荚、华北卫矛、榆树、白蜡、沙枣、柽柳、臭椿、侧柏、紫穗槐、槐树、杜松、紫藤、木槿、合欢、紫荆、黄檗、胡颓子、杨树、杠柳、接骨木
华东、华中、西南部分地区及河南、陕西、甘肃南部	大叶黄杨、龙柏、蚊母、夹竹桃、女贞、构树、梧桐、臭椿、朴树、紫薇、木槿、枸橘、苦楝、青冈栎、山茶、香樟、结香、银杏、刺槐、海桐、榔榆、十大功劳、喜树、广玉兰	大叶黄杨、龙柏、蚊母、女贞、构树、月季、桑树、梧桐、朴树、山茶、刺槐、海桐、棕榈	大叶黄杨、龙柏、蚊母、夹竹桃、女贞、构树、梧桐、木槿、无花果、棕榈、小叶女贞、柳杉、香樟、银杏、海桐、罗汉松、马尾松、南洋杉、十大功劳、玉兰、黄杨、桂花、水杉、棠梨、合欢、紫荆、紫藤、油茶
华南和西南的部分地区	夹竹桃、构树、棕榈、榕树、栎树、广玉兰、木麻黄、樟叶槭、黄槿、石栗、红果仔	夹竹桃、构树、棕榈、广玉兰、桑树、银桦、蓝桉、湿地松	夹竹桃、构树、棕榈、榕树、广玉兰、木麻黄、樟叶槭、黄槿、石栗、米兰、细叶榕、油茶、南洋杉、黄馨、海桐

附录二　我国常见园林植物群落组合配置

附表 2-1　**我国常见园林植物群落组合配置**

适用地区	上层植物	中层植物	下层植物	群落应用
东北地区	臭冷杉、辽东冷杉、红皮云杉、落叶松、樟子松、杜松、白桦、旱柳、核桃楸、榆树、侧柏、皂角、桑树、槲树、辽东栎、糠椴、紫椴、山杨、黄檗、刺楸、水曲柳、花曲柳、稠李、花楸树、白檀	金银木、接骨木、天目琼花、迎红杜鹃、兴安杜鹃、连翘、胡枝子、太平花、细叶小檗、东北珍珠梅、风箱果、金璐梅、锦带花、大花水桠木	冰凉花、铃兰、桔梗、大字杜鹃、萱草、鸢尾类、八宝景天、锦葵、风铃草、石松、花葱、落新妇、荷包牡丹、苔草类、五味子	(1) 红松＋花楸树，兴安杜鹃＋接骨木，鸢尾 (2) 辽东冷杉，天目琼花，铃兰 (3) 红皮云杉，金银木，萱草 (4) 樟子松＋桑树，紫杉＋锦带花，冰凉花 (5) 黄檗，白檀，苔草类 (6) 白榆，天女花＋大花水亚木，风铃草 (7) 白桦，稠李，落新妇 (8) 水曲柳，珍珠梅，桔梗
华北地区	黑松、油松、圆柏、侧柏、白皮松、水杉、雪松、银杏、白蜡、洋白蜡、臭椿、合欢、国槐、栾树、刺槐、旱柳、楸树、毛白杨、白榆、皂角、玉兰、华山松、朴树、鸡爪槭、八角枫、白檀、玉玲花	鸡麻、连翘、卫矛、天目琼花、红瑞木、迎红杜鹃、金银木、珍珠梅、绣线菊、大叶黄杨、接骨木、六道木、大叶铁线莲、胡枝子、紫荆、小叶黄杨、太平花、紫叶小檗	麦冬、阔叶麦冬、苔草类、垂盆草、二月兰、玉簪、鸢尾类、射干、蟛蜞菊、络石、扶芳藤、大花萱草、紫花地丁、爬山虎	(1) 毛白杨＋元宝枫，天目琼花＋连翘，玉簪＋大花萱草＋荷包牡丹 (2) 合欢，金银木＋小叶女贞，早熟禾＋紫花地丁 (3) 国槐＋圆柏，丁香＋天目琼花，苔草＋垂盆草 (4) 臭椿＋元宝枫，天平花＋连翘，络石 (5) 栾树＋云杉，珍珠梅＋金银木，紫花地丁＋麦冬 (6) 白皮松＋西府海棠，丁香＋锦带花，扶芳藤 (7) 水杉，连翘，扶芳藤 (8) 黑松＋八角枫，绣线菊，鸢尾

续表

适用地区	上层植物	中层植物	下层植物	群落应用
华南地区	南洋杉、鸡毛松、榕属、桉属、木棉、台湾相思、洋紫荆、凤凰木、木麻黄、银桦、大王椰子、蒲葵、槟榔、假槟榔、木菠萝、蓝花楹、南洋楹、芒果、大花紫薇、荔枝、盆架子、白千层、人面子、白兰、蒲桃、秋枫、阴香、罗汉松、鱼尾葵、大叶榕、小叶榕、大叶相思、水翁、尖叶杜英、黄檀、水石榕、火焰木、刺桐	红茴香、米兰、九里香、鸭脚木、海桐、光叶海桐、野锦香、海棠、红紫珠、臭茉莉、山茶类、含笑、栀子、八角金盘、绣球、十大功劳、南天竹、云南黄馨、桃叶珊瑚、软叶刺葵、散尾葵、棕竹、通脱木、六月雪、龙船花、凌霄、茉莉、变叶木、假连翘、冬红、株樱花、红桑	仙茅、海芋、一叶兰、蜘蛛兰、万年青、肾蕨、紫背竹芋、虎尾兰、秋海棠、中华常春藤、酢浆草、沿阶草、白芨、天竺葵、山姜、红背桂、露兜树	(1) 银桦＋罗汉松，米兰，海芋 (2) 白兰，大头茶＋罗伞树，虎尾兰 (3) 小叶榕＋竹柏，红背桂，一叶兰 (4) 凤凰木，八角金盘＋虎刺，合果芋 (5) 假槟榔，刺葵，棕竹，仙茅 (6) 阴香＋芒果，含笑＋棕竹，万年青 (7) 橄榄，蓝天竹＋海桐，仙茅＋酢浆草 (8) 台湾相思，九里香，沿阶草 (9) 南洋楹，含笑，地毯草
长江中下游地区	马尾松、黑松、柏木、日本冷杉、金钱松、水杉、广玉兰、樟树、杜英、含笑、桂花、红豆树、枫香、无患子、梧桐、喜树、珊瑚朴、玉兰、七叶树、榉树、南酸枣、乌桕、风杨、罗汉松、柳杉、日本五针松、四照花、女贞、山矾	山茶、罗汉柏、八角金盘、油茶、茶梅、厚皮香、瑞香、海桐、福建柏、乌药、八仙花、天目琼花、野珠兰、马银花、杜鹃、六月雪、紫金牛、栀子、雀舌花、枸骨、南天竹、十大功劳、小檗、臭牡丹、鹅毛竹、野扇花、通脱木、含笑、野茉莉	吉祥草、麦冬、沿阶草、金线草、玉簪、石蒜、垂盆草、鸢尾、吊竹梅、白芨、葱莲、马蹄金、三叶草、杜衡、长春花、万年青、百合、大吴风草、山荷叶、翠云草、楼梯草	(1) 广玉兰＋白玉兰，山茶，麦冬 (2) 浙江楠＋马醉木，夏腊梅，大吴风草 (3) 樟树，含笑＋栀子，二月兰 (4) 三角枫，野茉莉＋红枫，杜鹃，富贵草 (5) 广玉兰，四照花＋鸡爪槭，百合＋葱莲＋沿阶草 (6) 含笑，红茴香，杜鹃 (7) 水杉＋日本柳杉，洒金珊瑚，杜鹃＋三叶草 (8) 七叶树，含笑＋八仙花，白芨 (9) 红豆树＋桂花，茶花＋栀子，玉簪 (10) 枫香＋罗汉松，石蒜，麦冬

续表

适用地区	上层植物	中层植物	下层植物	群落应用
西南地区	扁柏、圆柏、侧柏、刺柏、龙柏、塔柏、银合欢、山杜英、云南红豆杉、冬青、鱼骨松、鹅掌楸、缅桂、乐昌含笑、山玉兰、广玉兰、红花木莲、南洋杉、枇杷、水红木、三尖杉、红桂木、小叶榕、橡皮树、柳叶榕、银桦、香樟、刺桐、棕榈、天竺桂、水杉、雪松、羊蹄甲、重阳木、乌柏、紫荆、云南七叶树、云南樱花、冬樱花、栾树、银杏、董棕、加纳利海藻、蒲葵、老人葵、鱼尾葵	金山茶、云南山茶、木槿、扶桑、罗汉松、竹柏、桂花、油橄榄、苏铁、马缨花、油茶、华东茶、丁香、厚皮香、八角金盘、石楠、龙血树、红叶李、铁梗海棠、垂丝海棠、西府海棠、腊梅、木芙蓉、红枫	肾蕨、紫花地丁、三色堇、千日红、天竺葵、旱金莲、四季秋海棠、茼蒿菊、大丽花、过路黄、福禄考、珊瑚花、吊竹梅、地涌金莲、沿阶草、麦冬、君子兰、葱兰、铁线蕨、金丝桃、春羽、天门冬、蜘蛛兰、美人蕉、杜鹃、栀子、文殊兰、蝴蝶花、虎头兰	(1) 朴树＋桂花，八角金盘，麦冬 (2) 樟树，腊梅，蜘蛛兰 (3) 云南樱花，云南含笑，肾蕨 (4) 三角枫，华东山茶＋红枫，毛杜鹃，沿阶草 (5) 小叶榕，扶桑＋鸡爪槭，文殊兰 (6) 深山含笑，木槿，洒金珊瑚，麦冬 (7) 冬樱花＋红花木莲，马缨花，过路黄 (8) 高山榕，垂丝海棠，黄姜花 (9) 台湾相思＋重阳木，红花油茶，苏铁，玉簪 (10) 董棕，棕竹＋玉簪＋石楠，千日红

参考文献

[1] 陈有民.园林树木学.北京:中国林业出版社,1990.

[2] 陈其兵.风景园林植物造景.重庆:重庆大学出版社,2012.

[3] 董丽.园林花卉应用设计.北京:中国林业出版社,2003.

[4] 房世宝.园林规划设计.北京:化学工业出版社,2007.

[5] 冯莛.园林美学.北京:气象出版社,2007.

[6] 蒋中秋,姚时章.城市绿化设计.重庆:重庆大学出版社,2000.

[7] 苏雪痕.植物造景.北京:中国林业出版社,1994.

[8] 孙卫邦.观赏藤本及地被植物.北京:中国建筑工业出版社,2005.

[9] 熊济华,唐岱.藤蔓花卉.北京:中国林业出版社,2000.

[10] 刘少宗.景观设计纵论.天津:天津大学出版社,2003.

[11] 翟辉.园林植物配置.北京:中国农业出版社,1999.

[12] 卢圣.植物造景.北京:气象出版社,2004.

[13] 赵建民.园林规划设计.北京:中国农业出版社,2001.

[14] 陈月华,王晓红.植物景观设计.长沙:国防科技大学出版社,2005.

[15] 何平,彭重华.城市绿地植物配置及其造景.北京:中国林业出版社,2001.

[16] 中国农业百科全书总编辑委员会观赏园艺卷编辑委员会.中国农业百科全书:观赏园艺卷.北京:中国农业出版社,1996.

[17] 周道瑛.园林种植设计.北京:中国林业出版社,2008.

[18] 朱钧珍.中国园林植物景观艺术.北京:中国建筑工业出版社,2003.

[19] 尹吉光.图解园林植物造景.北京:机械工业出版,2007.

[20] 熊运海.园林植物造景.北京:化学工业出版社,2009.

[21] 刘荣凤.园林植物景观设计与应用.北京:中国电力出版社,2009.

[22] 胡文芳.中国植物园建设与发展.北京:北京林业大学,2005.

[23] 胡长龙,戴洪,胡桂林.园林植物景观规划设计.北京:机械工业出版社,2010.

[24] 张吉祥.园林植物种植设计.北京:中国建筑工业出版社,2001.

[25] 屈海燕.园林植物景观种植设计.北京:化学工业出版社,2013.

[26] 金煜.园林植物景观设计.沈阳:辽宁科学技术出版社,2008.

[27] 王立新,田丽.2种彩叶植物光合特性的研究.安徽农业科学,2010(2):715-717.

[28] 王立新.2种观叶植物光合特性研究.中国园艺文摘,2011,27(11):18-19.

[29] 王立新.西昌市邛海湿地公园水生植物现状及配置分析.现代园艺,2011(17):117.

[30] 王立新.5种保鲜剂对百合保鲜效果的研究.科技致富向导,2010(27):138-139.

[31] 王立新.攀西干旱河谷地区红树莓生物学特性比较研究.西昌学院学报:自然科学版,2004(4):135-137.

[32] 王立新.非洲菊鲜切花家用保鲜液的比较试验.科技致富向导,2011(32):26.

[33] 郭风平,方建斌.中外园林史.北京:中国建材工业出版社,2005.

[34] 张天麟.园林树木 1600 种.北京:中国建筑工业出版社,2010.

[35] 刘少宗.城市街道绿化设计.北京:中国建筑工业出版社,1981.

[36] 朱钧珍.居住区绿化.北京:中国建筑工业出版社,1981.

[37] 《中国大百科全书》编委会.中国大百科全书:建筑 园林 城市规划.北京:中国大百科全书出版社,1988.

[38] 黄金锜.屋顶花园设计与营造.北京:中国林业出版社,1994.

[39] 中国建筑工业出版社.城乡规划规范.北京:中国建筑工业出版社,中国计划出版社,2008.

[40] 余斌.花境在福州城市特色建设中的设计应用.黑龙江农业科学,2011(11):64-66.

[41] 余斌,黄哲玲,刘燮.基于园艺疗法的屋顶花园设计.黑龙江农业科学,2014(11):113-115.